발해를 찾아서

발해를 찾아서

만주, 연해주 등 답사기

송기호 지음

솔

만주와 연해주는 마음의 고향이다. 드넓은 이곳을 상상만 해도 우리 민족에게 무언가 모를 뭉클함을 느끼게 한다. 그러기에 중국과 수교도 되기 전에 너도나도 백두산에 오르게 만들었고, 사람마다 뿌듯한 얼굴로 돌아오곤 하였다.

그러나 그동안 어처구니없는 이데올로기의 굴레 때문에 그러한 고향 한번 제대로 연구하지 못해왔다. 일본이 있는 줄은 알았지만 중국이 있는 줄을 몰랐고, 미국이 있는 줄은 알았지만 러시아가 있는 줄을 모르고 살아왔다. 물론 그 존재는 알고 있었지만 그 정체를 몰랐단 말이다.

몇 년 전 대통령이 러시아를 방문하였을 때에 통역 하나 제대로 구하지 못해 애를 먹었던 사건은 누구나 기억할 것이다. 그만큼 우리들은 먹고살기 바빴기에 주변을 돌아보고 대비할 태세를 갖추지 못하였던 것이다. 그러나 그러한 사정은 지금이라고 해서 별반 달라진 것 같지는 않다.

필자가 발해사 연구에 뜻을 둔 것은 1978년경으로 기억한다. 당시만 해도 발해사는 물론이고 만주 지역에 대한 정보가 거의 없던 시절로서, 과거 일본인들이 남긴 성과물이 고작이었다. 이 때문에 일차적으로 착수한 것이 논저목록의 작성이었다. 서울대 도서관 구관 서고를 비롯하여 중앙도서관, 국회도서관을 뒤져서 먼지 속에 있는 자료들을 찾아내어 논문들을 복사하면서 목록을 작성해나갔다.

그러나 중국의 문헌들을 입수하는 것이 문제였다. 우선 가능한 대로 주변의 선생님들께서 가지고 계시는 자료를 복사하여 도움을 받을 수 있었다. 이렇게 하여 작성된 논저목록을 1981년에 발표하였고, 1987년에 번역서를 내면서 증보하여 실었다.

1980년대 초부터는 개인적으로 홍콩에 있는 삼련서점을 통하여 현지에서 발행되는 잡지들을 구독하기 시작하였다. 그러나 당시 중국 자료를 공개적으로 입수하는 것은 법에 저촉되는 일이었다. 이 때문에 통관 과정에서 압수되는 일이 허다하였다. 비근한 예로 길림성 사회과학원에서 발행되는 인문사회과학 학술지로서 『사회과학전선』이란 것이 있는데, 이름에 '전선'이란 말이 들어 있다고 하여 압수되곤 하였다. 또한 『문물 고고공작 30년』이란 책처럼 '공작'이란 말이 들어 있어서 압수되는 경우도 있었다. 그렇지만 이들 용어는 우리가 연상하는 것처럼 전쟁이나 일종의 음모와는 전혀 상관이 없는 것으로서, 현지에서 일상적으로 사용하는 것들이다. 중국 사정을 제대로 이해하지 못하는 데에서 오는 해프닝이었지만, 통관 실무자들에게는 먹혀들지 않았다.

올림픽을 전후할 때까지 이러한 사정이었으니, 국내에서 기본 자료를 제대로 축적하기란 지난한 노릇이었다. 이런 어려움 속에서도 필자는 현지에서 조사된 고고학 자료를 정리하여 논문을 쓰게 되었다. 지금에 와서는 미흡한 점이 많지만 발해 고고학 관련 논문으로서는 국내에서 처음 발표한 것으로 자부할 수 있다.

고고학 연구는 현장을 떠나서는 한계가 많다. 보고서들을 읽으면서도 현지의 자연환경을 알 수가 없어서, 문장에 서술된 대로 머릿속에 상상을 하면서 이해하려 하였으니, 문제가 없을 리 없다. 이러한 고민은 1990년에 와서 비로소 해결할 수 있는 실마리를 찾을 수 있게 되었다.

그해 8월에 『서울신문』에서 조직한 발해 유적 조사단의 일원으로 만주에 첫 발을 내디딜 수 있었다. 그때의 감격이란 이루 말할 수 없었다. 1980년대 초기만 하여도 비록 발해사 연구를 하지만 언제 현지를 가볼 수 있겠나 싶었으니, 이렇게 빨리 만주 땅을 밟으리라고는 상상도 하지 못하였다. 차창 밖으로 보이는 자연환경 하나하나를 눈여겨보면서 상상으로만 그려보았던 것과 어떻게 다른지를 비교하는 것도 여간한 기쁨이 아니었다. 연변박물관 정영진 관장을 붙들고 몇 시간 동안 시간 가는 줄도 모르고 질문을 던지곤 하였다. 이때의 인연으로 그와는 아주 가까운 사이가 되었다.

또 다른 기쁨은 작년 8월에 고려학술문화재단에서 조직한 발해 유적 조사단의 일원으로 연해주를 방문한 일이었다. 러시아인들이 자리 잡고 있는 물설고 낯선 이 땅에 우리 선인들의 발자취가 남아 있다는 사실만 으로도 가슴이 찡해오는 곳이다.

　지금까지 필자는 네 차례 발해 유적을 답사하였다. 그렇게도 어렵던 길이 한 번 열리기 시작하니 거의 매년 답사를 하는 기회를 얻게 되었다. 이 네 차례의 답사가 이 책을 집필하는 토대가 되었다. 이 밖에도 1991년 11월에 일본에 있는 발해 관련 유적들을 잠시 방문할 수 있었고, 올해 4월 말에도 잠깐 연해주를 다녀왔다. 앞으로도 더 많은 기회가 열릴 것은 불 문가지이다. 이제 북한의 발해 유적을 답사하는 일만이 남아 있다. 기다 리면 가까운 시일 내에 이루어지지 않을까 생각된다. 그때 이 책을 증보 할 수 있기를 기대해본다.

　이 책은 그동안 『서울신문』에 연재하였던 것을 재정리하여 엮은 것이 다. 첫 번째 만주 답사가 끝난 뒤 그해 가을에 7회를 연재하였고, 나머지 세 번의 답사를 모아서 작년 9월부터 올 7월까지 30회를 연재하였다. 이 를 다시 문장을 수정하고 보충하면서 이해를 쉽게 하기 위해 시간을 현 재의 시점으로 모두 바꾸었다.

그리고 마지막 장에 실은 것은 원래 『역사비평』 1992년 가을호에 발표했던 것이다. 다른 의도로 썼던 것이기 때문에 앞의 내용과 중복되는 것이 약간 있기는 하지만, 일반인들이 발해사를 이해하는 데에 도움이 될 것 같아서 함께 실었다. 또한 독자들이 현지 감각을 느낄 수 있고 나아가 현지 여행의 가이드북 역할도 겸할 수 있도록 사진과 도면을 되도록 많이 실었다.

　전문연구서를 먼저 내고 나서 이 책을 내는 것이 순리일 것으로 생각되나 이를 위해서는 약간의 시간이 더 걸릴 것 같고, 반면에 이 책의 성격이 시간성이 있는 것이므로 먼저 내기로 마음의 결정을 하였으니, 독자 여러분들의 양해를 구하였으면 한다.

　마지막으로 여기에 꼭 기억해둘 분들이 적지 않다. 발해 유적을 처음으로 답사할 수 있도록 길을 열어주시고, 신문에 연재를 할 수 있도록 배려해주신 『서울신문』 황규호 전 문화부장님, 연해주 답사를 할 수 있도록 모든 것을 지원해주신 고합그룹 장치혁 회장님께 우선 감사를 드리지 않을 수 없다. 이 분들로 인해 발해사를 바라보는 시야가 더욱 넓어지게 되었다. 그리고 현지에서 답사에 커다란 도움을 주신 연변박물관 정영진 관장님, 연변대학 방학봉 교수님, 그리고 블라디보스토크 역사고고연구소의 샤프쿠노프 박사를 비롯한 여러 연구원들, 연해주 여행에 모든 편의를 제공해주신 고합그룹 지사원들께도 역시 감사를 드린다. 이밖에 일일이 열거하기 어려울 정도로 많은 분들에게 신세를 졌다. 아울러 출판 비용이 많이 드는 이 책을 기꺼이 내준 솔출판사 사장이며 나의 친우인 임우기 님에게도 고마움을 전하고 싶다.

1993년 7월 초순
한 학기 강의를 마치고
필자 씀

이 책을 출간한 지 24년 가까이 흘렀다. 그 사이에 연변 조선족의 초가집이 많이 사라졌듯이 발해 유적의 환경도 제법 변했다. 발굴이 많이 이루어져 발해사 정보가 늘어났지만, 다른 한편으로는 당시에 방문할 수 있었던 유적이 이제는 철망으로 둘러싸인 곳도 있다. 상경성 등은 정비되어 오히려 발해 유적의 정취를 느끼기 어렵게 되었다. 서고성과 용두산 고분군, 팔련성 등의 유적도 발굴을 거치면서 그 모습이 사뭇 달라졌다.

이 책은 중국과 러시아가 우리와 수교하던 무렵 발해 유적의 정황을 담고 있어서, 유적 현장을 지금의 모습과 비교해볼 수 있기에 아직 나름의 생명력을 지니고 있다고 생각한다. 세월이 제법 흐른 지금에 와서 보면 상전벽해의 감을 지울 수 없을 정도로 두 나라의 환경이 급변했는데, 그런 점에서 지금은 많이 사라진 그 당시의 사회상을 증언해주는 의미도 있다.

발해 유적을 답사하거나 방송사에서 발해 취재를 할 때에 이 책을 활용하곤 한다. 2016년 8월에 연해주를 방문했을 때에 현지 가이드가 이 책을 들고 있었다. 그럼에도 책이 절판에 이른 데다가 시일이 오래되어 인쇄 자료마저 제대로 남아 있지 않은 것을 계기로 솔출판사에서 새로운 디자인으로 재출간하자고 제안해 와 흔쾌히 응낙하였다.

개정판에서는 과거 답사했을 때의 분위기를 그대로 살리기 위해서 문장 수정에 그쳤고, 보충이 필요한 경우에는 최소한으로 하였다. 따라서 후술하는 6편의 글을 제외하고 '현재'의 시점은 여전히 1993년이고, 이후의 연도가 들어 있는 부분은 새로 보충한 것이다. 영안현이 영안시가 된 것처럼 행정구역 명칭도 많이 바뀌었으나 당시 지명으로 두었다.

그리고 『고미술』 1994년 봄·여름호, 『문화와 나』 1997년 5·6호, 『문화일보』 1998년 10월 11일과 2008년 10월 16일, 『중앙일보』 2016년 10월 12일, 동북아역사재단 NEWS 2010년 10월호, 『역사비평』 2002년 봄호에 실렸던 글 여섯 편을 추가하였다. 그 외에 1993년 이후의 답사 및 일반 자료는 『발해를 다시 본다』(2008 개정증보판)를 참고하면 될 것이다. 다만 「최북단의 마리야노프카 성터」는 답사기의 성격을 띠고 있어서 이 책에 이미 실린 것을 중복해서 이곳에 다시 실었으니, 양해 바란다.

세월은 흘렀어도 북한 유적은 아직도 접근이 불가능하다. 빨리 북한 유적을 밟아서 북한 답사기를 추가하여 발해 답사기가 완성될 수 있기를 다시 한번 고대해본다. 아마도 타고난 신경이 약한데다가 오랜 기간 키보드를 두드려서 생긴 온몸의 통증이 아직도 가시지 않아서 겨우 원고 수정을 마무리할 수 있었다. 이 과정에서 도면을 정리하고 필요한 글을 입력하는 데에 둘째 딸 현지가 도움을 주었다.

1987년 『발해의 역사』란 번역서를 낼 때에 첫째 딸 인지의 탄생을 자축했는데, 어느덧 세월이 흘러 지난 8월에 시집을 보냈다. 그 사이에 서울대학에서만 연구실을 세 번이나 옮겼다. 그런 세월의 흐름이 엊그제 일처럼 느껴진다.

교정에 도움을 준 대학원생 김수진, 그리고 모든 것을 새로 작업해준 편집부 홍지은 님과 임우기 사장에게 감사를 표한다.

2017년 2월
관악산 정상이 비껴 보이는
14동 새 연구실에서

번거롭지만 기록을 남긴다는 의미에서,
그리고 이 책의 내용을 이해하기 쉽도록
필자가 답사하였던 일정을 간단히 정리해두고자 한다.

첫 번째 만주 여행 (제1장)

일시　1990년 8월 28일 ~ 9월 9일

조사원　박성수, 이형구(이상 한국정신문화연구원), 최몽룡(서울대), 권태원(충남대),
황규호, 신방휴, 왕상관(이상 『서울신문』)

답사지역　연길, 용정, 화룡(흥성 선사유적, 서고성, 정효공주 무덤), 동청, 돈화(강동 24개석),
경박호, 영안(상경성, 상경유지박물관)

두 번째 만주 여행 (제2장)

일시　1991년 8월 6일 ~ 19일

조사원　혼자 답사

답사지역　연길(성자산 산성), 훈춘(팔련성, 배우성, 온특혁부성), 도문,
돈화(성산자 산성, 육정산 고분군, 오동성), 연변대학 학술회의

첫 번째 연해주 여행 (제3장)

일시　　1992년 8월 16일 ～ 23일

조사원　　정영호(한국교원대), 나선화(이화여대 박물관), 강현숙(서울대 대학원), 장호정

답사지역　하바롭스크(박물관), 블라디보스토크(박물관, 역사고고연구소),

　　　　　　파르티잔스크(니콜라예프카 성터), 아누치노(노보고르데예프카 성터),

　　　　　　크라스키노(크라스키노 성터), 우수리스크(코프이토 절터, 아브리코스 절터,

　　　　　　유즈노 우수리스크 성터, 크라스노야르 성터)

두 번째 연해주 여행 (제4장 1～9절)

일시　　1992년 11월 22일 ～ 29일

조사원　　정영호(한국교원대), 신형식 (이화여대), 나선화(이화여대 박물관), 전승창(홍익대 대학원)

답사지역　하바롭스크(시카치–알리안 암각화, 나나이마을), 블라디보스토크,

　　　　　　파르티잔스크(샤이가 성터, 니콜라예프카 성터, 박물관),

　　　　　　아나니예프카(아나니예프카 성터), 우수리스크(코르사코프카 절터)

| 차 례 |

제4장 두 번째 및 그 후 연해주 여행

제1장

첫 번째

만주 여행

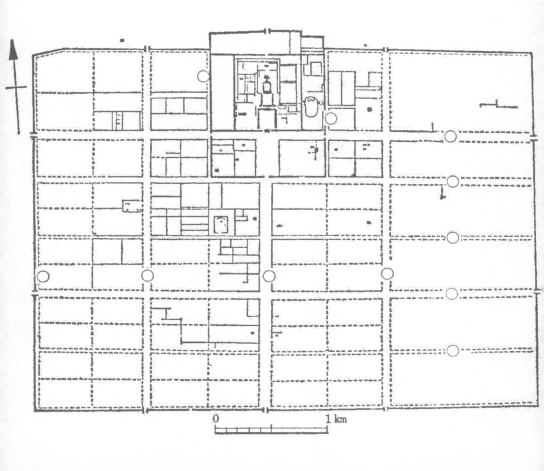

0   1 km

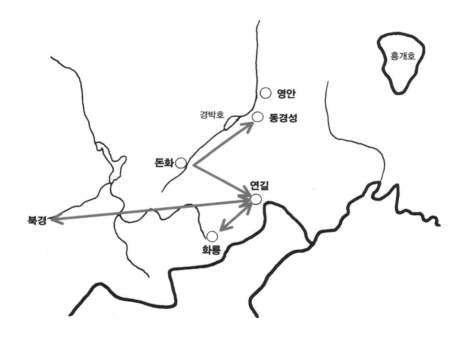

만주 1차 답사 경로

01

발해는 우리 역사인가

발해는 우리에게 어떤 나라인가. 아스라이 떠오르는 옛 추억과 같은 것이면서도 무언가 잘 잡히지 않는 존재가 아닌가. 발해는 고구려 옛 장수였던 대조영이 세운 나라였고, 그것은 엄연히 우리나라 역사의 한 부분이라고 배워왔으면서도, 사실은 우리에게 잊힌 역사이다.

이번 탐사 여행은 발해가 우리의 기억 속에서 사라져 버린 것이 아니고 바로 현재 만주 지방에 살아 숨 쉬고 있다는 것을 확인하는 길이었다. 이곳에는 발해인들이 남긴 성터, 무덤 등등의 자취들이 곳곳에 널려 있고, 지금도 그러한 유적들이 속속 발견되고 있다. 이들은 이제야 발굴 조사의 손길을 기다리면서 천여 년의 잠을 깨고 있다.

그러나 과연 그들이 우리의 역사와 유적으로 다가오고 있는가. 그것은 물론 아니다. 교과서에서 배워온 것처럼 우리 민족의 전유물로 인정하기에는 난관들이 가로놓여 있다.

가랑비를 맞으며 도착한 상경유지上京遺址 박물관은 발해의 수도였던 상경성 안에 자리 잡고 있었다. 원래 발해의 절터였던 곳으로서 이곳에는 발해의 유적, 유물이 많이 전시되어 있다. 관장은 1990년 답사 당시에 52세의 장타이샹張泰湘 선생으로 하남성 출신의 발해 고고학 전문가이다. 그는 발해 유적으로 대성자 고성大城子古城을 조사하였고, 그 부근의 대성자 고분과 단결團結 유적을 직접 발굴하기도 하였다. 아주 호인으로 우리에게 상경성의 유적들을 친절히 안내해주었다. 그러나 그의 의식 속에 담겨 있는 발해관은 우리와 판이하다.

진열실 첫머리에는 "발해국(698~926)은 당 왕조에 예속되어 있었으며, 속말말갈粟末靺鞨을 주체로 건립된 지방민족정권이다"로 시작하는 안내문이 붙어 있었다. 그 옆에는 발해의 원류를 도표로 만들어 놓았다. 도표에 의하면, 말갈이 속말말갈과 흑수黑水말갈로 갈라지고 그중에서 발해는 속말말갈의 후신이 되며, 결국 이들 모두가 현재의 만족(滿族, 만주족)의 조상이 된다.

그러나 이것은 이곳만의 독특한 현상도 아니요, 박물관장 자신의 독창적인 견해도 아니다. 다시 말해서 발해는 고구려계 사람들이 주체적으로 세운 나라가 아니라 속말말갈족이 세운 나라이며, 그것도 독립된 나라가 아니라 당나라에 예속되어 있었던 일개 지방정권에 불과하다는 것이 중국학자들의 공식적인 견해이다. 따라서 논문 제목에 '당 시대의 발해唐代渤海', '당 왕조의 발해唐朝渤海'라는 구절이 종종 들어 있다. 발해가 중국의 당나라 시기에 존재하였던 나라라는 것을 밝히기 위한 것이 아니라, 당나라에 예속되어 있었다는 것을 밝히기 위한 표현들이다. 그러나 정효공주 묘지에 나타나듯이 발해 왕을 '황상皇上' 즉 황제라 표현한 것은 당시 발해가 당나라와 대등한 독립국이었음을 단적으로 증명해 준다.

이러한 공식 견해는 중국 어디에서나 목격하게 된다. 중국에서 단행본으로 발간된 발해사 책들은 왕청리王承禮의 『발해간사渤海簡史』(1984)를 비롯하여, 주궈천朱國忱과 웨이궈중魏國忠의 『발해사고渤海史稿』(1984), 리뎬후李殿福와 쑨위량孫玉良의 『발해국渤海國』(1987), 양바오룽楊保隆의 『발해사입문渤海史入門』(1988) 등이 있고, 쑨위량의 『발해사료전편渤海史料全編』(1992)도 작년에 나왔다. 이 중에서 왕청리의 책은 필자가 『발해의

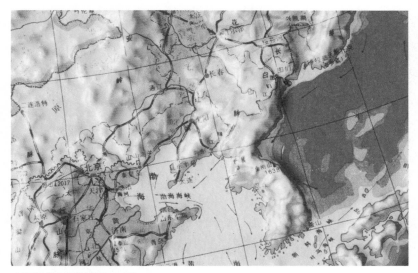

발해인이 활동하였던 만주의 지형

역사』란 이름으로 1987년에 번역한 적이 있다. 그런데 예외 없이 이들의 책머리는 바로 위와 같은 명제로 시작하고 있다. 그뿐만 아니라 정효공주 무덤 앞에 세워진 안내문에서도 확인할 수 있듯이, 모든 유적 설명 간판에도 동일한 문구로 시작하고 있는 실정이다. 이런 중국인 학자들의 견해에 대해 마침 상경 성터를 관람하고 있던, 요령성에서 온 조선족 일행은 강한 불만을 표시하였는데, 이것이 아마 조선족의 일반적인 의식일 것이다.

아무튼 중국인들의 뿌리 깊은 중화사상이 여기에도 배어 있는 것을 볼 수 있다. 그리고 이것은 현재의 만주 땅이 바로 중국 영토에 속한다는 선언이기도 하다. 왜냐하면 발해인의 후손이라는 만주족은 대부분이 한족漢族에 융합되어 버려 중국의 일부를 이루고 있기 때문이다.

1990년 8월 28일부터 9월 2일까지 흑룡강성 동경성東京城에서는 중국 국내의 발해사 전문가들이 모여 발해사에 대한 세미나를 개최하였

상경성에서 만난 발해사 연구자들
왼쪽부터 조선족 출신의 정영진 연변박물관 관장, 필자, 미국의 제이미슨 교수, 중국의 장타이샹

다. 근년에 들어 중국에서는 발해사 학술회의가 자주 열리곤 하는데, 이때에는 10여 명의 대표적인 학자들만 모여 토론회를 벌였다고 한다. 여기에 마침 중국을 방문하여 왕청리 선생과 발해사를 공동 연구하였고, 그 결과를 영어판으로 낼 준비를 하고 있는 미국 버클리 대학의 제이미슨 교수John C. Jamieson도 참석하였다.

　이때 그는 고구려사와 발해사는 중국사의 일부도 아니요 한국사에 속하지도 않으며, 만주 지역의 독립국가라는 요지를 발표하였다. 아마 그는 발해사를 둘러싸고 중국과 한국의 견해가 대립되고 있는 점을 충분히 감안하여 이런 견해를 제시한 듯한데, 이것은 중국인뿐만 아니라 우리도 받아들이기 어려운 견해였다. 그가 1990년 4월 6일 왕청리 선생과 함께 중국에 가는 길에 한국에 들러 강연회를 하면서 자신은 한국인도 중국인도 아니기 때문에 제3자의 입장에서 가장 객관적인 견해를 발표하겠다고 한 적도 있다. 그러나 막상 발표 내용은 그의 독자적인 것이라기보다 중국인의 견해에 치우쳐 있었다.

당시 발표 내용은 중국학자들에게 큰 충격으로 받아들여졌었다고 한다. 지금까지 공식 견해가 무비판적으로 받아들여져 왔고 그것이 전제가 된 채 발해사를 연구해 온 중국학자들이 공식 발표 석상에서 반대 의견에 부닥친 것이 처음이었던 셈이다. 물론 이들 입장에서는 발해사가 한국사의 일부가 아니라는 것보다는 중국사의 일부가 아니라는 견해에 큰 비중을 두고 받아들여졌을 것이기 때문에 큰 논란이 일었던 것은 당연하였다.

중국인들의 자기중심적인 역사의식에 반론을 제기한 것은 한국학자들 외에 소련학자들도 있다. 발해 고고학의 개척자인 오클라드니코프(Okladnikov A. P., 1908~1981)는 일찍이 중국인들의 시각을 '아시아중심주의' 또는 '중국중심주의'로 비판하면서, 발해사를 독립된 나라로 다룰 것을 역설하였다. 이에 따라 발해사에 나타나는 고구려적인 요소를 중국에서보다 더 풍부하게 다루었다. 그러나 발해사를 말갈족이 세운 나라로 취급한다든가, 발해 문화를 주로 중앙아시아와 관련시켜 설명하려고 하는 점은 역시 우리가 받아들이기 어려운 점들이다. 그들도 역시 '중앙아시아중심주의'의 성을 쌓고 있다.

그렇다면 우리의 견해는 어떠한가. 이를 살피기 전에 중국에서 활동하는 조선족 출신의 발해사 전공자들의 견해를 잠시 살펴볼 필요가 있다. 중국의 발해사 전문가는 60여 명에 이르는데, 이 중 조선족 출신은 서너 명에 불과하다. 고고학자로서는 연변박물관의 관장으로 있는 올해 42세의 정영진鄭永振 선생이 있다. 그는 조선족 출신으로서 의욕에 넘치는 젊은 학자의 대표자로 손꼽을 수 있다. 발해 고분에 관한 연구 논문도 있어 필자와 시간 가는 줄도 모르고 장시간 토론을 벌이기도 하였다. 같은 박물관에 있는 엄장록嚴長錄 선생도 올해 60세로서 정효공주 무덤 발굴을 직접 지휘하기도 한 노학자였고, 박용연朴龍淵 선생은 중년의 고고학자였다.

필자가 연길을 방문하였을 때에 연변대학 조선문제연구소 발해사연구실 주임으로 있던 방학봉方學鳳 교수는 올해 62세로 60세에 정년퇴임을 하고 이후에도 발해사 연구를 계속할 수 있도록 배려를 받아 역사계(역사학과)에서 이곳으로 직책을 옮겨왔다. 1993년 초에 발해사연구소로 승격되어 그가 소장을 맡고 있다. 이 연구소에서『발해사연구』라는 한글로 된 논문집이 1990년도 말부터 간행되고 있다. 그는 그간에 발표된 논문들을 모아 우리나라에서『발해사 연구』(정음사, 1989),『발해문화연구』(이론과실천, 1991)라는 저서를 내기도 하였고, 중국인 학자들의 대표적인 논문들을 번역하여『발해국사』(정음사, 1988)로 소개하기도 하였다.

학문 연구는 그들이 흔히 쓰는 말처럼 '실사구시實事求是'적으로 하여야 한다는 것이 이들의 입장이었다. 즉 사실이나 근거에 입각하여 실증적으로 연구하여야 하는데, 한족漢族 학자들은 그렇지 못하다는 것이다. 그러나 공식 견해에 대한 공개적인 비판은 아직 시기상조인 듯하였고, 고구려적인 요소를 강조하는 데에도 신중한 모습들이었다. 한편 무턱대고 고구려적인 것만 강조하는 북한의 견해도 역시 실사구시적인 것이 되지 못한다고 하였다. 그러나 1990년도에 방문하였을 때만 하여도 북한 쪽의 최근 연구 성과들을 제대로 파악하지 못하고 있었고, 남한 학계의 사정도 거의 알지 못했다.

북한에서는 1990년 11월에 김일성대학에서 발해사 학술회의를 열 예정이라는 말을 들었었다. 참가 범위가 어디까지 될는지는 모르겠지만 북한학자들만 참여하는 학술회의가 될 경우 그 결론은 불문가지일 것이다. 북한에서 그동안 연구를 통하여 발해가 고구려 문화를 계승하였다는

발해 영역도

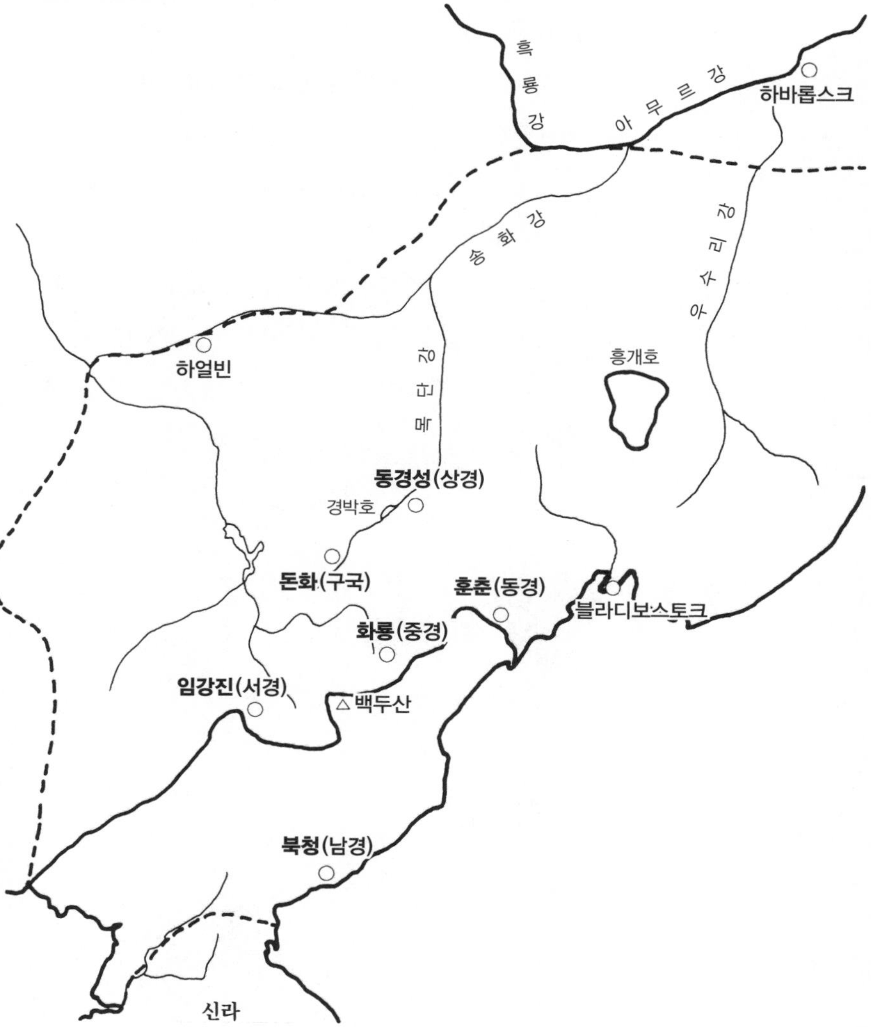

흑룡강
아무르강
하바롭스크
송화강
우수리강
하얼빈
목단강
흥개호
동경성(상경)
경박호
돈화(구국)
훈춘(동경)
블라디보스토크
화룡(중경)
임강진(서경)
백두산
북청(남경)
신라

것을 밝힌 것은 높이 평가하여야 하지만, 그것만을 일방적으로 주장하는 것은 문제가 있다. 그렇지만 이 회의에 견해가 정반대인 중국학자들이 참여할 경우 열띤 토론장이 될 것이다. 그러나 이 학술회의는 무슨 이유에서인지 열리지 못했다는 말을 나중에 들었다.

필자는 발해사 연구에서 객관적일 수 있는 곳이 남한이 아닐까 가끔 상상을 해보곤 한다. 우리 학계는 발해사 연구에 어떤 원칙이 정해져 있지 않기 때문이다. 물론 너무 민족주의적으로 치우쳐 있지 않을 경우에 말이다. 이런 의미에서 앞으로 발해사 연구를 제대로만 시작한다면 비록 유적, 유물을 직접 볼 수 없다는 한계가 있더라도 충분히 객관적인 연구를 진행할 수 있을 것이라는 확신을 이번 탐사 여행을 통하여 얻을 수 있게 되었다.

02
발해의 도로

　북경에서 출발하는 연길행 비행기는 48인승 프로펠러 비행기였다. 중국에서는 모든 체제가 느긋하게 돌아가기 때문에 제시간에 출발한다는 것은 찾아보기 힘들다. '만만디慢慢的'의 체질 그대로인 것이다. 다행히도 이 비행기는 15분 정도 늦은 오후 3시 10분경에 출발하였다.

　프로펠러 굉음과 함께 북경 공항을 박차고 상공으로 떠오르자 북경과 천진으로 이어지는 대평원이 눈에 들어왔다. 지평선 끝부분쯤에 산이 보일 정도로 온통 평지로 되어 있기 때문에, 이곳을 달리는 기차도 몇 백 미터 길이의 차량을 이끌고 구부러진 곳 없이 느긋하게 달리고 있었다.

　갑작스레 환경이 변하여 황톳물을 뒤집어쓴 난하灤河가 나타나더니, 만리장성의 끄트머리가 실낱같이 지나는 연산燕山 산맥이 펼쳐지기 시작하였다. 험준한 산들이 빼곡히 들어선 채 나무가 거의 눈에 띄지 않는 이곳이 바로 역사적으로 중원과 만주 지방을 갈라놓은 천연 방벽이었다. 얼마 후 나타난 대릉하大凌河 줄기를 따라 내려가자 우리의 비행기 바로 아래에 작은 비행장이 들어선 조양朝陽이 눈에 들어왔다.

　대릉하 연안에 자리 잡은 이 도시는 비록 이번 여행에서 직접 가볼 기회를 얻지는 못하였으나, 비행기에서 내려다보는 것만으로도 필자에게는 큰 감회를 불러일으키기에 충분하였다. 발해를 건국한 대조영이 그

대조영이 살았던 대릉하 옆의 영주. 현재는 조양이라 불리는데 사진에 비행장이 보인다.

전에 살았던 영주營州가 바로 이곳이기 때문이다. 당나라가 고구려를 멸망시키고 반란을 막기 위해 그 지배층을 중국 내륙으로 강제 이주시켰고, 그 과정에서 이곳에도 상당수의 고구려인들이 살게 되었다. 그러나 당나라의 통치에 불만을 품은 대조영 일파들이 마침 일어난 거란족의 반란을 틈타 건국의 길로 나서게 되었다.

　이들은 696년 영주를 출발하여 요하를 건너 지금의 돈화敦化까지 2천리의 험난한 길을 걸었다. 도중에는 당나라 군대의 추격을 받아 이들을 격파하였다. 과거의 상념에 사로잡혀 있는데 문득 지금 비행하고 있는 항로가 바로 그들이 갔던 길을 되밟아가고 있음을 발견하였다. 단지 그들은 육로로 갔겠지만, 필자는 하늘로 날아갔다는 차이뿐이었다.

　다시 생각건대 이 비행기는 얼마 전 상영된 영화 '백투더 퓨처'에 나오는 비행기를 연상시켰다. 그것은 두 가지 이유에서이다. 하나는 이 여정이 1천여 년 전 발해인의 숨결을 더듬기 위하여 그들을 만나러 가는 길이기 때문이요, 또 하나는 20, 30년 전 우리 삶의 모습을 그대로 간직한 채 살아가는 연변의 조선족을 만나러 가는 길이기 때문이다. 역사학이란 바로 이런 데서 낭만을 찾을 수 있는 것이 아닐까.

조양을 거쳐 대릉하가 발해만으로 꺾여 내려가는 곳을 지나자 옥수수 밭이 끝 간 데 없이 펼쳐진 요하遼河 평원이 들어왔고, 그 후 역시 흙탕물을 잔뜩 부여안고 뱀처럼 기어가는 듯한 요하가 나타났다. 이윽고 내린 심양瀋陽 공항은 최근 여러 가지로 우리에게 낯익은 지명이다. 이곳에서 연료를 넣는 동안 대기하고 있다가 곧바로 이륙한 비행기는 북쪽으로 길림시 부근의 풍만豊滿 댐 쪽으로 우회를 한 뒤, 북경에서 4시간여가 지나 연길 공항에 도착하였다.

발해는 전성기에 사방 5천 리에 이르는 아주 넓은 영토를 지녔다. 우리 한반도의 기다란 쪽 길이가 3천 리라고 하니 그 넓이를 가히 짐작할 수 있을 것이다. 이렇게 넓은 영토를 효율적으로 통치하기 위해서는 도로망이 제대로 갖추어져 있었을 것임은 자명하다. 그러나 불행히도 이들 도로에 대해서는 단편적인 기록만이 남아 있다. 『신당서新唐書』와 『고금군국지古今郡國志』의 기록이 그것이다. 다행히 최근에는 고고학적인 지표조사文物普查를 토대로 과거의 교통로를 구체적으로 비정하는 작업이 진행되어 당시의 면모를 어느 정도 느낄 수 있게 되었다.

국내 도로 중에서 기간도로에 해당하는 것이 첫 도읍지인 돈화, 그리고 상경(上京, 흑룡강성 東京城), 중경(中京, 길림성 西古城), 서경(西京, 길림성 臨江), 동경(東京, 길림성 八連城), 남경(南京, 함경남도 청해 토성)들을 잇는 도로였는데, 최근 중국 고고학자들이 이들 도로를 직접 답사하였고, 그 결과 곳곳에서 발해의 성터와 무덤들이 속속 발견되었다.

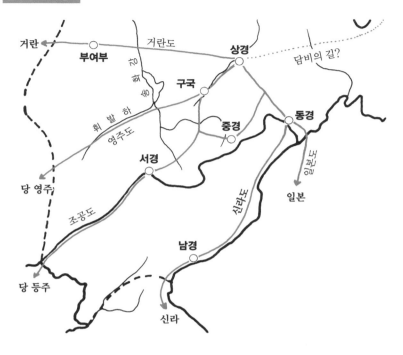

거란
거란도
상경
부여부
담비의 길?
구국
송화강
중경
동경
휘발하
영주도
일본도
서경
일본
당 영주
신라도
조공도
남경
당 등주
신라

　이러한 국내 도로뿐만 아니라 당시 교류하고 있던 당나라, 신라, 일
본, 거란 등 주변 여러 나라와도 교통로가 개설되어 있었던 것은 물론이
다. 당나라와는 육지의 길과 바다의 길로 통하였다. 육지의 길은 영주를
거쳐 중원으로 들어가는 길로서 바로 대조영이 나라를 세우기 위하여 거
쳐 왔던 길이요, 우리가 날아왔던 길이다. 이 길이 문헌에 나타나는 '영주
도營州道'로서, 초기에 주로 이용하였다. 바다의 길은 발해의 서경에서 압
록강을 타고 내려간 뒤 바다를 건너 산동 반도에 도착하는 길이다. 이것
이 '조공도朝貢道'로서 전 기간, 특히 후반기에 애용하였다. 신라로 가는
'신라도'는 동경에서 육지로 함경도를 거쳐 강원도로 남하하는 것이고,
일본으로 가는 '일본도'는 동경에서 연해주의 포시에트 만灣을 거쳐 동

해 바다를 건너는 것이다. 또 '거란도'는 과거 부여가 있었던 길림 지방을 거쳐 서요하西遼河 상류로 향하였다.

이번 탐사 여행은 비록 일부이기는 하지만 발해인들이 분주히 다니던 그 길을 맛보는 기회가 되었다. 연길에서 상경으로 가는 길에 곳곳에서 마주친 말 탄 사람들이나, 경박호반鏡泊湖畔에서 저녁노을 아래 소 등을 타고 그림처럼 흘러가던 일행은 필자에게 발해인들이 우리 옆을 한가롭게 지나가는 꿈을 꾸게 하였다. 5천 리 벌판을 달리던 발해의 말들은 아주 유명하였으니, 특히 발해 15부의 하나인 솔빈부率賓府에서 기른 말은 발해 명산물의 하나로 꼽혔다. 이 말들은 중국에도 수출되어 안녹산이 반란을 일으키는 중요 기반이 되기도 하였을 것이다. 그러니 말 타고 지나가는 사람들마저 예사로이 보일 리 없었다.

상경에서 돈화로 돌아오는 길은 고역이었다. 전날 비포장길을 달리던 승합차가 덜컹대던 충격으로 앞 유리창이 깨지는 바람에 내리는 비를 꼼짝없이 차 안에서 맞으며 길을 재촉하여야만 하였다. 깨진 유리창을 갈아 끼울 데가 없었으니, 연길로 돌아오는 8백 리 길에서 그대로 당할 수밖에 없었다. 나중에는 우산을 앞 유리창 밖으로 받쳐 들고 있었기 때문에 한결 나았으나, 플레이보이 마크가 찍힌 울긋불긋한 우산을 앞에 받치고 있어 지나는 곳마다 사람들의 손가락질을 받으며 웃음거리가 되었다. 그러나 중국인 운전기사는 그대로 비를 맞아야만 하였다. 그럼에도 26세의 이 청년은 자기 탓으로 유리창이 깨졌다고 하여 군소리 하나 없이 차를 몰았다. 한국에서 겪었다면 어떠하였을까를 생각하니 정말 존경심마저 우러나올 정도였다.

그런데 마음이 바쁜 우리 앞길을 가로막는 사람들이 있었다. 바로 도로관리원이었다. 중국에서는 도로가 지나가는 마을마다 관리원들을 두어 도로의 보수를 맡도록 하였다. 그 관리인의 집 앞에는 길옆에 긴 장

발해 시대 역참제도를 연상시키는, 길을 가로막은 장대.

대를 하나 설치하여 놓았다. 마치 제주도의 집 앞에 걸쳐 놓은 막대기를
연상케 하였다. 그런데 비가 오게 되면 그 장대를 길에 가로 걸쳐 놓고 차
량 통과를 막았다. 비포장도로를 파이게 하기 때문이란다. 관리인을 찾
아 사정사정하여 겨우 통과하고 언덕바지를 넘고 나면 다음 마을이 나타
나서, 다시금 긴 장대 앞에 차를 세워 놓고 온 마을을 돌아다니며 관리인
을 찾아다녀야만 하였다. 우리 같으면 살짝 장대를 걷어 올리고 달리고
싶었지만, 번호판이 적히는 날이면 커다란 벌이 떨어진다고 하여 그러지
도 못하였다.

　　이러한 도로 관리제도는 과거의 역참제도를 떠올리기에 충분하였
다. 발해에도 역참제도가 있었다. 발해의 동경에서 신라의 국경도시인
천정군(泉井郡, 원산 부근의 덕원)까지 39개의 역驛이 있었다는 기록이『삼
국사기』에 있다. 발해가 당나라의 역참제도를 본받았다면 30리마다 한
개 역을 두었을 것이므로, 두 도시 사이는 1,170리가 되는 셈이다. 이 길

이 동경과 남경을 잇던 길이며, 발해와 신라 사이에 사신 왕래하였던 길이기도 하다. 비단 이 길만이 아니라 발해 전체 지역에 걸쳐 이런 역이 설치되었고, 거기에는 역을 관리하던 사람들이 살고 있었을 것이다. 지금 발해의 중심지가 아니었으면서도 발해의 교통로로 여겨지는 길 주변에서 무덤들이 곳곳에서 발견되는데, 그러한 사람들의 무덤이 아닐까 상상해본다.

흑룡강성에서 길림성으로 들어가는 분기점에는 조그만 다리가 하나 있는데, 여기에도 막대기가 걸쳐 있고 조그만 초소 같은 것이 서 있었다. 그러나 이곳은 관리원이 있는 곳이 아니고 통행세를 받는 곳이었다. 정부의 허락을 받아 개인이 공공 도로상에 다리를 세우고 통행세를 받는다는 것이다. 이게 바로 중국에서의 자본주의의 시작이 아닌가. 이제 중국은 서서히 잠을 깨고 있다. 그리고 1천 년을 잠자던 발해 유적들도 이제 기지개를 켤 것이다.

03

경박호의 전설

대조영이 2천 리 길을 달려와 다다른 곳이 지금의 돈화시敦化市이다. 발해의 건국을 전하는 당나라 역사책 『구당서舊唐書』에 의하면, 그는 동모산東牟山을 근거지로 삼아 성을 쌓고 살았다고 하였다. 그 동모산이 어디인가에 대해서는 금세기에 들어와서도 분분하였다. 동모산이라는 지명이 역사상 여기에 한 번만 나와서 정확한 위치를 알 수가 없었기 때문이다.

그런데 중국 정부가 들어선 직후인 1949년 돈화 부근의 육정산六頂山 고분군에서 발해 제3대 문왕文王의 둘째 딸인 정혜貞惠공주 무덤이 발견되면서 상황이 달라졌다. 이 무덤이 발견되면서 이곳에 발해 초창기의 왕실 및 귀족 무덤들이 있으며, 따라서 돈화가 바로 발해 초창기 도읍지로서 문헌에 구국舊國으로 불리던 곳임이 거의 확실해졌다. 그리고 돈화시의 발해사 전공자인 류중이劉忠義의 주장대로 돈화시 서남쪽에 있는 성산자 산城山子山이 바로 동모산이고, 그곳에 남아 있는 산성이 바로 대조영이 쌓은 성으로 인정되기에 이르렀다.

성산자 산은 해발 600m의 비교적 낮은 산으로 평야지대 안에 외따로 솟아 있다. 그 중턱에 있는 산성은 길이가 2km 정도로 돌과 흙으로 쌓았다. 주변에 비해 높은 곳에 위치하고 있기 때문에 방어하기 쉽고 공격

돈화시 교외에 있는 강동 24개석. 우거진 풀 사이로 주춧돌이 보이고, 옆에 안내판이 서 있다.

하기에는 어려운 곳이면서, 동서남북의 각 교통로를 통제하기에 편리한 곳이기도 하다. 당나라의 추격을 물리치면서 허겁지겁 달려온 대조영이 이곳을 택한 이유를 이해할 수 있을 듯하다.

필자는 이번 여행에서 이곳을 직접 답사할 기회를 얻지 못한 것이 못내 아쉬웠다. 다만 상경성을 가기 위해서 돈화시에 잠시 들러 점심 식사를 하고 부근의 24개석個石 유적을 살펴본 것이 고작이었다. 24개석 유적이란 주춧돌이 1열에 여덟 개씩 3열로 열 지어 있는 것인데, 발해 시대의 독특한 건물터이다. 이런 24개석 유적은 최근 북한의 동해안 일대에서도 두 곳이 발견되었고, 중국 내의 다른 지역에서도 몇 군데가 더 발견되어 지금 10여 곳이 된다. 무슨 건물터였는지에 대해서는 의견이 갈리고 있다. 규격이 일정한 것으로 보아 무언가 국가에서 통제하던 신성한 곳이 아니었던가 하는 견해도 있으나, 필자가 보건대는 주요 교통로에 설치한 창고터로 여겨진다.

돈화시 교외에 있는 '강동江東 24개석'을 과거에는 '성교城郊 24개석', '진교鎭郊 24개석'으로 불렀다. 이곳은 넓은 평지로서 돈화시에서 연길시나 영안현으로 가는 큰 대로 옆에 위치하고 있으며, 서쪽으로 장춘시와 도문시를 잇는 장도선長圖線 철로가 지난다. 안내 간판이 붙어 있고 주변에 철책을 돌리기는 하였으나 우거진 잡초 사이에 주춧돌이 놓여 있어, 황성 옛터의 노랫가락을 상기시켰다.

돈화를 출발하여 상경으로 향한 일행은 경박호鏡泊湖에서 하룻밤을 묵게 되었다. 이 호수는 상경성이 있던 동경성 분지의 남쪽 끝자락에 있는데, 화산이 폭발하면서 용암이 목단강 줄기를 막아서 형성되었다. 그 크기는 남북 길이가 45km이고, 동서 너비는 넓은 곳이 6km로 전체 면적이 90km²이다. 우리나라의 소양호나 충주호를 연상시키는 드넓은 호수였다. 이 천혜의 자연 호수는 중국 내지인들의 훌륭한 휴양지가 되어 호

발해인의 젖줄이었던 목단강 중류에 있는 경박호 선착장

숫가 곳곳에 여러 기관에서 세운 수련관들이 별장처럼 자리 잡고 있었다. 그러나 외국인들에게 거의 알려져 있지 않아서 일반 가게에서는 외국인들만 사용하는 화폐인 태환권이 통용되지 않았다. 이 돈을 처음 본다는 것이었다. 중국의 외화 태환권 제도는 1994년에 폐지되었다.

여기에서 학회도 자주 열리는 듯하여 우리가 도착한 날에는 같은 숙소에서 수학학회 모임이 있었다. 아마 마지막 날 회식을 하는 듯한데, 갑자기 큰 소리가 들려와 옆방에서 식사를 하고 있던 우리를 놀라게 하였다. 나중에 안 일이지만 중국인들의 학회에서는 기분이 좋으면 옛날 시를 큰 소리 내어 읊기도 하고 노래도 부르기도 한다고 한다. 또 식사가 끝나자 중국에서 보편화되어 있는 교제무(交際舞, 사교춤)를 추는데, 잠깐 들여다보니 남녀 학자들이 단체로 블루스를 추고 있었다. 우리 학회와는 참 대조적이었다.

경박호 끝에 있는 경박鏡泊 폭포는 조수루弔水樓 폭포라고도 하는데 동양의 나이아가라였다. 둥그렇게 파여 화산 분출구와 같은 곳 가장자리를 따라 둥글게 돌아가면서 물이 떨어져 장관을 이룬다. 높이는 약 20m이다. 불행히도 우리가 갔을 때에는 물이 적어 한 곳에서만 떨어지고 있어서 그 장관을 제대로 만끽하지 못하였다. 여기에서 사진사들이 각지에서 몰려온 관광객들의 사진을 찍어주고 있었다. 이들 거의 전부가 조선족들로 모두들 근처에 있는 조선족 마을에 산다고 하였다. 이들을 만나고 나니 발해인들이 살아 움직이고 있는 착각을 불러일으켰다.

이 호수는 발해 시대에도 있었다. 상경성 근처에 있었으니 발해인들에게 애용되었을 것은 분명하다. 그 당시에는 이곳을 홀한해忽汗海라 불렀다. 바다처럼 넓기 때문에 그렇게 불렀을 것이다. 이에 당나라 사람들은 이 이름을 따서 발해를 당나라의 홀한주忽汗州로 삼고, 대조영을 홀한주 도독으로 책봉하였다. 폭포 주변에는 발해 유적들도 많이 남아 있다.

그중에 대표적인 것이 성장립자城墻砬子 성이다. '경박 8경'의 하나로서 호숫가 언덕에 우뚝 솟아 있다. 돌로 쌓은 성벽이 완연하게 남아 있는 이 곳이 바로 상경 관할하의 호주湖州 소재지였을 것으로 추정되기도 한다. 최근에는 경박호 남쪽 끝에 있는 남호두南湖頭 고성을 호주의 소재지로 주목하는 견해도 발표되었다.

이 경박호의 유래에 대해 현지 조선족 사이에서 전설이 전해지고 있다. 옛날 이곳에 한 나라가 있었으니 발해왕국이라고 불렸다. 그 마지막 임금이 애왕哀王이었는데, 임금이 된 뒤에는 선왕들이 이룩해 놓은 사직을 돌보지 않고 주지육림에 빠져 버려 신하들이 간하는 것도 듣지 않았다. 발해가 날로 쇠약해지는 틈을 타 거란이 도성을 공략해 들어올 때에도 이 임금은 어화원御花園에서 술판을 벌이고 있었다. 대신이 급히 들어와 도성이 함락되었다는 말을 아뢰고서야 임금은 혼비백산하여 도망할 준비를 하였다.

그런데 발해 궁실에는 옛날부터 내려오는 보물로 금으로 만든 보경寶鏡이 있었다. 신하들과 친척들을 이끌고 갖은 보물과 이 거울을 챙겨 서경西京으로 도망을 하다가 이 호숫가에 이르러 거란군에 길을 막히고 말았다. 더 이상 도망갈 곳이 없는 것을 깨달은 이 임금은 하늘을 우러러 장탄식을 하고 거울을 껴안고 호수 속으로 풍덩 뛰어들어 깊고 깊은 바닥으로 가라앉고 말았다. 이에 동행했던 사람들도 하나둘씩 뛰어들어 나중에 머리 셋 달리고 눈이 여섯 달린 고기가 되었다고 한다(이상『조선족민간고사선朝鮮族民間故事選』에서 인용). 물론 이 전설은 역사적 사실과는 맞지 않아 믿을 바가 되지 못하지만 우리 민족의 뇌리 속에 발해국의 인상이 깊이 박혀 있는 증거가 아니고 무엇이랴.

여기에 하나 더 생각나는 것은 발해의 멸망 원인에 관한 것이다. 발해가 어떻게, 왜 멸망했는지는 자세한 기록이 없어 잘 알 수 없다. 마지막

왕이 전설처럼 주지육림에 빠졌었는지도 모른다. 그러나 현재 전해지는 기록으로 보아서는 발해의 지배층 간에 정권 쟁탈 싸움이 벌어졌던 것 같다. 거란이 발해를 멸망시킨 뒤 이곳에 동쪽 거란국이란 의미로 동단국東丹國을 세웠는데, 그 재상이었던 거란인 야율우지耶律羽之는 발해국의 "민심이 이반한 틈을 타 싸우지 않고 이겼다"고 말하였다.

　　최근에 들어 발해국이 백두산의 화산 폭발로 멸망한 것처럼 오도하는 일이 벌어지고 있다. 1988년 텔레비전 프로그램에서 한 교수가 이 문제를 제기하자 새로운 사실인 양 많은 사람들에게 영향을 주었다. 마치 로마에서 일어났던 폼페이 화산 폭발을 연상하게 하여 신선하게 받아들여졌던 모양이다. 이와 똑같은 일이 그 전에 일본에서도 벌어졌다. 일본 NHK에서는 몇 년 전 유명한 역사소설가 시바 료타로司馬遼太郎의 사회로 "환상의 왕국"이라는 발해 특집 프로그램을 방영하면서 발해가 마치 백두산의 화산 폭발로 멸망한 것처럼 야단법석을 떨었다. 발해 멸망과 비슷한 시기에 일본 혼슈 북부 지역에서 화산재 분출이 있었음을 들어 동일 화산대에 들어 있는 백두산도 이때에 폭발하였을 것이고, 그것이 발해를 멸망시켰을 것이라고 하였다.

　　이것은 역사소설감이 될지는 모르지만 역사학의 대상이 될 수는 없다. 역사적 사실과 다르기 때문이다. 상경성 유적을 가보면 곳곳에 현무암 덩어리들이 눈에 뜨이는 것은 사실이다. 하지만 이들은 백두산 분출로 이루어진 것이 아니라 경박호 부근의 용암 분출로 형성되었다. 또 그 분출도 발해가 세워지기 훨씬 이전인 지질시대에 이루어진 것이다. 발해의 유적, 유물들이 모두 현무암으로 이루어진 것만으로도 증명된다. 원래 현무암 대지에 세워진 발해의 도성이기에 주춧돌이나 축대 등 모든 것이 현무암 덩어리이다.

　　설령 용암이 이때 분출하였다고 하더라도 그것이 한 도시를 완전히 덮지 않는 한 멸망의 원인이 되는 것은 아니다. 오히려 화산재는 비옥한 토지를 제공해준다. 화산 폭발이 빈번한 일본이 그것 때문에 망한 적은 없다.

또 설령 그 원인으로 발해가 멸망하였다면 거란 태조가 굳이 직접 군대를 이끌고 이곳을 쳐들어왔을 리 만무하다. 거란 태조가 이곳을 공격해온 것은 그들이 중원으로 공격하기 위한 전초 작업으로 배후 세력을 없애려 한 것이었다. 따라서 화산이 폭발하여 쇠퇴하였다면 이들이 배후 세력으로 인식될 리는 없었다.

역사는 사실을 바탕으로 설명되어야 한다. 이를 어기면 자칫 신화화하거나 허구화되어 버리기 쉽다. 그럼에도 불구하고 요사이 세태는 전문 학자들의 견해를 듣기보다는 선동적인 일부 사람들의 견해를 더 믿는다. 그것은 발해사뿐만 아니라 고조선사, 고대 한일관계사 등등 곳곳에서 나타난다. 아니 역사뿐만 아니라 정치, 사회, 문화 전반에서 나타나고 있다. 대학에서도 그런 병폐는 마찬가지이다. 기존 견해는 무조건 틀렸고, 그 반대의 것만이 옳다는 주장이 강하게 지배되어 왔다. 우리는 지금 불신의 시대를 살고 있는 것이다. 불행한 시대의 주역들이다.

04

발해의 고도 상경성

발해가 가장 오랫동안 도성으로 사용했던 상경성上京城은 흔히 '동경성東京城'으로 알려져 있다. 발해 당시에는 동경성이란 명칭이 없었다. 발해가 멸망한 뒤 이 성이 한동안 잊혔다가 청나라에 들어와서야 다시 세인의 관심을 끌었고, 이때부터 동경성이라고 부르기 시작하였다. 그후 청나라 말기 이후에 일본인을 비롯한 다수의 학자들이 이 유적을 조사하면서 이 이름을 그대로 사용하게 되어 지금에 이르렀다.

성은 흑룡강성 영안현寧安縣에 속하며, 영안현에서 서남쪽으로 약 35km 떨어져 있다. 이곳은 동경성 분지의 가운데로서 4면이 산으로 둘러싸여 있다. 경박호에서 내려오는 목단강이 성의 서쪽에서 북쪽으로 휘돌아 흐르고, 동쪽으로는 마련하馬蓮河가 흐르고 있어, 3면이 물로 감싸여 있기도 하다. 이 충적평야는 토지가 비옥하고, 물산이 풍부하며, 수륙교통이 편리한 곳이기 때문에 발해의 중심지가 되기에 충분한 곳이다.

성의 규모는 아주 크다. 외성外城은 남북 길이가 3.5km 정도가 되고, 동서 길이가 4.5~5km 정도가 되어, 총 둘레가 16km가 넘는다. 1998년에서 2007년까지 조사할 때에 16,313m로 확정되었다. 이것은 서울에 남아 있는 조선시대 도성과 유사하다. 한양 도성은 둘레가 약 18.6km이다. 한양 도성은 남산과 백악산, 인왕산과 낙산을 연결한 성이지만, 상경성은 너른 평원 한가운데에 만든 완전한 평지성이다.

상경성은 동아시아 문화의 중심지였던 당나라 수도 장안성을 본떠 만든 것으로서, 그 규모로 볼 때 8, 9세기 당시에 아시아에서 두 번째로 커다란 도성이었다. 이것만 보더라도 당시 동아시아에서의 발해국 위상을 실감할 수 있겠다.

그 규모에 감탄을 금할 길 없었던 필자는 이번 여행을 통하여 새로운 것을 발견하게 되었다. 크기에 대한 감각은 역시 상대적이라는 평범한 진리를 깨닫게 된 것이다. 우리는 우리 땅덩어리에 적응하며 감각이 형성된 것이기 때문에, 우리 입장에서는 상경성이 대단히 큰 것이다. 그러나 만주의 너른 땅덩어리를 고려하게 되면 그것이 적정한 규모가 아닐까 하는 생각을 가지게 되었다. 이런 스케일 감각의 차이는 여러 군데

상경성

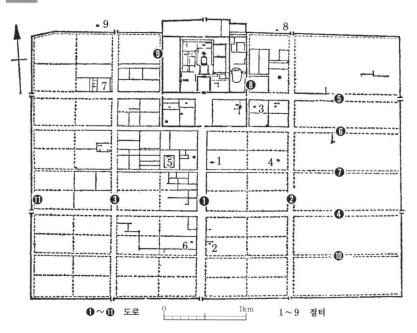

❶~⓫ 도로   0 　　　　 1km   1~9 절터

에서 느낄 수 있었다.

　평소 중국학자들이 돈화 분지는 좁아서 나라가 발전하기에는 적당하지 않기 때문에 발해가 상경성으로 도읍을 옮겼다고 하여 아주 좁은 지역인 줄 알았으나, 이번 여행에서 살펴본 결과 우리에게는 넓은 곳이었다. 다른 한편, 만주에는 높은 산이 거의 없고 능선이 마치 언덕처럼 밋밋한 편이다. 따라서 무슨무슨 '령嶺'이라고 하더라도 우리에게는 낮은 고개에 불과하였으나, 그곳에서는 큰 고개에 해당하는 것을 볼 수 있었다.

　흑룡강성 발해 상경유지上京遺址 박물관은 영안현 문물관리소文物管理所를 겸하고 있다. 이곳은 원래 발해 시대의 절터였는데, 그 기초만 남아 있다가 청대에 들어와 흥륭사興隆寺라는 절을 지었다. 지금은 1861년에 중건된 다섯 채의 건물들이 남아 있는데, 모두 발해 유물 전시관으로 사용되고 있다. 이런 우여곡절을 겪었지만, 그동안에도 이곳을 꿋꿋이 지켜오는 것이 있다. 거대한 석등石燈이 그것이다. 상륜부 일부를 제외하고는 거의 완벽하게 남아 있다. 원래 높이는 6.4m이나 지금 남아 있는 높이는 6m이다. 한국에서는 비교가 되지 않을 정도로 커다란 규모이다. 기둥 돌 아래와 위에 새겨진 연꽃무늬도 부조가 강하고 힘차다. 현무암으로 만든 이 석등은 덮개돌蓋石이 8각 지붕 모양을 잘 나타내고 있고 그

절터에 남아 있는 거대한 석등

아래의 불주머니火炷가 8각으로 되어 있어, 통일신라 시대의 부도를 연상하게 만든다. 발해 시대의 건축물이 남아 있지 않은 마당에 이것은 발해 건축 양식을 엿보는 귀중한 자료가 되고 있다. 북한의 장상렬이 이 석등 자료를 토대로 발해 건축을 재현하려 한 점이나, 건축에 쓰인 자의 기본 단위尺가 고구려와 같은 35cm이었음을 밝히려 한 점은 높이 평가하여야 할 것이다.

석등 바로 뒤에 있는 삼성전三聖殿 한가운데에는 발해 시대의 석불石佛이 상처를 입은 채 오늘도 앉아 있다. 이 석불은 높이가 3.3m이며 연꽃이 새겨진 대좌까지 합치면 4m 가까이 된다. 그러나 원래 높이는 이보다 훨씬 컸던 것을 뒤에 개조하면서 크기가 줄어들었다. 머리도 떨어져 다시 붙였기 때문에 지금은 부처의 자비한 미소가 사라지고 청나라 사람

훼손된 채 남아 있는 발해 불상

얼굴 모습이 대신 붙어 있는 희극적인 꼴이 되어 버린 채, 손 위에는 시줏돈이 놓여 있었다. 이제 와서는 더 이상 발해의 석각 예술로 보기 어려울 정도가 되었다. 발해가 멸망한 지 천여 년 동안 온갖 고행을 맛본 상처만 남은 부처님이시다.

석등 앞에 있는 네 개의 건물에는 발해의 유물들이 진열되어 있었다. 하나하나 모두 귀중한 발해의 보배들이다. 완벽한 모양의 투구는 발해 무인의 기상을 그대로 드러내고 있고, '천문군지인天門軍之印'이란 글씨가 새겨진 도장은 발해 군사제도를 연구하는 데에 중요한 자료이다. 맷돌은 지금 사용하는 것과 약간 달라서 손잡이가 윗돌 윗면 가장자리에 붙어 있는 것이 아니라 옆으로 튀어나온 곳에 끼워져 있었다. 이러한 맷돌은 소련 연해주에서도 몇 개 발견되었다. 당시에 주로 사용되던 갈돌보다 곡물 가공 능력이 2.5배 내지 6배 증대된다고 하니, 발해의 생산력 발전을 어렴풋이나마 느끼게 한다. 이러한 맷돌과 함께 놓여 있는 쇠보습은 발해의 경작 농업의 일면을 무언으로 증언해주고 있다. 연변대학의 방학봉 교수는 이 보습이 길이가 31cm이고 무게가 4.3kg에 달하여 사람이 끌기에는 너무 무겁기 때문에 소를 이용한 우경牛耕이 보편화되었다고 주장하였다.

또 지난 1975년에 발견된 사리함은 아주 크다. 땅 속에서 발굴되었는데, 모두 일곱 개의 함으로 싸여 있었다. 제일 가운데의 작은 유리병 속에는 5과의 사리가 봉안되어 있었다. 제일 바깥 함은 여섯 개의 대형 판석을 석관묘처럼 짜 맞춘 것으로 한 변 길이가 1m로 아주 크다.

이 밖에도 활석으로 만든 사자상과 토끼상, 청동 불상銅佛, 흙으로 구운 불상塼佛, 무사상武士像, 청동 인물상銅人, 궁전 계단 옆에 장식한 짐승상, 삼채 귀면와三彩 鬼面瓦, 막새기와 등등 유물들이 많았으나, 전시실은 초라함을 벗어나지 못하였다.

상경성 북쪽 성벽

　　상경 성터는 워낙 넓기 때문에 그 안에 여섯 개의 마을이 자리 잡고 있다. 이 중 가장 큰 것이 발해진이다. 여기에 사는 사람들은 바로 발해인들이 살던 집터 위에 다시 집을 짓고 사는 셈이다. 임금이 살던 왕성과 관청이 있던 황성皇城 밖에는 일반인들이 살던 지역으로서 정사각형 또는 직사각형의 방坊으로 구획되어 있었다. 최근 경주에서도 그러한 구획이 확인되었다. 발해 터전 위에 사는 사람들은 발해에 대해서 긍지를 느끼는 듯 중학교의 이름도 발해중학이었다.

　　상경성은 1933년과 1934년 두 차례 본격적인 발굴이 진행된 이래 여러 차례 발굴 작업이 있었다. 1963년과 1964년에는 북한과 중국학자들이 공동으로 이곳을 발굴하여, 이때의 작업이 북한의 발해사 연구를 진전시키는 데 커다란 공헌을 하였다. 그 후에도 여러 차례 중국학자들에 의해 발굴이 진행되어 왔으나, 성터가 워낙 넓어 완전한 면모를 밝히기에는 요원하다.

축대만 남아 있는 상경성 제1궁전지

　1979년 이후 발굴한 궁성 정문인 오문터午門址는 석축이 완연히 남아 있었다. 양쪽으로 출입문이 나 있고, 가운데에는 문루가 있었다. 그 기초의 동서 길이가 42m, 남북 너비가 27m, 높이가 5.2m가 되니, 문루도 거대하였을 것이다. 석축 모서리에는 돌을 쌓을 때 가설하였던 목제 골조 자리가 뚜렷이 남아 있었다. 이곳 지방지에서는 이곳을 오봉루五鳳樓라 부른다. 서울로 치면 경복궁의 정문인 광화문에 해당하는 문이다.

　이 문 바로 뒤에는 제1궁전지 축대가 자리 잡고 있다. 회랑으로 연결된 5개의 궁전지가 궁성 안에 있는데, 그중 첫 번째 궁전터이다. 이 축대 위에는 무성한 풀 사이로 주춧돌들이 과거의 영화를 말하면서 말없이 누워 있다.

　북벽 가까운 곳인 제2궁전지 옆에는 발해 시대에 사용되었다고 하는 우물터가 있다. 현지에서는 이를 '팔보유리정八寶琉璃井'이라 부르는데, 돌로 쌓은 이 우물은 위가 팔각형을 이루고, 아래는 원형을 이루는 미려한 구조를 하고 있어, 마치 경주의 첨성대를 축소시켜 거꾸로 땅 속에 박아 놓은 느낌을 가지게 한다. 역시 발해 멸망에 관한 전설이 이 우물과 함께 전해져 내려오고 있다고 한다. 1963년에 보수하고 정자를 세워 지금까지 보호하고 있다. 이와 구조가 비슷한 고구려 시대 우물이 평양 고산동에서 근래에 발견되었다.

답사가 끝난 뒤 들른 발해진의 작은 식당에서는 온통 물고기로 만든 요리가 나왔다. 메기, 잉어, 붕어, 초어 등등의 물고기들은 모두 주변의 목단강과 경박호에서 잡은 것들이었다. 땅이 크고 강이 크니 물고기도 컸다. 대국의 맛을 느끼는 듯하였다. 발해 사람들도 이것을 먹었을 것이다. 상경성 북벽에 올라서면 바라다보이는 목단강가에는 발해 왕이 통발을 놓아 물고기를 잡았다는 터가 전해져 내려온다. 발해 왕이 천렵을 나가 즐거워하는 모습이 눈에 선하다.

05

서고성과 정효공주 무덤

연길시에서 남쪽으로 고개를 넘으면 너른 벌판 가운데로 해란강이 눈에 들어온다. 해란강가에 말 달리던 선구자는 보이지 않지만 한가롭게 양떼를 몰고 가는 청년이 이를 연상시켜주었다. "일송정 푸른 솔은……"의 선구자 노랫가락이 절로 나오는 곳이다. '용드레 우물'로 유명한 용정龍井은 해란강 하류 평야에 자리 잡고 있다.

용정을 벗어나 두도頭道로 향하면서 펼쳐지는 두도 평야는 해란강 유역의 평야 중에서 가장 크다. 이 평야는 불규칙한 타원형으로 동서 길이가 약 30km, 남북 너비가 약 10km이고, 주위는 구릉들이 둘러싸고 있다. 따라서 이 지역은 토질이나 기후, 교통 등 모든 면에서 거주하기에 적합한 곳이다. 온통 논으로 조성되어 있어 요하 유역의 옥수수 밭과는 다른 친근감을 느끼게 하였다. 더구나 마을마다 초가집이 있어, 중국식 붉은 벽돌집이 섞여 있지 않았더라면 우리의 농촌으로 착각했을 것이다. 2011년에 다시 방문했을 때에는 그런 초가집이 더 이상 눈에 뜨이지 않았다.

두도 평야의 서쪽에서 약간 북쪽으로 치우친 지점에는 발해 옛 성터가 자리 잡고 있다. 발해의 다섯 개 서울 중 하나인 중경中京이 있던 서고성西古城터이다. 이 성터는 화룡현 서성향西城鄉 북고성촌北古城村으로

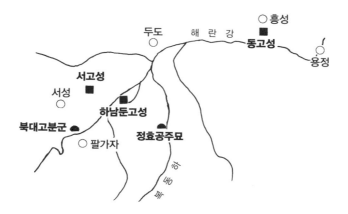

○ 흥성
두도　해 란 강
■ 동고성
○ 용정
서고성 ■
서성 ○
하남둔고성 ■
북대고분군 ●
팔가자 ○
정효공주묘
부르하통하

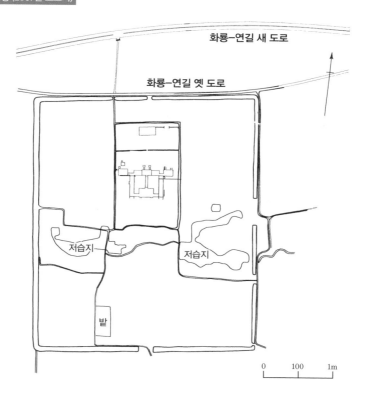

화룡－연길 새 도로
화룡－연길 옛 도로
저습지
저습지
밭

0　　100　　1m

와룡으로 가는 길 남쪽 곁에 있다. 이보다 동쪽에 동고성東古城이 있어 동, 서의 이름이 붙게 되었는데, 동고성은 요나라 이후의 성으로서 서고성에는 없는 성벽 시설물인 치雉가 멀리서 보아도 완연하게 남아 있었다. 동고성이 있는 곳 가까운 구릉에는 신석기, 청동기 시대의 주거지가 발굴된 흥성興城 유적이 있다.

일제 강점 이전부터 일본인들이 이 지역에 진출하면서 이미 1909년에 나온 보고서에 이 성의 존재가 보고되어 있다. 그 후 일본인 학자들이 이곳을 발굴하였는데, 사이토 진베齋藤甚兵衛는 당시 간도성 주둔의 일본군 군속으로 일본군의 지원 아래 이곳을 조사하였다.

성은 외성과 내성으로 이루어져 있다. 외성은 직사각형으로 둘레가 약 2.7km가 된다. 성벽은 흙으로 쌓았는데 파괴가 심하여 논두렁이나 사람이 왕래하는 길로 변해 버렸다. 길옆으로 길과 평행으로 달리는 북쪽 벽에는 가로수가 심어져 있었다. 1990년 현재 성 안은 모두 논으로 변

1, 2 궁전지 발굴(2007년 보고서)

해 버렸고 내성이 있던 자리만이 마을을 이루고 있다. 2000년부터 2005년까지 성터를 발굴할 때에 마을을 모두 이전시키고 유적을 정비하여 1990년대의 모습이 많이 변했다. 이때 성벽 둘레는 2,720.1m로 확정되었고, 내성 안에서 회랑으로 연결된 네 개 궁전지와 북쪽에 별도로 지은 한 개 궁전지가 발굴되었다.

발해 중경이 어디에 있었는가에 대하여 그동안 의견이 정해지지 않았지만 최근에 들어와서는 이곳이 바로 중경 자리라고 의견이 모아지게 되었다. 1980년에 가까운 곳에서 정효貞孝공주 무덤이 발견되었기 때문이다. 공주가 상경에서 멀리 떨어진 이곳에 묻혔다면 이 지역은 발해의 중요 지역이 아니면 안 되는 것이다.

두도에서 서고성으로 가는 길과 갈라져 남쪽으로 해란강을 건너면 해란강의 지류인 복동하福洞河가 나타난다. 이 하천 좌우로는 산줄기가 남북으로 달리고 있고 그 사이의 협곡으로 평야지대가 펼쳐져 있다. 이 평야가 바로 공주의 묘지에서 말하는 염곡染谷이다. 필자가 보고서만으로 상상한 것보다는 훨씬 넓은 평야였다. 갈 길이 바빠 정효공주 무덤으로 가는 도중에 있는 발해 시대의 용호龍湖 무덤 자리를 눈으로만 확인하여야 하였다. 이윽고 발해 시대의 소규모 성터인 잠두성蠶頭城터가 밭으로 변한 채 남아 있는 곳에 이르자, 서쪽 강 건너에 정효공주 무덤이 있는 용두산龍頭山 줄기가 눈에 들어왔다. 무덤은 용두산에서 갈려져 나온 산줄기가 다시 낮은 언덕을 형성한 곳 정상에 있었다. 묘지에서 말한 '염곡의 서쪽 언덕染谷之西原'이 이곳이다.

오리 두 마리가 한적하게 헤엄을 치고 있는 복동하 개울물을 건너자 산자락이 바로 앞에 다가왔다. 이 산에는 정효공주 무덤 외에도 10여 기의 발해 고분들이 봉분 정상부마다 도굴 구멍을 드러낸 채 잠자고 있었다. 지표에 드러난 봉분 크기로 보아 이들도 예사 무덤들이 아니었다. 특

복동하 건너에 있는 용두산 고분군. 꼭대기 나무가 있는 곳에 정효공주 무덤이 있다.

히 12호분은 봉분이 가장 크고 그 앞에는 무덤 표지석으로 서 있었던 돌 두 개가 드러누워 있었다.

지천에 널린 개암과 머루를 따먹으면서 올라간 언덕 꼭대기에는 정 효공주 무덤이 자태를 드러내고 있었다. 10여 기의 무덤 중에서 단연 제 일 좋은 위치에 있었다. 비문에는 무덤 주변에 소나무, 개오동나무가 무 성하고 아래에는 강물이 굽이친다고 하였으나, 이제는 나무들은 간데없 이 널찍한 대지가 담배 밭으로 변해 있었고, 그 아래 복동하는 실개울이 되어 있었다. 무덤은 밭가에 있다. 코스모스가 가을의 정취를 품으며 무 덤 옆에 피어 있었다. 그러나 불행히도 무덤을 가건물로 보호하고 있어 서, 그 내부를 살펴볼 수는 없었다. 하도 중요하여 길림성에서 열쇠를 보 관하면서 함부로 공개하지 않는다고 한다.

흔히 중요한 발견이 그러하듯이 이 무덤도 우연하게 드러났다. 문화 혁명 당시 이곳에 하방되었던 학생이 소꼴을 먹이러 왔다가 벽돌로 쌓은 탑 같은 것이 눈에 뜨였고, 그가 나중에 연변박물관으로 옮겨진 뒤 이 사실을 박물관 당국에 보고하게 되었다고 한다. 조사 결과 훈춘 지역에 있는 발해 시대의 마적달馬滴達 탑과 거의 같아서 탑을 조사하려고 발굴하게 된 것이 이 무덤을 확인하는 계기가 되었다.

무덤 위에 벽돌로 탑을 쌓았던 것이다. 부처의 사리를 모신 곳이 탑이니, 불교적인 장례를 치른 것이다. 이 공주는 3대 문왕文王의 넷째 딸로서 돈화에서 발견된 정혜공주의 동생이다.

문왕은 당나라 측천무후의 영향을 받아서 불교를 크게 부흥시켰던 것 같다. 그 자신이 생전에 사용하던 호칭인 존호尊號가 '대흥보력효감금륜성법대왕大興寶曆孝感金輪聖法大王'이니, 대흥과 보력은 당시 사용하던 연호이고, 효감은 유교에서, 금륜은 불교에서 나온 용어이다. 특히 금륜은 불교의 전륜성왕 설화에서 떠온 것으로서, 그 스스로 무력이 아닌 불법으로 이 세상을 통치할 이상적인 왕으로 자처하였던 것이다.

정효공주 무덤 앞에는 무덤을 지키던 승려들이 살던 건물터가 남아 있고, 산 아래에는 절터가 남아 있다. 그러나 2004년과 이듬해에 발굴한 결과 이들은 건물터가 아니라 무덤에 세운 탑 자리임이 밝혀졌다. 이때에 무덤 14기가 발굴되었는데, 3대 문왕의 배우자인 효의황후孝懿皇后와 9대 간왕의 배우자인 순목황후順穆皇后의 묘지명이 두 무덤에서 각각 발견되었다.

이 고분군은 유적 공원으로 조성해 놓아서 구글의 위성사진에서도 뚜렷이 보이는데, 2011년에 방문했을 때에는 유적지를 철제 담장으로 두르고 주민들은 외지인의 접근을 감시하고 있었다. 서고성에도 철제 담장을 두르고 감시 카메라까지 설치해 놓았고, 팔련성에서도 공사가 한창 진행되고 있었는데 남한 사람은 절대 안 된다는 말을 듣고 발을 돌려야 했다.

건물을 지어 보호하고 있는 정효공주 무덤

　탑 아래 지하에는 무덤칸이 있다. 무덤길을 따라 내려간 곳에 만들어진 무덤칸은 벽돌과 돌로 쌓았다. 특히 천정을 기다란 돌로 계단처럼 쌓았는데, 이렇게 천정 공간을 줄여나가는 방식은 고구려에서 빌려온 수법이다. 그러나 전반적으로는 당나라 양식을 따르고 있다.

　무덤칸의 벽면에는 벽화가 화려하게 그려져 있어, 처음으로 발해인의 모습을 볼 수 있게 되었다. 연도와 동쪽, 서쪽, 북쪽 벽에 그려진 12명의 인물은 무사武士, 시위侍衛, 내시內侍, 악사 등이다. 공주의 모습은 보이지 않지만, 이들은 공주 생활의 일면을 보여주고 있다. 무사가 고대광실 저택의 호위를 맡아서 보초로 하여금 철퇴와 검을 가지고 지키게 하고, 몸종들이 둘러싸서 시중을 들고, 악사들이 노래를 연주하여 즐겁게 하며, 가까이 딸린 시종들이 지팡이를 들고 일산日傘을 받쳐 들어 햇빛을 가려주었다.

　이들은 대체로 뺨이 둥글고 얼굴이 통통하여 건강미가 있어 보이는

데, 역시 당나라의 화풍을 닮고 있다. 또 발해사 연구자인 중국의 왕청리
王承禮 선생은 이들을 남자로 분장한 여성으로 추정하였다. 눈이 수려하
고 눈썹이 깨끗하며, 작은 입은 동그랗게 붉은 점으로 찍어 놓아 앵두 같
은 입술이란 미인의 정형을 보는 듯하기 때문이다. 이런 남장 습속도 당
나라 측천무후 때의 영향이라고 한다.

　　이 무덤은 발해가 멸망한 뒤 얼마 되지 않아 도굴되어 버려, 유물들
이 거의 남아 있지 않았다. 다만 사람 얼굴 모양의 도용陶俑 2점, 정효공주
와 그 남편으로 보이는 뼈, 도금한 청동 장식물 조각들이 발견되어 공주
무덤의 품격을 추측하게 할 따름이다. 이 유물들은 연변박물관에 진열되
어 있다. 아쉽게도 여기서 발견된 인골은 연변 의대에 보관되었다가 담
당 교수가 퇴직하는 바람에 소재 불명이 되었다고 한다.

정효공주 묘

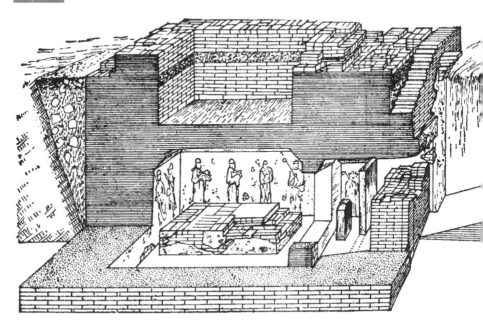

발굴 보고서에서 31점의 '골격骨骼'이 수습되었다고 해서, 필자는 1983년 석사학위 논문을 쓸 때에 여러 시신이 함께 묻힌 다인장多人葬의 사례로 삼았다. 1990년 첫 연변 방문 때에 보고서를 작성한 엄장록 선생과 대화하다가 비로소 잘못 이해한 것을 알게 되었다. 골격을 한 사람의 신체로 이해하여 서른한 명 인골이 발견된 것으로 생각했으나, 사실은 두 명분 서른한 개의 뼈가 출토된 것이었다. 엄장록 선생도 골격이란 말을 써서 오해를 불러일으키게 했다는 사실을 인정했다. 이처럼 현장에 대한 이해가 없으면 오해를 종종 불러일으키게 된다.

무덤 입구에서 발견된 묘지는 정혜공주 묘지와 함께 발해사 연구에 더없이 귀중한 자료이다. 발해 사람들이 남긴 유일한 기록이기 때문이다. 따라서 발해사 연구의 1차 자료가 되는 셈이다. 이 비문들에 의하면 정혜공주, 정효공주 모두 출가하여 정혜공주는 아들 하나를, 정효공주는 딸 하나를 두었으나 모두 일찍 죽었다. 설상가상으로 이들은 남편마저

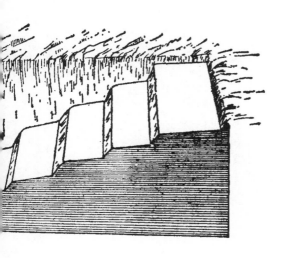

먼저 사망하는 비운을 맞이하였다. 둘 다 처음 맹세하였던 절개를 변치 않고 수절하다가 정혜공주는 40세인 777년에, 정효공주는 36세인 792년에 사망하여, 정혜공주는 돈화 육정산에, 정효공주는 화룡 용두산에 묻혔다. 젊은 나이에 더구나 모두 부왕이 살아 있을 때에 사망하였으니, 문왕은 너무나 슬퍼 "정사를 보지 못하였고, 잠을 이루지 못하였다"고 하였으니, 그 애통

함을 비길 데가 없었다.

    슬픔을 안고 묻혀 있는 주인공을 생각하며 무덤 주변을 거니는데, 무덤 앞에 써 있는 안내문이 눈에 들어왔다. 한글과 중국어로 된 안내문에는 역시 "발해는 당조 때 속말말갈인이 기원 698년~926년 기간에 우리나라 동북과 지금의 쏘련 연해 지방에 세웠던 지방정권이다"는 문구로 시작되고 있었다. 다시 한번 발해가 과연 우리 역사였던가를 생각나게 하는 대목이었다. 우리 역사의 범주란 무엇을 기준으로 삼아야 할 것인가. 당연하여 질문거리가 될 것 같지 않으면서도 예사 문제가 아니라는 것이 느껴지는 순간이었다.

06
발해인의 가족생활·상

　우리의 가족생활과 중국인의 가족생활에는 차이점이 많다. 그중에서 가장 대표적인 것이 가장의 역할이다. 그동안 우리는 남편 중심의 가족 질서를 유지해왔고, 지금에 이르러서 가장의 권위가 상처를 많이 입기는 했지만 아직도 남자 중심으로 생활이 이루지고 있다. 반면에 중국인들은 여성 중심으로 가족생활을 하고 있다. 왜 그럴까. 문외한으로서 한 가지 이유를 든다면, 조선시대 이래로 가부장적 권위를 강조하는 성리학적 질서가 우리 사회 곳곳에 배어 있는 데 비하여 중국은 그러지 않았다는 데에 있지 않을까 생각한다.

　우리 일행이었던 박성수 교수는 비행기 안에서 만난 중국인 경찰과 필담을 하면서 이를 빗대어 중국인은 '대여자주의大女子主義', 조선인은 '대남자주의大男子主義'라고 썼더니, 고개를 끄덕이면서 그렇다고 하여 우리도 한바탕 웃은 적이 있다. 중국인 남편들은 현지의 조선족 남편들의 권위를 보고 매우 부러워한다고 한다. 아침에 북경 거리를 지나면서 목격한 행렬은 집에서 아침을 먹지 못하고 가게에서 아침 도시락을 사려는 사람들이었다. 여기서 사 가지고 길을 가면서 아침 식사를 때우기도 한다. 부인에게서 아침 식사를 해달랄 수 없는 북경의 남편들과 피곤한 남편을 억지로 깨우며 아침 식사를 먹여 보내려는 우리네 부인들을 대비

우리의 시골과 다름없는 해란강가의 조선족 초가집

해 상상해보게 하였다.

　　그러면 발해인들은 어떻게 살았을까. 비록 적은 자료이기는 하지만 그 모습을 살펴볼 수 있는 것들이 있다. 우선 발해인들의 결혼 방법을 보여주는 자료가 있다. 비록 발해 당시는 아니지만 금나라의 기록에서 발해의 결혼 습속에 대해 언급하고 있다. 금 세종 때인 1177년 12월에 발해인들의 약탈혼을 금지하는 명령을 내렸으니, "발해의 옛날 습속에는 남녀가 혼인을 할 때에 예법에 어긋나는 것이 많아서, 먼저 남자가 여자를 훔쳐 달아나서 혼인을 하니 조서를 내려 이를 엄금한다. 이를 범하는 자는 간통한 것으로 다스린다"고 하였다. 마음에 드는 여자를 우선 빼앗아 옴으로써 혼인 절차가 시작되는 것이다. 이것이 발해인의 혼인 습속에서 어느 정도 보편적이었는지는 단언하기 어려우나, 옛날 습속이라고 한 것으로 보아 발해 때부터 유행했을 것이다.

　　발해인 중에는 성姓이 있는 사람들이 아주 적었다. 우리나라 사람들

상경성에 남아 있는 발해 시대의 우물터인 '팔보유리정'

의 성 가운데 일부를 제외하고 대부분이 고려시대에 생긴 것을 고려한다면 이해될 것이다. 왕의 성은 물론 대大 씨였고, 유력한 귀족들의 성으로는 고高 씨, 장張 씨, 양楊 씨, 하(賀, 기록에는 두賽 씨로 되어 있음) 씨, 오烏 씨, 이李 씨의 몇 가지에 불과하였다. 여기서 고 씨는 분명히 고구려계 사람들이다. 그 밖에 일반 귀족의 성으로 40여 개가 확인된다. 이 중에는 신라계 사람들로 보이는 박朴 씨, 최崔 씨도 들어 있고, 말갈계로 보이는 성들도 있다.

　　일반 귀족 아래에는 평민들이 있었고, 그보다 신분이 낮은 천민으로서 부곡部曲과 노비가 있었다. 천민에도 상하가 있어서 부곡은 노비보다 신분이 위였다. 이 부곡은 사람을 가리키는 것으로, 고려시대의 부곡이 특수한 계층의 사람들이 살던 지역을 가리키는 것과는 구별된다. 그런데 평민이나 부곡, 노비는 성이 없었고, 모두 주인의 성을 따른다고 하였다. 이것을 보면 이들은 지배층에 얽매여 있는 존재들이었고, 그 예속성이 아주 강했던 것 같다.

가족은 1부1처제가 기본이었다. 그것은 발해인들의 무덤 발굴에서 확인된다. 만주 지역에서 발견되는 발해인들의 무덤에서는 당시에 매장된 사람 뼈가 거의 그대로 발견된다. 우리 입장에서 보면 명당자리가 아닐지 모르나, 우리의 관념은 산성이 강한 우리 토양에 적응하여 나타난 결과일 것이다. 만주 지역은 알칼리성이 강하여 뼈들이 그대로 남는 듯하다.

발견된 뼈들을 보면 중앙에 주인공으로 보이는 두 사람이 있고, 그 주위에 부수적인 사람들이 있는 것이 보통이다. 가운데 두 명은 죽은 뒤 직접 묻은 1차장次葬이고 보통 목관에 넣어져 있지만, 주위의 것들은 일단 가매장한 뒤 뼈를 추려서 무더기로 모아 놓았다. 그런데 가운데 주인공들은 보통 남녀 합장으로 되어 있다. 부부인 것이다.

이번 여행에서 정영진 관장과 발해의 무덤에 대해 토론한 것도 큰 성과 중의 하나였다. 필자는 지난 1984년에 발해 무덤들을 정리하고, 주위에 부수적으로 놓여 있는 뼈들이 주인공에 딸린 가내노예로서 이들을 순장한 것이 아닌가 하는 논문을 발표한 적이 있다. 정 관장도 같은 해에 발해 무덤 자료를 정리하고, 무덤들을 형식 분류한 논문을 발표하여, 서로 할 얘깃거리가 많을 수밖에 없었다.

이 문제들에 대해 토론하는 가운데서 두 사람 사이에는 말이 서로 엇나가고 있다는 것을 깨닫게 되었고, 결국 가족의 개념이 중국과 한국에서 서로 다르다는 것을 발견하게 되었다. 우리는 가족을 혈연관계에 있는 사람들만을 지칭하는 데에 비하여 중국에서는 이뿐만 아니라 그들에게 딸려 같은 집에서 평생을 함께 지내는 노비들도 포함하였다. 가족이란 말이 우리에게 혈연적 개념이지만, 중국에서는 공간적 개념이었다.

결국 중국인 학자들은 무덤에 나타난 부수적인 사람들을 노비나 부곡인으로 보면서 가족장이라고 설명하는 데에 비해서, 필자에게는 가족이란 말이 혈연관계에 있는 사람들만을 가리키기 때문에 순장의 한 현상으로 보았던 것이다. 그렇지만 결국은 그 사람들의 신분이 무엇이냐는 데에서는 일치하였다. 필자의 생각으로는 이런 현상을 전형적인 순장 현상이라기보다는 순장의 관습이 남아 있는 잔존 현상으로 보는 것이 타당할 듯하였다. 순장은 사람을 강제로 죽여서 매장하는 것인데, 발해의 무덤들에서는 모두 동시에 매장된 것으로 보이는 경우가 있는가 하면, 나중에 추가로 묻은 경우도 보이기 때문이다. 아무튼 이러한 순장 현상은 최근에 많이 발굴되고 있는 고령 지산동, 경산 임당동, 김해 대성동 등과 같은 가야 고분들에서도 전형적으로 나타나고 있다.

발해에서는 일부일처제를 기본으로 하면서 여성의 지위가 만만하지 않았다. 남송南宋 시대에 쓰인 『송막기문松漠紀聞』은 발해인들의 생활 모습을 생생하게 서술하고 있다. 그중에는 이런 구절이 있다. "부인들은 모두 사납고 투기가 심하다. 대大씨는 다른 성씨와 서로 연결을 맺어 10자매姉妹를 이루는데, 번갈아가며 남편을 감시하여 남편이 첩側室을 두는 것을 용납하지 않으며, 다른 여자와 연애交游하는 것도 용납하지 않는다"고 하였다. 발해에서는 여성의 발언권이 아주 드셌던 모양이다. 이를 근거로 어느 소련학자는 발해가 모계사회적인 것이 아닌가 하는 설명을 한 적도 있다. 발해의 남성들은 첩을 두거나 다른 여자와 연애하는 것이 부인에 의해 금기 사항으로 되었다.

이어서 "만일 이런 일이 있다는 것을 알게 되면 부인은 반드시 독을 넣어 남편과 사귄 여자를 죽이려고 한다. 한 남편이 일을 저질렀으나 자기 아내가 알지 못하였다면, 나머지 아홉 사람이 모두 일어나 그를 꾸짖으면서 다투어 증오하는 것을 서로 자랑으로 여긴다"고 하는 말이 나온다. 10개의 가정이 생활의 한 단위를 이루면서, 다른 집 여자들이 생활에 관여할 정도로 여성의 힘이 강하였던 듯하다.

　이렇게 여자들이 드셌기 때문에 발해 주변에 있었던 "거란, 여진의 여러 나라에는 모두 창녀女娼가 있고 일반 사람들이 모두 첩小婦, 몸종侍婢들을 거느리고 있었으나, 오직 발해에는 없다"고 하였다. 요사이 우리 사회에서 매춘이 문제가 되는데, 발해에서는 전혀 문제가 될 수 없는 일이었다.

　그런데 이러한 윤락가의 여성들이 발해 주변 여러 나라에 존재하였다는 것은 흥미를 끈다. 발해 외에 우리의 고대 국가들에서는 어떠하였는지는 자세히 알 길이 없다. 고구려의 조세 제도에 관한 기록에 일반인은 포布 다섯 필, 곡식 다섯 석을 냈고, '유인遊人'은 삼 년마다 한 번 내는데 열 명이 모아서 포 한 필을 낸다는 기록이 있다. 여기서 말하는 '유인'의 실체가 무엇인지 알 수 없지만, 1987년에 이를 매음녀로 보는 견해와 말갈이나 거란과 같은 유목민족을 의미하는 것으로 보는 견해가 동시에 발표된 것도 흥미로운 일이었다.

07
발해인의 가족생활 · 하

　여성들이 드셌음에도 남편의 부인에 대한 사랑은 지극하였던 것 같다. 일본에 사신으로 갔던 양태사楊泰師는 멀리 이국 타향에서 밤에 잠 못 이루다가 옆집에서 들려오는 다듬이질 소리를 듣고 고향에 두고 온 부인을 이 여인에 빗대어 그리워하고 있는 아름다운 서정시를 남겼다. 지금 전해지는 시는 그가 남긴 시구에 후대 사람들이 감동하여 덧붙여서인지 중간에 시상이 바뀌고 그 길이도 길어졌다. 이를 번역하면 다음과 같다.

　　서리 기운 가득한 하늘에 달빛 비치니 은하수도 밝은데
　　나그네 돌아갈 일 생각하니 감회가 새롭네
　　홀로 앉아 지새우는 긴긴 밤 근심에 젖어 마음 아픈데
　　홀연히 이웃집 아낙네 다듬이질 소리 들리누나
　　바람결에 그 소리 끊기는 듯 이어지는 듯
　　밤 깊어 별빛 낮은데 잠시도 쉬지 않네
　　나라 떠나와서 아무 소식 듣지 못하더니
　　이제 타향에서 고향 소식 듣는 듯하구나
　　방망이 무거운지 가벼운지

다듬잇돌 평평한지 아닌지 알 길 없구나

멀리 타국에서 가녀린 몸에 땀 흘리는 모습 측은히 여기며

밤 깊도록 옥 같은 팔로 다듬이질 하는 모습 보는 듯하네

나그네에게 따뜻한 옷 지어 보내려고 하는 일이지만

그대 있는 방 찬 것이 먼저 걱정이구려

비록 예의 잊어 묻기 어렵지만

속절없이 원망하는 그대 마음 모를 리야 하겠는가?

먼 이역에 가 있네, 그래도 새로 사귄 사람 없지

한 마음이기를 원하네, 그러면서 길게 탄식하네

이때 홀로 규중으로부터 탄식 소리 들리니

이 밤 그 누가 아름다운 눈동자에 눈물 고이는 것 알겠는가?

생각하고 또 생각하네, 마음은 이미 그대에 젖어 있는데

또 들리누나, 괴로운 이 마음

차라리 잠들어 꿈속에서 소리 찾아가고 싶은데

다만 근심으로 잠 못 드누나

이 시의 서정성으로 인하여 발해 문학 작품 중 걸작으로 꼽히고 있다. 부인에 대한 애틋한 사랑은 타국으로 나가야 더욱 절실하게 표현할 수 있는 것은 인지상정일 것이다.

그러나 발해 남성들이 여성들에게 쩔쩔매는 모습만이 보이는 것은 아니다. 발해인들이 비록 여성들에게 약했으나, 진정 약골은 아니었다. 당시 발해인들이 지혜가 많고 용맹스러워서 "발해인 세 사람이 호랑이 한 마리를 당해낸다"는 말이 외국에까지 널리 퍼져 있었던 것만 보아도 그것을 가히 짐작할 수 있다.

그러한 용맹성은 어려서부터 배우는 활쏘기, 타구打球, 격구擊毬 등

을 통하여 길러졌다. 타구는 지금의 하키 비슷한 것으로 막대기를 가지고 공놀이를 하는 경기이고, 격구는 지금의 폴로와 비슷한 것으로 말을 타고 하는 공놀이이다. 일본에 사신으로 간 발해 사신이 타구놀이를 하자 일본 왕이 이를 보고 시를 읊은 것이 있는가 하면, 타구 경기에 내기를 건 적도 있다. 필자가 연변 지역을 여행하면서 곳곳에서 노인들이 게이트볼門球을 하는 것을 목격하였는데, 이곳에서는 이 경기가 아주 보편화되어 있어서 발해인들이 당시에 경기하던 모습들을 상상하게 하곤 하였다.

중국과 한국에서 사용되는 동일 용어로서 개념이 다른 것으로는 아파트(층집)의 규모에 대한 용어도 있다. 우리는 일본식 넓이인 평坪을 사용하고 있으나, 중국에서 사용되는 평은 이러한 단위가 아니라 평방미터의 평平이다. 현지에서 얘기하는 가운데 착각하기 쉬운 것 중에 하나이다.

발해인들의 주거는 각양각색이다. 지배층은 이번에 답사한 상경성의 궁전지에서도 볼 수 있듯이 유약을 화려하게 바른 널찍한 건물에서 살았다. 우리 민족에 특징적인 것처럼 되어 있는 온돌이 발해의 궁전 안에서도 발견되었지만, 그것은 모든 건물에 시설되어 있었던 것이 아니라 왕의 숙소로 쓰였던 곳 등 일부 건물에서만 발견되었다. 그것도 구들이 방 전체에 걸쳐 있는 것이 아니고 'ㄱ'자형으로 방의 두 개 벽면을 따라 시설할 정도였다. 그렇다면 그들은 좌식 생활이 아닌 입식 생활이 주된 것이었고, 잠자리에 들 때에만 온돌에 올라가 자는 정도였을 것이다.

일반인들의 주거 모습을 알 수 있는 것은 러시아 연해주에서 발견된 주거지에서이다. 주거용 건물은 두 가지가 있다. 하나는 지상에 설치된 가옥이고, 하나는 반지하식 주거지이다. 이들은 대체로 직사각형 또는 정사각형으로서, 그 면적이 지상 가옥의 경우 전기에는 12~28m²이었다가 후기에 이르면 50m²에 이른다고 한다. 반지하식 주거지는 조금 작았

인민공원에서 만난 조선족 가족. 한 여름인데도 비로드 옷을 입고 있다.

다. 단순 비교하기는 어렵겠지만 1990년 현재 북경의 일반 서민 아파트
가 13~14평인 것에 비하면 큰 것이라고 할 수 있다. 온돌이 딸려 있는 것
이 많은데, 1~3개의 고래로 되어 있어 역시 전면적인 구들 난방은 아니
었다. 지금 우리가 사용하고 있는 전면적인 온돌을 온구들이라 한다면,
이런 식은 쪽구들이라 부를 수 있다.

　　연변의 9·3절은 이 지역 최대 명절의 하나이다. 1952년 연변조선
족자치주가 창립된 기념일이기 때문이다. 이 날에는 연변자치주에 살고
있는 76만의 조선족뿐만 아니라 모든 사람들이 밖으로 소풍 나와 즐기
게 된다. 특히 끝에 5자나 0자가 붙는 주년에는 연길시에서 큰 행사가 벌
어진다고 한다. 마침 이 날을 연길에서 보내게 되어 사람들이 제일 많이
모이는 인민공원으로 구경을 나갔다.

정효공주 무덤 벽화 인물의 하나로 철퇴를 들고 무덤 입구를 지키고 있는 모습이다.

구경 온 인파와 잡상인들로 법석대는 가운데 곱게 한복을 차려입은 조선족 처녀들이 붉은색 샐비어 꽃밭 한가운데에서 기념 촬영하는 것은 정말 아름다웠다. 어린이들이 즐겨 타는 케이블카 주변에서는 주현미의 쌍쌍파티 노래가 요란하게 울려 퍼지고 있었다. 덩실덩실 춤을 추는 할머니들은 우리의 옛 가락을 일깨워주었다. 우리 민족은 좋은 일이 있으면 모여서 춤을 덩실덩실 추게 되는가 보다.

발해인들도 즐거울 때에 춤을 추었다. 송나라 왕증王曾이 기록한 글은 발해가 멸망한 뒤에도 발해인들이 자신의 생활 전통을 그대로 유지하면서 살고 있었다는 것을 보여준다. 현재의 중국 조선족 생활 모습처럼 말이다. "발해 풍속에는 세시 때마다 사람들이 모여 노래를 부르며 논다. 먼저 노래와 춤을 잘 하는 사람들을 여러 명 앞에 내세우고 그 뒤를 사녀 士女들이 따르면서 서로 화답하여 노래 부르며 빙빙 돌고 구르고 하는데 이를 답추踏鎚라 한다." 이를 잘 읽어보면 지금 어느 시골에 와 있는 느낌을 받지 않는가.

2008년에 국립문화재연구소와 러시아 연구자들이 공동으로 콕샤로프카Koksharovka-1 발해 성터를 조사하다가 흥미로운 토기 조각 하나를 채집하였다. 중간에 띠 모양의 장식이 있는데, 여기에 다섯 사람이 서로 손잡고 춤을 추는 듯이 묘사되어 있다. 마치 우리의 강강술래를 하는 장면처럼 보인다. 발해의 그릇 조각으로 여겨지는데, 이 장식을 보면 발해인이 답추하던 장면을 떠올리게 된다.

한국인들은 즐거우면 술 마시고 춤을 추고 노래 부른다. 그래서인지 연변에 오는 한국인들을 위한 술집들이 여기저기에서 눈에 뜨였다. 아예 우리가 묵었던 호텔에서 직영으로 나이트클럽과 가라오케卡拉OK 술집을 운영하고 있었다. 밖에서도 술집이 여기저기 있어서 필자는 길거리를 가다가 어느 술집으로 놀러 오라는 아가씨의 유혹을 받기도 하

춤을 추는 발해인이 묘사된 토기 조각(2008, 국립문화재연구소 제공)

였다. 그러나 잠시 들른 호텔 나이트클럽에서는 부자 나라 한국에서 왔다는 돈 자랑 작태가 벌어지는 것을 보는 듯하여 역겨움을 금치 못하였다. 그것이 지금 우리가 할 일인가. 북경으로 돌아오기 위해서 연길 공항에 도착하였을 때에 다른 관광단 일행이 도착하고 있었다. 얼마나 많은 물건을 샀는지 트럭을 빌어서 짐을 운반해오는 것을 바라보면서 지난 10여 일간 과거로 돌아갔던 발해 기행의 환상이 산산이 깨지며 현실로 돌아와 있는 것을 깨닫게 되었다.

이번 발해 탐사 여행은 필자에게 아주 값진 것이었다. 1970년대 후반 발해사 연구에 착수하면서부터 수없이 혼자 주고받았던 대화들, 그 중에서 끊임없이 생겨나던 의문들이 일시에 해결된 듯 후련하였던 적도 있었다. 지도나 문헌으로만 느낄 수밖에 없었던 필자로서는 예상 밖의 자연, 인문지리 환경 요소들을 대하고 역시 와 보지 않으면 안 되겠구나 하는 것을 절실히 깨닫게 되었다. 일정상 어쩔 수 없이 잠시 맛만 보고 온 셈이었지만, 그것은 필자에게는 커다란 환희였다. 언젠가 다시 가야 할 곳. 필자는 돌아온 다음날부터 다시 돌아가는 꿈을 꾸고 있다. 발해인을 만나러.

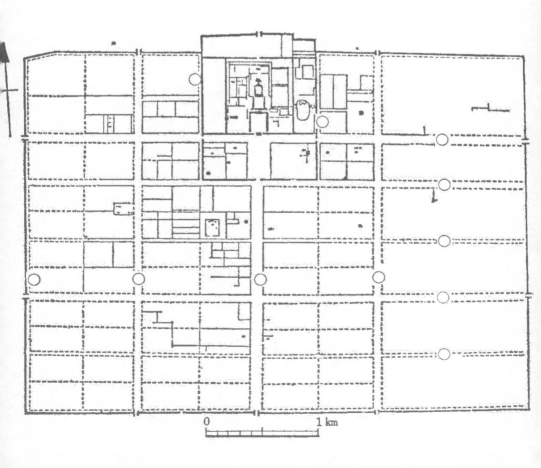

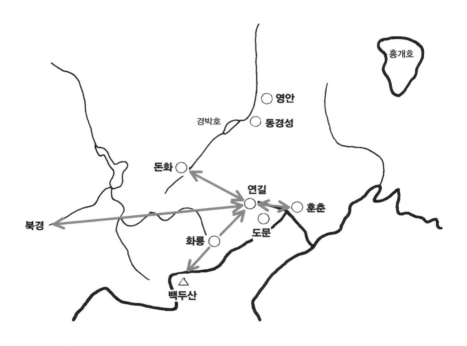

흥개호

영안

경박호 ○ 동경성

돈화 ○

연길

북경 ← 훈춘

화룡 ○ 도문

△
백두산

만주 2차 답사 경로

01

최초로 올라가 본 동모산

발해 건국자 대조영大祚榮이 처음으로 도읍을 정하였다고 하는 동모산은 돈화시 남서쪽에 자리 잡고 있다. 발해인의 성지聖地이며 발해 연구자들의 정신적 보금자리라고 할 수 있는 이곳을 필자는 첫 번째 답사 때에 가보지 못하여 내내 마음이 걸렸는데, 두 번째 답사에서 마침내 그 뜻을 이루게 되어 무척이나 기뻤다. 그것도 한국인으로서는 최초로 이곳을 방문하였으니 더더욱 감개무량하였다.

돈화는 연길에서 북서쪽으로 160km 떨어져 있는 도시이다. 아침에 특급열차를 타고 이곳으로 향하였는데, 말이 특급열차이지 터널을 지날 때면 증기기관차 연기가 한동안 실내에 가득 찼고, 속도도 시속 60km 정도밖에 되지 않았다. 도중에 지나는 안도현은 '안도인安圖人'이라 불리는 유명한 후기 구석기 시대 인골이 1964년에 발견된 곳이다.

기차 안에서 여러 사람과 사귈 수 있었다. 앞좌석에 앉았던 중국인은 바나나와 함께 비닐봉지에 든 것을 건네주며 씹으라는 시늉을 하기에 알고 보니 중국인들이 껌 대용으로서 심심풀이로 씹는다는 가미한 고래 힘줄이었다. 북한에 보따리 장사를 하러 다닌다는 조선족 동포는 그곳에서도 이런 것을 씹는다고 하면서, 중국에서 공산품을 가지고 가서 북한에서 해산물을 바꾸어 오곤 하는데, 이제는 명태도 제대로 구하기 어렵

남쪽의 성산자 마을에서 본 동모산 전경

다는 말을 덧붙였다.

연길을 떠난 지 세 시간 만에 돈화역에 도착하여 돈화시문물관리소
를 먼저 들렀다. 이곳의 소장인 류중이劉忠義가 동모산에 본격적으로 주
목한 사람이다. 1991년 답사 당시에 그의 나이 55세로서 알코올 중독에
걸릴 정도로 무척 술을 좋아하였고, 개방적이고 예술적인 기질을 가지고
있었다. 원래 기술을 전공하였다가 고고학에 종사하고 있으며, 특이하게
도 기독교인으로서 자신이 다니는 교회 건물을 설계하였다고 한다. 그는
또한 '민주인사民主人士'이기도 한데, 중국에서 말하는 민주인사는 우리
의 개념과는 달리 공산당을 비롯해 어디에도 가입하지 않은 완전한 자유
인을 가리킨다.

시골길이 워낙 나빠 어쩔 수 없이 지프차를 전세 내어 그와 함께 남
서쪽으로 22.5km 떨어진 동모산으로 향했다. 돈화시 현유진賢儒鎭 성산
자촌城山子村에 있는 이 산은 현지에서 성산자 산이라고 하는데, 산 위에

성터가 남아 있기 때문에 붙은 이름이다. 연길시에 있는 성자산城子山이나, 집안에 있는 산성자 산山城子山도 그런 연유로 붙은 것들이다. 산 아래에 있는 성산자 마을에서 차를 내려 중국인들이 경작하고 있는 옥수수밭 사이를 걸어서 산을 오르기 시작하였다. 높이가 해발 600m로서 그리 높지 않지만, 돈화 분지에 우뚝 서 있기 때문에 제법 웅장해 보였고, 어디에서도 금방 눈에 뜨였다. 동쪽 4km 지점에는 목단강牡丹江 상류가 남쪽에서 북쪽으로 흘러 지나고, 산 북쪽을 끼고는 대석두하大石頭河가 서쪽에서 동쪽으로 흘러 목단강과 합류하고 있어서, 마치 두 강이 이 산을 에워싸고 있는 형국이었다.

얼마를 올라가니 정상 부근을 휘감고 있는 성터가 눈에 들어왔다. 타원형에 가까운 형태로서 둘레가 2km 정도이고, 흙과 모래를 섞어 쌓았다. 성벽 높이는 1.5~2.5m이고, 밑변의 너비는 5~7m 정도이다. 남쪽 벽에는 망을 보기 위한 치雉가 세 군데에 남아 있다. 우리 일행은 서쪽 문

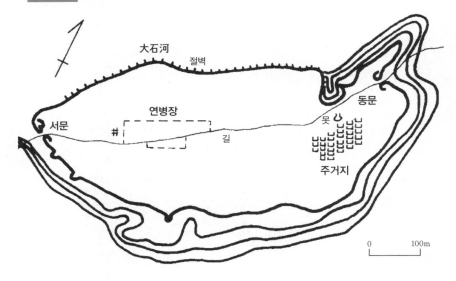

성산자 산성

大石河
절벽
연병장
서문
못
동문
길
주거지
0   100m

성산자 산성의 문 자리

터를 통해서 정상으로 향하였다. 문터는 동쪽에도 하나가 있으며, 동문,
서문 모두에 문을 에워싼 옹성甕城 흔적이 있다. 성 안으로 들어서 정상
에 오르니 사방이 거침없이 눈앞에 펼쳐 보여 여기가 난공불락의 요새
구나 하는 생각이 들었다. 동북쪽 멀리에는 돈화시가 아련히 눈에 들어
왔고, 여기서 동쪽으로 약간 눈을 돌리니 가까이에 육정산六頂山이 보였
으며, 더 동쪽으로는 최근에 주목되고 있는 영승永勝 유적이 목단강 건너
에 있었다.

열심히 주위를 바라보고 있으려니 한 농부가 소를 앞세우고 풀을
뜯기러 한가로이 우리 쪽으로 걸어 올라오고 있었다. 정상 남쪽 아래에
50여 기의 반움집식 건물 자리가 있고, 성 가운데에는 연병장으로 보이
는 평지도 있었다. 그리고 평야에 우뚝 솟아 있는 산인데도 신기하게 돌
로 쌓은 우물이 풀숲에 가려진 채 연병장 옆에 거의 원형대로 있었다. 그
뿐만 아니라 이 성터에서 창, 칼, 화살과 함께 당나라 때의 화폐인 '개원

통보開元通寶'도 발견되어 발해 때에 사용된 것임이 분명해져, 그 옛날 대조영이 군사를 조련하던 함성이 들려오는 듯하였다.

이곳이 발해 역사에 나오는 동모산이다. 중국 문헌에서 대조영이 당나라 추격 군대를 뿌리치고 동모산에 이르러 성을 쌓고 근거지로 삼았다고 한 그곳이 바로 여기이다. 그동안 발해 건국지가 확인되지 않아 동모산이 어디에 있는지 분명하지 않았다. 그러다가 육정산에서 정혜貞惠공주 무덤이 발견됨으로써 이 산성이 동모산임이 확실해진 것이다. 그리고 이러한 주장을 본격적으로 펼친 이가 앞에서 말한 류중이이다.

그러면 왜 대조영이 무려 2천 리(약 1천km)나 떨어진 이곳까지 와서

동모산 정상에서 바라본 돈화 벌판. 제일 멀리 목단강 건너 마을이 영승 마을이다.

나라를 세웠는가? 필자는 이 수수께끼를 풀기 위해 최근에 논문 한 편을
쓴 적이 있다. 대조영은 영주를 탈출하여 처음에는 자신들의 연고지였던
요동 지방으로 가서 이곳에서 일시 나라를 세웠다가, 급기야 당나라 군
대가 공격해오자 당시에는 오지였던 이곳으로 어쩔 수 없이 피신하였다.
그가 처음부터 이곳에 와서 나라를 세울 생각이었던 것은 아니다. 고구
려와는 달리 발해의 중심지가 만주 동부에 치우쳐 있던 것은 이러한 역
사적 배경 때문이다. 대조영은 697년 무렵에 영주를 탈출하여 698년에
동모산에서 건국하였으니, 영주 탈출에서 건국까지 1~2년 정도가 소요
되었다.

　　당나라 군대를 뿌리치고 허겁지겁 이곳에 도착하여 부리나케 성을
쌓고 방어 태세를 취했을 것이다. 이곳이 바로 문헌에 나오는 '구국舊國'
의 터전이다. 그는 어느 정도 숨을 돌린 뒤 도성을 산 위에서 평지로 옮겼
을 것이다. 지난 1960년대 이래 돈화 분지 한가운데에 있는 오동성敖東城

이 그곳으로 여겨져 왔다. 이 성은 동모산으로부터 5km 지점에 있어 육정산 고분군과 함께 삼각형을 이루고 있다. 그러나 1974년 여기에서 남쪽으로 약 10km 떨어진 성산자 산 부근에서 영승永勝 유적이 발견되면서 최근 오동성보다는 이곳이 발해 도성지일 것이라는 견해가 제기되고 있다고 한다. 이 유적은 돈화시 강동향江東鄕 영승촌永勝村 북쪽 1km 떨어진 밭 가운데에 있다.

그러나 2002년과 이듬해에 오동성과 영승 유적을 일부 발굴했지만 발해 유적을 발견하지 못했다. 그렇다면 동모산에서 화룡 서고성으로 바로 도읍을 옮겼을 가능성이 크다.

산 위에 성을 쌓아 도읍을 정하는 것은 중국에서 볼 수 없는 고구려 방식이다. 고구려 시조 고주몽이 오녀산성에 성을 쌓고 도읍으로 삼은 것을 상기하면 될 것이다. 그 다음 수도가 된 길림성 집안에서도 환도산성이 중요한 역할을 하였다. 이러한 고구려 전통이 발해 초기에도 이어졌다. 중국학자들이 발해를 고구려 계승국가로 인정하지 않지만, 이런 연계성은 아마 부인하지 못할 것이다. 여기에 덧붙여서 육정산 고분군에서 발굴된 기와 가운데 고구려식 기와가 포함되어 있는데, 발해의 고구려 계승성을 밝히는 또 하나의 중요한 단서가 된다.

02

육정산에 담긴 비밀

동모산에 도읍을 정하고 있었던 초창기에 나라를 이끌어가던 왕족과 귀족들의 무덤이 자리 잡고 있는 육정산 고분군은 동모산에서 북동쪽으로 약 10km 떨어져 있다. 그러나 이곳으로 가기 위해서는 더 먼 길을 돌아가야만 하였다. 목단강 상류에 다리가 없어서 돈화 시내로 들어갔다가 다시 남쪽으로 5km를 가야 했기 때문이다. 도로 곳곳에 물웅덩이들이 움푹 파여 있어 덜커덩거릴 때마다 자동차 천장에 머리를 부딪치곤 하면서 겨우 도착할 수 있었다.

멀리 육정산이 눈에 들어오자 "아, 저래서 육정산이란 이름이 붙여졌구나" 하는 생각이 들었다. 육정산은 동모산처럼 평지 가운데에 솟아 있는 산으로서 봉우리가 여섯 개이기 때문에 붙여진 이름이다. 북쪽에서 바라보니 이 여섯 개의 봉우리들이 동서 방향으로 이어져 있는 것이 확연하였다. 여섯 개의 봉우리 중에서 서쪽에서 두 번째 것이 주봉으로서 해발 603m이다. 이 산은 돈화시 강동향江東鄉 승리촌勝利村에 속하며, 서쪽으로 800m 떨어진 곳에 목단강이 흐르고, 남서쪽 3km 지점에 영승 유적이 있다. 강을 끼고 있는 입지 조건이나 산의 높이로 보아 동모산과 거의 동일하여 발해인들이 지형을 선택할 때에 어떠한 것을 기준으로 하였는가를 가늠해볼 수 있다.

북쪽에서 바라본 육정산 전경. 사진 오른쪽으로 주봉이 보이고, 그 남쪽에 고분들이 자리 잡고 있다.

발해 고분들은 주봉의 남쪽 기슭에 모여 있다. 동쪽 모서리를 돌아서자 산기슭에서 한가로이 소들이 풀을 뜯고 있는 사이로 멀리 동모산이 나타났다. 앞서 성산자 마을에서 보았던 모습과는 전혀 달리 험준한 산처럼 보였다. 더구나 구름 낀 날씨인데도 이 산 부근에만 햇살이 비치고 있어 신성한 느낌마저 들었다. 고분군에 도착하자 우선 제2고분군第二墓區임을 알리는 돌기둥이 눈에 뜨였다. 육정산 서남쪽에 위치한 고분군은 하나의 산줄기를 가운데에 두고 두 개의 골짜기로 나뉘어 있으니, 서쪽 것을 '제1고분군'이라 하고 동쪽 것을 '제2고분군'이라 한다.

여러 차례의 발굴 결과 제2고분군에는 당시에 신분이 조금 낮은 사람들의 무덤이 자리 잡고 있음을 알게 되었다. 그것은 무덤 규모나 유물 성격을 통하여 추정될 뿐 아니라, 유명한 정혜貞惠공주 무덤이 제1고분군에서 발견되었기 때문이기도 하다. 제2고분군에는 모두 50여 기의 무덤들이 있다. 필자가 방문하였을 때에는 덤불이 우거져 있어 도대체 무

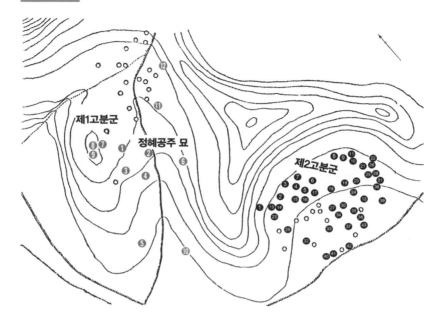

덤이 어디에 있는지 육안으로 확인조차 하기 어려울 정도였으나, 자세히 보니 무덤마다 고유번호 팻말들이 조그맣게 박혀 있어 제일 아랫줄에 있는 40호, 41호 고분들을 확인할 수 있었다.

이곳에서 조금 더 서쪽으로 가면 제1고분군이 나온다. 제2고분군이 있는 골짜기는 평퍼짐하게 옆으로 퍼져 있는 형태이나, 이 고분군이 있는 골짜기는 상대적으로 좁고 길쭉하다. 골짜기 사이로는 물이 흘러내리고 있어 제법 질퍽질퍽하였다. 골짜기 제일 아래쪽에는 안내판이 거의 부서진 채 세워져 있었고, 조금 위에는 역시 '제1고분군第一墓區'이라고 쓰인 돌기둥이 서 있었다. 이 고분군에는 모두 30여 기의 무덤들이 자리 잡고 있는데, 거의가 대형 고분에 속하는 것들로서 당시의 왕족 또는 상위 귀족들이 잠들어 있다.

정혜공주 무덤. 오른쪽 둥그런 것이 봉분이다.

 2004년과 이듬해에 다시 정밀 조사를 하여 제1고분군에는 109기,
제2고분군에는 134기의 무덤이 있는 것으로 확인하였다.

 유명한 정혜공주 무덤은 제1고분군의 서쪽 가운데쯤에 있었다. 둥
그런 봉분이 잡초에 뒤덮여 있어서 무덤 앞에 '2호'와 '정혜공주 무덤'이
라 쓰인 팻말이 서 있지 않았다면 분간하기도 어려웠다. 이 무덤은 1949년
에 연변대학에서 발굴하였다. 필자가 들은 바로는 원래 돈화에 있던 중
학교 교장 선생님이 해방 후 학교를 꾸리기 위해 자금 마련을 궁리하다
가 마침 근처에 옛날 무덤들이 있는 것을 알고 혹시 보물이 나오지 않을
까 해서 파헤치기로 작정하였다고 한다. 그러나 기대하던 보물들은 발견
되지 않고 글자가 새겨진 이상한 돌 조각들만이 있어서, 심상치 않은 일
이라고 생각하여 당국에 알려서 발굴이 이루어지게 되었다고 한다.

 발굴 결과 이 무덤이 정혜공주의 무덤임이 밝혀졌고, 이에 따라 이
지역이 그동안 미궁에 빠져 있던 발해 초기 도읍지였다는 사실도 거의

명백해졌다. 정혜공주는 3대 문왕의 둘째 딸이다. 문왕은 대조영의 손자이므로, 이 공주는 대조영의 증손녀이다. 묘지에 따르면, 그녀는 문왕이 즉위한 이듬해인 738년에 태어나 777년 40세를 일기로 사망하였고, 3년 뒤인 780년에 이곳에 매장되었다. 여기서 주목되는 것이 삼 년 만에 장례를 지낸 사실이다. 역사적으로 보면, 고구려가 3년장을 치렀고, 무령왕릉 묘지에 쓰여 있는 바와 같이 백제도 3년장을 치렀다. 중국과 다른 이러한 전통이 발해에도 이어지고 있었다.

무덤 양식도 완전히 고구려식 돌방무덤石室封土墓이다. 무덤 앞에 벽돌이 깔려 있는 무덤길墓道이 있고, 여기서 널길羨道을 통하여 무덤 안으로 들어가게 되어 있다. 무덤 안에는 4면으로 돌을 쌓아 방을 만들었고, 천정은 고구려 무덤에서 특징적인 각을 줄여 쌓는 고임천정抹角天井을 하였다. 이러한 것들은 발해 왕실이 건국 초기에 고구려 전통을 강하게 지니고 있었음을 보여준다.

묘지에 의하면 그녀는 진릉珍陵의 서쪽 언덕에 배장陪葬되었다고 쓰

정혜공주 무덤

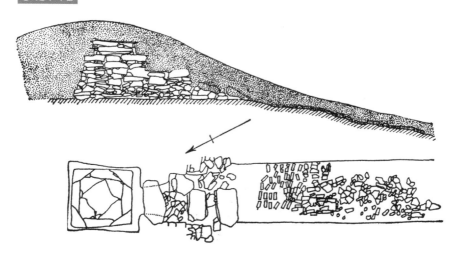

여 있어 진릉이 도대체 누구의 무덤일까 궁금증을 자아내게 한다. 이름에 '능陵'자가 붙는 것은 왕의 무덤이므로, 그 주인공은 당시에 생존해 있던 아버지 문왕은 아닐 것이고, 그렇다면 할아버지인 무왕武王이거나 증조할아버지인 고왕(高王, 대조영)일 것이다. 이 중에서 무왕의 무덤일 가능성이 높다. 그렇다고 하더라도 발견된 무덤들에서 어느 것이 진릉인가 하는 것도 문제이다. 정혜공주가 그 서쪽에 묻혔다고 하였으므로, 자연히 그녀 무덤의 동쪽에 위치할 터인데 마침 '6호 무덤'이 이에 해당한다. 그러나 이 무덤은 철저히 도굴되고 파괴되어 그 형체를 알아보기 어려울 정도이다. 필자가 방문하였을 때에는 빽빽이 들어찬 나무 사이에 무덤구덩이만 덩그러니 남아 있을 뿐이었다. 비록 과거에 여기서 벽화 조각들이 발견되기는 하였지만, 그 어디서도 왕릉이라고 할 만한 흔적들이 발견되지 않아 아직은 단정하기 이르다.

육정산 고분군은 워낙 중요하기 때문에 1961년에 '전국중점문물보호단위全國重點文物保護單位'로 지정되어 지금은 중앙 정부의 허락을 받아야만 발굴할 수 있다. 이 고분군에 대해서는 처음 발견된 1949년 이래 여러 차례 추가 조사가 진행되었다. 더구나 1964년 5월 15일에서 6월 중순 사이에는 북한과 중국학자들이 연합하여 발굴하였다. 이때 북한 측의 실질적인 책임자는 고구려 고분 연구자로 유명한 주영헌이었는데, 북한으로 돌아간 뒤 발해가 고구려의 계승자라는 점을 역설하는 연구서를 내놓았다.

답사에서 돌아와 돈화 시내에서 돈화시문물관리소장 류중이, 연변박물관장 정영진 씨와 함께 저녁 식사를 하며 이 얘기 저 얘기를 나누었다. 마침 화제가 식탁 위에 오른 물고기에 모아지면서 그 물고기 이름을 듣고는 깜짝 놀랐다. 목단강에서 많이 잡힌다는 즉어鯽魚였는데, 이 물고기는 발해 때에 미타호湄沱湖의 명산품이기도 하였다. 미타호는 중

국과 러시아의 국경선에 있는 흥개호興凱湖이다. 발해 때에는 흥개호의
명산품이었지만, 지금은 목단강과 그 중류에 있는 경박호鏡泊湖의 특산
물이 되어 있다. '즉어'를 사전에서 찾아보면 붕어라고 되어 있어 그동
안 우리나라에서 나는 붕어 같은 것이려니 하였다가 실물을 직접 대하
고 보니 문외한의 눈으로는 잉어에 더 가까운 듯하였다. 풍토가 다르면
물산도 다르다는 사실이 새삼 실감되었다. 땅이 크면 산물도 커지는 모
양이다.

03
전설이 깃든 상경성

    답사하는 동안에 현지의 사정을 비유한 흥미 있는 두 가지 유행어를 들을 수 있었다. 하나는 "원자탄이 계란만 못하다"는 것이고, 다른 하나는 "수술하는 의사가 이발사만 못하다"는 것이다. 앞의 것은 원자탄 생산비가 계란보다 적게 든다는 말이고, 뒤의 것은 똑같이 칼을 들고 사람을 대하지만 생명을 다루는 의사의 수입이 이발사보다 못하다는 말로서, 모두 지식인들을 제대로 대우하지 않는 현실을 풍자하고 있다. 사실 중국에서는 의사나 교수보다 이발사나 운전기사의 수입이 훨씬 낫다. 그래서인지 최근에 자본주의 물결이 일면서 교수직을 버리고 장사에 뛰어드는 사람들도 생겨나고 있다고 한다.

    가장 오랫동안 수도였던 상경성上京城은 성 안에만이 아니라 그 주변에도 많은 유적들이 간직되어 있다. 그중에서도 1991년 가을에 새로이 발굴한 삼릉三陵 2호 벽화 고분이 대단히 중요하다. 이 발굴은 흑룡강성 고고연구소의 김태순金太順이라는 조선족 여성 고고학자가 주관하였다.

    무덤이 있는 곳은 흑룡강성 영안현寧安縣 삼릉향三陵鄉 삼성촌三星村인데, 일제강점기에 일본인들이 조사하여 왕릉급으로 추정한 삼령둔三靈屯 고분, 즉 삼릉三陵 1호 묘에서 북동쪽으로 30m 떨어져 있다. 삼령둔이란 삼릉둔三陵屯에서 변한 말로서 이것은 세 개의 왕릉이 있다는 데에

상경성 궁성 복원도

서 붙여진 이름이므로, 이번에 발굴된 것도 그중 하나일 것이다. 이 무덤은 대형 돌방무덤石室封土墓으로서 무덤칸에서는 10여 명의 인골이 출토되었다고 한다. 천정은 모를 줄이는 구조인 말각 천정을 하고 있어 정혜공주 무덤에서와 같이 고구려 전통을 반영하고 있다.

무덤칸의 네 벽, 천정, 널길 양쪽에는 백회를 바르고 꽃무늬와 인물로 구성된 벽화를 그렸다. 꽃무늬 그림은 1991년 말에『중앙일보』에 보도된 적이 있는데, 꽃다발 모양으로 천정에 그려져 있었다(『중앙일보』 1991. 12. 21. 12면). 인물 그림은 정효공주 무덤과 비슷하게 널길과 무덤칸 네 벽에 그려져 있었다고 한다. 그러나 인물화는 발굴 과정에서 모두 훼손되어 미처 기록을 남기지 못했다. 상경성 일대에서는 처음으로 발견되는 벽화 고분으로서, '91년도 중국 고고학 10대 발견'에 손꼽혔다. 앞으로 연구가 더 진행된다면 동방에서 번성하였던 상경성 시대의 실상을 더 밝힐 수 있을 것이다. 이 밖에도 역시 김태순이 최근에 기고한 글에 의

하면, 지난 1989년 5월부터 1991년 10월 사이에는 상경성 안에 있는 관청 자리를 발굴하였다고도 한다.

한편 상경성을 에워싸고 있는 목단강에도 발해 시대에 사용되었던 다리 유적이 다섯 군데에 남아 있다. 다섯 개 중에서 외성 북쪽 3km 되는 상관지上官地에 있는 유적은 현지에서 칠공교七孔橋라 부른다. 지금도 남아 있는 일곱 개의 교각은 모두 큰 바위를 깎아서 쌓은 것으로서, 교각 사이의 구멍이 8개이므로 사실은 칠공교가 아닌 팔공교에 해당한다. 교각 사이의 거리는 17m 정도로서 여기에 통나무를 얹어서 다리로 이용하였던 것으로 추측된다. 다리의 전체 길이는 160m에 이른다. 1991년 현재 목단강 북쪽에 5만 여 명의 사람들이 살고 있는데, 이 많은 사람들이 1971년에 수축된 삼릉교三陵橋 하나만으로도 넉넉히 통행할 수 있었다고 한다. 따라서 발해 때에 다섯 개의 다리가 놓여 있었던 사실로 미루어 당시에 얼마나 많은 사람들이 왕래하였는가를 가히 짐작할 만하다.

상경성에는 발해에 관한 전설들이 민간에 전해지고 있다. 그중에는 중국의 장사꾼 장만재張萬財에 관한 전설도 있다. 이 사람은 발해란 나라가 상품이 풍부하고 경제가 발달하였다는 소문을 듣고 한번 톡톡히 돈을 벌어보려고 모든 재산을 털어 피륙, 쇠그릇, 약품과 같은 물건들을 사들였다. 이 물건들을 가지고 갖은 고생 끝에 발해 서울에 도착하였으나, 도착한 다음날 시장에 나가보고 깜짝 놀랐다. 인산인해를 이루는 시장에 상품들이 가득 쌓여 있는데, 이 물건들은 자신이 가져온 물건보다 더 질이 좋았다.

시장에서 아무리 소리쳐도 장사가 되지 않자 점쟁이에게 그 이유를 물어보았다. 그가 대답하기를 "자네는 발해에 옥주沃州의 면綿, 위성位城의 철鐵이 유명하다는 소리를 들어보지 못하였는가? 이런 물건들은 중원에서 나는 물건들과 차이가 없다네. 더구나 자네가 가져온 물건들은 너무 조잡하여서 중원에서도 이미 사라져 버린 것이고 약품도 가짜라네. 발해 사람들이 눈이 밝아서 이를 모를 리가 없지." 하였다. 결국 그는 패가 망신하여 문전걸식하다가 겨우 목숨을 부지하여 중국으로 되돌아갔다고 한다.

또 이런 전설도 있다. 발해에 홍라녀紅羅女란 여자가 있었으니, 발해 11대 국왕의 아들인 대홀한大忽汗의 부인이었다. 그녀는 용모가 아름다웠고 문무에 능하여 국왕도 항상 그녀에게 국사를 의논하곤 하였다. 어느 날 늙은 국왕은 홍라녀에게 어떻게 하면 나라를 잘 다스릴 수 있는가 하고 물었다. 이에 그녀는 "나라를 저버리는 자는 죽이고, 백성을 기만하는 자도 죽이고, 도둑질하는 자도 죽이고, 다른 사람의 부인을 빼앗는 자도 죽여야 합니다. 이렇게 되면 나쁜 풍조가 사라져 나라가 잘 다스려질 것입니다."고 대답하였다. 이 말을 듣고 그대로 시행하였더니 과연 그리 되었다.

또 발해 서쪽에 있었던 거란 왕은 호시탐탐 발해를 빼앗을 궁리를 하였다. 그러던 어느 해에 발해인들이 궁중에서 사용할 물건들을 사가지고 오다가 중도에 모두 거란에 빼앗기고 말았다. 발해 왕이 자기 아들더러 거란에 가서 교섭하도록 하였으나 그마저 억류되고 말았다. 급기야 거란이 "발해의 땅을 내놓지 않으면 대홀한을 죽이고 발해도 치겠다"는 편지를 보내오자, 홍라녀가 나서서 홀로 백룡마白龍馬를 타고 길을 떠났다. 그녀는 길 떠날 때에 만난 승려에게서 받은 보검寶劍으로 마침내 적들을 물리치고 남편을 구하여 돌아올 수 있었다.

그 후 홍라녀는 다른 전투에서 목숨을 잃게 되었다. 늙은 국왕은 가장 훌륭한 장인을 불러서 쇠로 관을 만들게 하고, 시신이 썩을까봐 이 관을 쇠사슬로 묶어 경박호 폭포 위에 매달도록 하였다. 그리고 폭포 옆에 '홍라각'이라는 정자를 세우고 그녀의 신상을 모시도록 하였다. 해마다

홍라녀의 전설이 어려 있는 경박 폭포에서 일본 옷을 입고 기념 촬영을 하는 중국인

추석 명절이면 발해 백성들이 그녀를 추도하기 위해 떼를 지어 오자, 마침내 관가에서는 홍라각 옆에 비석을 세워 "단지 한 사람만이 들여다볼 수 있고, 두 사람이 함께 보아서는 안 된다"는 글자를 새겨 놓았다고 한다.

이러한 전설들이 『발해사 이야기渤海史話』(흑룡강인민출판사, 1987)란 조그만 책자에 실려 있어 흥미 있게 읽을 수 있다. 물론 이들은 모두 후대에 꾸며진 이야기일 것이다. 그러나 이러한 전설들이 서려 있는 상경성을 가보면 발해 역사가 먼 과거의 얘기가 아니라 몸속에서 꿈틀거리며 살아 있는 것을 느낄 수 있다.

화려하고 거대하였을 발해 수도의 모습은 그곳 절터에서 출토된 불상들을 통해서도 가늠할 수 있다. 1930년대에 일본인들이 처음으로 발해 절터를 발굴하였기 때문에 당시에 발굴된 유물들이 일본과 한국에 흩어져 있다. 다행히도 일본인 연구자가 남겨 놓은 것들이 서울대학교 박물관에도 보관되어 있어서 우리나라에서 유일하게 발해 유물들을 대할

상경성 오봉루 옆의 문터. 오른쪽이 오봉루 자리이고, 왼쪽이 궁성을 두른 남쪽 성벽이다.

서울대학교 박물관에 소장되어 있는 발해 불상. 왼쪽은 붉은색을 칠하였고, 오른쪽은 금색 칠을 하였다.

수 있다. 유물 중에는 흙으로 구운 불상들이 상당수인데, 높이가 10cm 내외가 되어 아주 작은 데에도 잔잔한 미소가 생생하게 배어나오는 얼굴을 들여다보노라면 절로 피안의 세계로 들어가는 듯하다. 흙을 자유자재로 다루었을 발해 장인의 높은 경지가 그대로 배어 있는 이 불상들을 한 번쯤 찾아가 볼 만하다.

04
두만강가의 팔련성

  필자는 연길에서 궁궁치처公共汽車를 타고 동쪽으로 120km 떨어진 훈춘으로 향하였다. 잘 알다시피 중국에서 말하는 '치처汽車'는 우리말로 자동차에 해당하고 '훠처火車'가 기차에 해당하므로, '공공기차'는 공공 버스를 가리킨다. 또한 연변의 전세버스 앞유리창에 '도거리로 세낸 차'라고 붙여 놓은 것도 흥미로웠다. 우리에게는 사라진 옛날식 표현이다.

  훈춘이란 이름은 '변방의 땅'이라는 만주어에서 유래한 것으로, 조선시대 문헌에는 후춘(厚春, 後春)으로도 표기되어 있다. 이 도시에도 북한과 왕래하는 사람들을 위한 세관이 설치되어 있는데, 두만강을 사이에 두고 마주 보고 있는 북한 땅은 새별군이고 그 남쪽은 아오지 탄광으로 유명한 은덕군이다. 또한 훈춘은 두만강 유역 삼각지대 개발 계획의 대상 지역으로서 중국의 경제특구로 지정되어 개발의 부푼 꿈을 안고 있었다. 도문과 훈춘을 잇는 철도를 새로 건설하고 있는 것도 이러한 경제개발에 대비하기 위한 것으로 보였다. 그러나 이 도시가 외국인에게 공식적으로 개방된 것은 1992년 초부터이다.

  1960년대에 중소 국경 분쟁이 한참 벌어질 때에는 이 도시 사람들을 다른 곳으로 이주시켜 전쟁에 대비하기도 하였다고 한다. 그 뒤로 이 도시에 대해 투자가 거의 이루어지지 않아 매우 낙후되어 있다는 느낌을

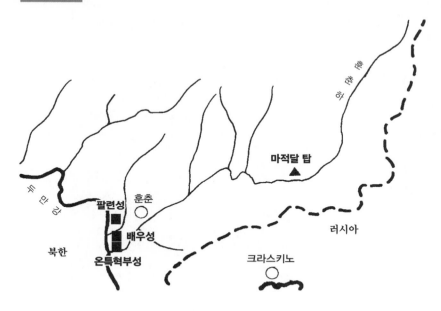

받았다. 그러나 성장 잠재력은 상당한 듯하였다. 훈춘 시가로 들어서기 시작하면 먼저 눈에 뜨이는 것이 화력발전소이다. 발전소 옆에 산더미처럼 쌓여 있는 석탄은 이 지역에서 생산되는 것이라고 한다. 비록 열량은 적지만 조금만 땅을 파면 어디에나 석탄이 매장되어 있다는 것이다.

버스에서 내리니 대합실 벽에 붙어 있는 표지판이 용원거리龍原街임을 알려주고 있었다. 이 거리 이름은 발해 때의 동경용원부東京龍原府에서 따온 것으로서, 훈춘 시가에서 서쪽으로 6km 떨어진 곳에 있는 팔련성八連城이 바로 그곳이다. 과거 일제강점기에는 반랍성半拉城이라고도 불렸던 이곳은 훈춘하琿春河가 만든 충적평야의 서쪽 끝 허허벌판 한가운데에 있었다. 성 부근에는 일제강점기에 일본인들이 사용하였던 전투비행장 자리가 경작지로 변해 있었고, 서쪽으로 2.5km 떨어진 곳에는 두만강이 남쪽으로 흐르고 있다.

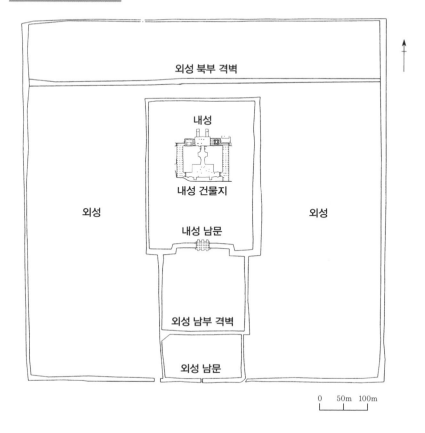

발해사 연구자였던 일본인 도리야마 기이치鳥山喜一가 1920년대에 이 성터를 처음 답사하고 1937년에는 궁전터와 그 동남쪽에 있는 절터를 발굴한 결과, 이곳이 발해 동경 자리임이 비로소 밝혀지게 되었다. 1940년대에 들어서도 몇몇 일본학자들이 이곳을 조사하였다. 이 성은 토성으로서 정사각형에 가까우며 외성과 내성으로 이루어져 있다. 외성의 전체 둘레는 2,894m인데, 성의 형태는 상경성의 내성 그리고 서고성과 비슷하다.

그러나 현지에 가서 본 결과, 한 모퉁이에 팔련성임을 알리는 안내판이 서 있을 뿐 어디가 성터인지 전혀 알 수 없게 변해 버렸다. 중국 정부가 들어선 이후 답사가 몇 번 있었지만 본격적인 발굴은 전혀 이루어지지 않았고, 그러는 사이에 성 자리는 모두 경작지로 변하여 점차 파괴되고 있었다. 멀리 미루나무가 일렬로 자라고 있는 것이 보여 저 선을 따라 성벽이 이어지고 있을 것이라고 어림할 수 있었으며, 한 지점에 약간 높은 둔덕이 있고 부근에 주춧돌이 흩어져 있어 이곳이 건물 자리로구나 하고 추측할 수 있을 따름이었다. 기왕의 조사에 의하면 북쪽 벽 가까운 지점에 동서 45m, 남북 30m, 높이 2m 정도의 토대가 있어서 궁전터로 추측하였으니, 이곳이 바로 필자가 바라본 둔덕이었다.

2004년에서 2009년까지 조사한 결과 전체 둘레는 2,885.4m였다. 내성 안에는 두 개의 큰 궁전지가 남북으로 배치되고, 회랑으로 연결되어 있었다.

팔련성 자리에 서 있는 안내판. 성터는 경작지로 변해 있었다.

1992년 당시에는 비록 폐허처럼 남아 있었지만 이곳은 발해 역사에서 중요한 곳이다. 3대 문왕의 통치 말년인 780년대에 상경성으로부터 도읍을 옮겨 10여 년 동안 발해의 중심지가 되었던 곳이기 때문이다. 더욱이 이곳은 발해 대외교통로의 요지이기도 하였다. 이곳에서 동해안을 따라 개설된 신라도新羅道를 통하여 신라와 교류하였고, 여기서 연해주의 크라스키노로 나가 염주성鹽州城으로부터 배를 타고 일본으로 향하였다.

그뿐만 아니라 이곳에는 지방적 특성을 지니면서 발해 불교가 성행하였다. 고구려 영역에 속하지 않았던 상경성 지역은 관음상觀音像으로 대표되는 관음신앙이 중심을 이루고 있었던 데에 비하여, 고구려 영역이었던 이곳은 이불병좌상二佛竝坐像으로 대표되는 법화신앙이 중심을 이루고 있었다. 이런 것을 보면 이곳은 고구려 전통이 강하게 전해져 내려오던 지역이었다.

『신당서新唐書』 발해전에 따르면, 발해 동경은 예맥족의 옛 땅에 두어졌고 일명 책성부柵城府라고도 하였다. 이곳을 책성이라 부른 것은 고구려 때부터이다. 『삼국사기』에는 고구려 태조왕 46년(기원후 98년) 3월에 왕이 책성을 순수하여 흰 사슴을 잡고 신하들에게 연회를 베풀었다고 하였고, 『위서魏書』 고구려전에는 고구려 땅이 동쪽으로 책성에 이른다고 하였다. 처음에는 성을 아직 흙이나 돌로 쌓지 않고 단지 목책木柵만을 설치하였기 때문에 이 이름이 붙여졌겠지만, 발해 영토로 편입된 뒤에도 책성부란 이름이 별명으로 의연히 이어졌다.

고구려 책성 자리는 팔련성에서 남쪽으로 5km 떨어진 삼가자향三家子鄕 고성촌古城村에 있다. 현재 부르고 있는 온특혁부성溫特赫部城이란 명칭은 금나라 때에 이곳에 온적흔溫迪痕 부락이 있었기 때문에 붙여진 것이다. 그러나 성 안에서 출토되는 유물들 중 고구려와 발해 유물이 적지 않아서, 고구려 때의 책성을 발해 때에도 동경 관할에 있었던 어느 한 주州

고구려 책성으로 알려진 온특혁부성 동쪽 성벽

의 소재지로 이용하였던 것이 분명하다. 성의 전체 둘레는 2,269m이다. 성벽은 거의 무너져 경계를 알아보기 어려운 곳도 많았으나, 동벽은 제법 잘 남아 있었다.

두만강이 북서쪽으로 불과 1km밖에 떨어져 있지 않아서 이곳에서 서쪽을 바라보면 두만강가에 심어진 방풍림이 가까이에 바라다보였고, 그 너머에 북한의 산자락이 잡힐 듯이 지척에 다가왔다. 안내자에 따르면 겨울에 두만강 얼음 위로 흘러온 모래들이 바람에 날려 이 성까지 날아와 퇴적되기 때문에, 고구려와 발해 때의 자취들은 아마 모래흙 속에 묻혀 있을 것이라고 하였다. 성 안에 자리 잡고 있는 소학교 정문에는 그러한 역사적 연원을 아는지 모르는지 한자와 한글로 '고성 소학교'라고 쓴 팻말이 붙어 있었다.

이 성의 북쪽으로는 요·금대의 배우성裴優城이 붙어 있다. 이 성은 온특혁부성의 북벽을 자신의 남벽으로 이용하고 있어 두 성이 자매성을

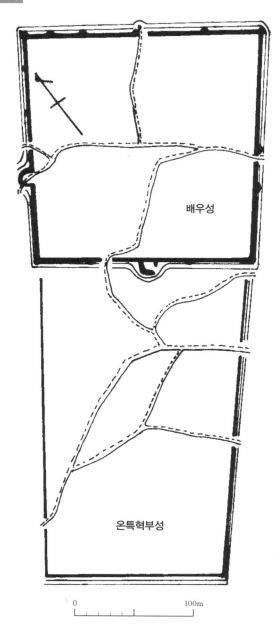

배우성과 온특혁부성

배우성

온특혁부성

0   100m

이루고 있는 묘한 곳이다. 전체 둘레는 2,020m이고 성벽은 3~4m 정도의 높이로 아주 잘 남아 있었으며 성 밖으로 돌려진 도랑인 해자垓字도 있었다. 더구나 성벽 곳곳에 치가 불룩하게 튀어나와 있어 성벽 아래에서 풀을 뜯고 있는 소의 불룩한 등과 조화를 이루고 있었다.

훈춘시에서 훈춘강을 따라 동쪽으로 가면 마적달향馬滴達鄕 마적달촌에 이른다. 여기서 북쪽으로 1km 떨어진 산 중턱에 탑 자리가 있다. 『훈춘현지琿春縣誌』에 따르면 탑은 원래 7층이었는데 아쉽게도 1921년에 무너졌다고 한다. 1973년 6월에 이 유적을 발굴한 결과, 겉으로는 탑처럼 보였지만 실제는 지하에 무덤이 있는 형식으로서 정효공주 무덤 양식과 같았다. 따라서 부처나 승려의 사리를 봉안하기 위한 것이 아니라, 동경이 서울이었을 당시에 어느 고위급 왕실 인물이 묻힌 곳으로 추정되었다. 어떤 학자는 문왕의 아들로 일찍 세상을 떠난 대굉림大宏臨의 무덤이 아닌가 추측하는 사람도 있다. 이러한 점을 고려한다면, 앞으로 우리나라의 벽돌 탑들을 발굴할 때에 지하 시설까지 조사하여 그것이 과연 불탑인지 확인해볼 필요가 있을 듯하다.

05

훈춘에서 도문으로

    훈춘의 유적과 유물을 관리하고 있는 훈춘시문물관리소琿春市文管所 는 도심 부근에 있었다. 소장은 1992년 당시 조선족 학자인 이정봉李正鳳 씨였고, 그 아래에 조선족, 한족漢族, 만주족滿族의 일꾼들이 속해 있었다. 이곳의 전시실은 '중국공산당 훈춘현 지구 역사전람관'으로 꾸려져 있 어서 고대사보다는 근현대사에 비중을 두고 있었다. 그것은 이 지역이 3 개 국가의 접경지역으로 근대 이후에 우여곡절을 많이 겪은 곳이기 때문 일 것이다.

    문관소 앞에 세워져 있는 비각碑閣은 이러한 역사적 사실을 보여주 는 좋은 증거이다. 보호각 안에 서 있는 커다란 비석에는 '용호, 오대징서 (龍虎, 吳大澂書)'라는 글씨가 새겨져 있다. 오대징이 1886년에 쓴 글씨를 토대로 나중에 돌에 새긴 것인데, 원래 훈춘에서 도문으로 가는 길 옆에 있던 것을 이곳에 옮겨왔다고 한다. 금문체金文體로 쓰여 있는 '용호'는 "용과 호랑이가 주시하고 있다"는 의미를 담고 있는 것으로서, 매우 의미 심장한 말이다. 오대징이 청나라 말기에 국경 문제를 놓고 러시아와 협 상을 벌였었기 때문이다.

    1860년 북경조약이 체결되어 우수리 강 동쪽 땅이 러시아 관할로 들어가 버리고 난 뒤에도 러시아 측이 중국 영토를 잠식해 들어오자, 청

문관소 앞에 있는 오대징 석각

나라 정부에서는 1886년 오대징을 파견하여 러시아 대표와 공동으로
국경을 조사하게 하였다. 이때 오대징이 훈춘 지역을 답사하면서 남긴
유적·유물이 몇 개가 있는데, 이 용호 석각도 그중의 하나이다. 따라서
용과 호랑이가 주시하는 대상은 바로 러시아이다.

　　주시의 대상이 되었던 제정러시아는 1900년 중국에서 의화단義和團
운동이 일어난 틈을 타서 중동中東 철로를 보호한다는 구실 아래 17만 군
대를 동원하여 여러 갈래로 만주를 공격해 들어왔다. 그 가운데 블라디
보스토크에서 출발한 러시아군은 국경을 넘어 7월 30일 새벽에 훈춘을
점령하였다.

　　1905년 러일전쟁에서 승리한 일본은 1906년과 그 이듬해에 체결
한 두 차례의 비밀조약을 바탕으로 연변에 진출하여 침략의 주요 발판으
로 삼게 되었으며, 1907년에는 용정에 '통감부 임시간도파출소統監府 臨

時間島派出所'를 세우기까지 하였다. 그리고 1909년에 이르면 일본은 조선 정부와 협의 없이 철도 부설권을 받는 대가로 간도를 청나라 정부에 넘겨주게 되어 지금까지도 영토 분쟁의 불씨가 남아 있다. 더욱이 최근에 서울대학교에 있는 규장각에서 발견된 문서들을 통하여 일련의 한일 관계 협약들이 무효임이 밝혀짐에 따라 그 뒤에 맺은 간도 협약도 효력이 없다는 주장이 제기되어, 이 문제를 둘러싸고 많은 논쟁이 야기될 것으로 여겨진다.

파란만장한 역사를 지닌 훈춘에는 고대사 자료들도 많이 간직되어 있다. 문헌에 따르면 이곳은 북옥저, 동부여의 터전이기도 하다. 아직 동부여 유적으로 여길 만한 것이 발견되지는 않았지만, 북옥저인들이 남긴 것으로 여겨지는 것들은 여기저기 남아 있다. 그중의 하나인 제2완전 소학교二完小 유적은 훈춘시 한가운데에 있다. 소학교 자리에 우전국郵電局을 짓기 위해 1981년에 구제 발굴을 하는 과정에서 도기陶器, 철기鐵器들이 출토되었고, 그 가운데 쇠쾡이의 형태로 보아 북옥저 시대의 유적으로 추정되었다.

멀리 화룡和龍에서 시작하여 용정, 연길, 도문을 거쳐 이곳까지 100여km나 이어지는 장성長城 유적도 있다. 띄엄띄엄 남아 있기는 하지만 상당히 규모가 큰 것임에 틀림없다. 그 위치로 보아 북쪽의 세력을 방비하기 위한 것이지만 어느 시기의 것인지 아직 확정되지 않았다. 다만 현지에서는 고구려 시대에 읍루인들이 남침하는 것을 막기 위해 쌓은 것으로 보는 설이 우세하다. 그러나 발해 초창기에 북쪽을 방어하기 위해 쌓았을 수도 있다.

문관소 앞마당에는 9개의 간이 당구대가 놓여 있었고, 여러 청년들이 당구에 몰두하고 있었다. 얘기를 들어보니 업자로부터 약간의 임대료를 받아 기관의 운영비로 충당하고 있다고 한다. 상부로부터만 운영비를 받다가 이제는 일부를 자체 조달하고 있었다. 연길시의 길거리에서도 연변대학 이름을 내건 공작기계 선전 간판을 본 기억이 났다. 대학에서도 이러한 방식으로 일부 운영비를 조달한다는 것이다. 필자에게는 아래로부터 서서히 나타나는 자본주의화의 첫걸음으로 여겨졌다.

저녁에는 신강성新疆省 방식의 꼬치구이를 파는 식당에서 식사를 하였다. 쇠고기 한 꼬치가 30전으로 우리 돈으로는 45원꼴이었다. 이곳에서도 농사가 점차 기계화되면서 소를 부릴 일이 줄어들어 곳곳에서 풀을 뜯고 있는 소들은 식육으로 이용하기 위한 것이라는 말을 들었다. 사실 똑같은 사회주의 국가이지만, 중국은 다른 나라들과 달리 먹는 데에 어려움을 겪지 않고 있다. 멀리 남방에서 나는 바나나가 만주 곳곳에서 눈에 뜨이는 것은 이를 방증해준다.

중국은 농업 중심의 사회주의를 지향해 왔던 데에 반하여, 러시아에서는 중공업 위주의 사회주의를 지향해 왔다. 그 결과 이제 와서 인민들의 기본 생활마저 보장되지 않는 러시아에서는 혁명이 일어나게 되었지만, 중국에서는 비록 천안문 사태와 같은 일이 벌어지기는 하였어도 사회 전체를 바꾸는 혁명이 아래로부터 일어나기 어렵다는 것이 중국인들의 설명이었다.

훈춘시를 떠나서 두만강을 따라 도문시로 향하였다. 경제개발을 위해서 새로 건설 중인 철로가 곳곳에서 눈에 뜨였다. 이 공사로 인하여 파괴될 처지에 있던 유적들이 많이 발굴되었고, 그 결과 솔만자촌甩灣子村의 건물터를 비롯하여 여러 곳에서 발해 유적들을 확인하는 성과를 올렸다.

훈춘의 경제개발은 결과적으로 현지의 조선족들에게 경제적인 도움을 줄 것이라는 생각이 우리나라에서 지배적이지만, 현지에서의 생각은 조금 달랐다. 해방 후 연변조선족자치주가 성립될 무렵에는 조선족의

야생화 사이로 보이는 팔련성 궁전 자리의 주춧돌

비율이 월등히 높았지만, 점차 비율이 낮아져 1993년 현재 40%도 되지
않는다고 한다. 그런데 경제개발을 하게 되면 본토로부터 중국인들이 대
거 몰려들 것이고, 결과적으로 조선족의 비율이 더욱 낮아지게 되어 혹시
조선족자치주의 존립마저 위협하지 않을까 하는 염려도 나온다고 한다.

　도중에 북한 땅에 세워진 왕재산 기념탑이 산 너머로 보였고, 이를
순례하는 일단의 남녀들이 깃발을 앞세우고 산그늘 아래로 걸어가는 모
습도 눈에 뜨였다. 북한에는 보천보 경음악단과 왕재산 경음악단이라는
두 개의 유명한 경음악단이 있는데, 왕재산 경음악단은 이곳의 이름을
딴 것이다.

　북한의 남양시와 마주 보고 있는 도문시에는 세관이 설치되어 있

어 북한과 왕래할 수 있는 몇 개 도시 중의 하나이다. '두만강 푸른 물에……'라는 노랫말과는 달리 물이 거무스름하여 실망스러웠다. 과거에는 강물을 직접 마실 정도였으나, 지금은 상류에 있는 북한의 무산 철광과 중국의 개산둔 정유공장 때문에 이렇게 흐려졌다고 한다. 이제는 북한과 중국에서 그 심각성을 깨닫고 정화하려고 하지만, 서로 상대방에 책임을 전가하여 제대로 실행되지 못하고 있는 형편이었다.

06
동하국의 터전 연길

　도문시에서 세관 검사를 기다리는 조선족 동포의 보따리에는 북한으로 가져갈 물건들이 가득 들어 있었다. 잠시 보따리를 풀 때 살펴보니 필자가 어렸을 때에 보았던 알루미늄 통에 든 '구치 베니'라고 부르던 루주가 한 아름 담겨 있었다. 현지에서 들은 바로는, 중국 동포들이 한국에 잠시 들러 돈을 벌면 오랫동안 살 수 있듯이 북한 동포들이 중국에 들러 친척들로부터 물건을 얻어 가면 오랫동안 풍족하게 지낼 수 있다고 한다. 그래서 북한에서는 신랑감을 고를 때에 중국에 친척이 있는지 여부가 하나의 기준이 된다고 하였다.

　연길로 돌아온 뒤, 8월 15일의 뜨거운 태양열을 받으며 연길시 동쪽 10km 지점에 있는 성자산 산성城子山山城으로 향하였다. 성자산 산성으로 오르는 길목에 소영자촌小營子村이 있는데, 이곳은 일제강점기 항일운동의 근거지였으며, 또 한편으로는 선사시대 소영자 유적이 있던 곳이다. 1938년 일본의 후지타 료사쿠藤田亮策가 52기의 무덤을 발굴할 때만 해도 수백 기의 석관묘가 있었으나 지금은 모두 파괴되어 흔적조차 확인하기 어렵다. 다행히 이때에 발굴된 유물들이 서울대학교 박물관에 소장되어 있는데, 중요한 것으로는 사람 얼굴을 새긴 비녀가 있다. A39호 석관묘에서 출토된 이 비녀는 둥근 자루 끝에 사람 얼굴을 굵은 선으로 표현해 놓았다. 우리 땅에 살았던 청동기 시대 선조들의 모습을 볼 수 있는 몇 안 되는 유물 중의 하나이다.

성자산 산성은 고구려 때에 세운 것으로 발해, 요, 금 시기까지 사용되었다. 성자산은 마치 말발굽 모양을 하면서 3면의 절벽이 안쪽의 평지를 에워싸고 있어 훌륭한 요새지를 이루고 있다. 이 성으로 들어가기 위해서는 소영자촌으로부터 오르기 시작하여 산을 거의 한 바퀴 빙 돌아가야만 하였다. 참고로 2013년부터 발굴이 시작되어 고구려 때에 쌓아서 발해 때에 재사용되고, 후대에 개축한 사실이 확인되었다.

성자산 산성

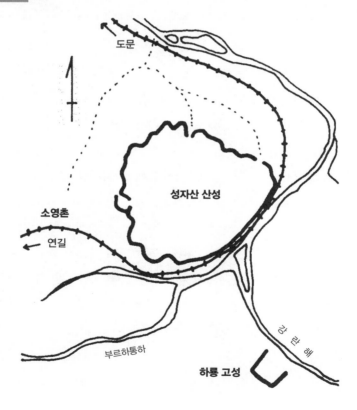

성자산 산성 입구

　네 개의 성문 자리 중에서 남쪽의 좁은 골짜기에 나 있는 것이 중심
문이었을 것이다. 성벽은 불규칙한 타원형으로서 4,454m에 이른다. 부
르하통하가 이 산의 남,동,북쪽으로 산기슭을 감돌아 흐르다가 부근에서
해란강과 합류한다. 부르하통하란 만주어로 버드나무 강, 해란강은 느릅
나무 강, 두만강은 '모든 강의 근원'이란 의미를 담고 있다고 한다.

　이 산성은 금나라 말기에 장수였던 포선만노蒲鮮萬奴가 일으킨 동하
국(東夏國, 1217~1233)의 마지막 근거지였다. 그는 금나라 말년인 1215년
지금의 요령성 요양에서 대진국大眞國을 세웠다가 이듬해 몽골에 항복하
였고, 1217년에 다시 건국하여 동하국이라 했다. 동하국은 후에 연해주
의 크라스노야르 성터로 옮겼다가 연변 지역에 다시 자리를 잡아 성자산
산성을 남경南京으로 삼은 것으로 보인다. 『고려사高麗史』에도 이들과 교
섭하였던 기록이 보이는데, 이때는 동진국이라 불렀다. 성자산 산성에
서 출토된 '남경로구당공사지인南京路勾當公事之印', '병마안무사인兵馬安

撫使印', '구당공사지인勾當公事之印'의 도장들은 이 당시에 사용되었던 것이다.

1233년 몽골 군대가 이들의 마지막 거점이었던 남경을 포위하였을 때에 남경성은 견고하기가 마치 쇠를 세운 것과 같았다. 이것은 4면이 거의 절벽으로 이루어져 있고, 강이 그 주위를 감싸고 있어 철옹성을 이루고 있다는 말일 것이다. 이에 몽골 비장裨將 석말사랄石抹査剌이 별장別將으로 하여금 남동쪽을 공격하게 하고, 이 틈을 타서 스스로 긴 창을 쥐고 북서쪽을 기어 올라가, 마침내 성을 함락시켜 종말을 고하게 되었다. 성동격서의 양동작전에 말려든 것이었다.

이 당시에 동하국의 세력은 연해주에까지 미쳤다. 지금까지 가장 동쪽에서 발견된 유물은 파르티잔스크 구역의 샤이가Shaigin 성터에서 발견된 것이다. 이것은 '지자호地字號'라는 글자가 새겨진 청동제 유물이라고 한다. 같은 시기에 속하는 유물이 우수리스크와 지금은 베즈베르호보 Bezverkhovo로 이름이 바뀐 하산 구역의 시데미Sidemi에서 수집되기도 하였다. 현재 블라디보스토크 박물관에 전시되어 있는 이 유물들은 청동제 도장과 원판으로서, 과거에는 글자를 잘못 읽어 '송가(宋可, Sunke)'라고 하는 발해 장인匠人이 만든 물건으로 여겨왔던 것이다. 그러나 재검토한 결과 '대동大同'이라는 연호와 함께 열 자의 한자가 새겨져 있는 것이 확인되었다. 성자산 산성에서 발견된 '구당공사지인勾當公事之印'의 뒷면에도 '대동 7년 7월大同七年七月'이라는 연호가 새겨져 있다. 따라서 비록 문헌 기록에는 나타나 있지 않지만, 동하국이 천태天泰란 연호를 대동으로 고쳐 사용한 적이 있는 것으로 추정되어 연해주에서 발견된 것들도 동하국의 것으로 여겨진다.

한편 서울대학교 박물관에도 이 산성에서 출토된 동경銅鏡이 한 점 소장되어 있는데, 이것도 역시 동하국 때에 사용되었던 것으로 여겨진

성자산 산성 앞을 흐르는 부르하통하. 정면의 산이 마반산이다.

다. 동하국에 대해서는 연변대학의 박진석朴眞奭 선생이 가장 많은 연구를 하여 왔는데, 과거에 출간한 등사본 연구서가 아직 정식 출판의 기회를 얻지 못하고 있다.

성문을 나서니 산기슭에 싸리 꽃, 산미나리 같은 야생화들이 무더기로 피어 있었고, 강 건너 논에는 벼들이 한창 익어가고 있었다. 이곳의 기온은 서울보다 한 달 차이가 나기 때문에 들판의 벼들은 벌써 여물 준비를 하고 있었다. 저 멀리 보이는 마반산磨盤山 아래의 마반촌은 조선족들이 살고 있는 마을이기 때문에, 이 벌판에는 옥수수가 아니라 벼가 심어져 있었다.

오늘 따라 기온이 33도까지 올라가 날씨가 무척 더웠다. 여기에 각종 촬영 장비가 든 가방을 혼자 둘러메고 산을 오르내리노라니 온몸이 땀으로 범벅이 되었다. 도중에 한적한 시냇가를 골라 옷을 모두 벗어던지고 목욕을 하였다. 그러나 예상과는 달리 인적이 끊어진 곳이 아니어서 오고가는 사람들에게 어쩔 수 없이 치부를 드러낼 수밖에 없었다.

8월 15일은 우리에게는 광복절이지만 연변에서는 노인절老人節에 해당한다. 이 날에는 다른 명절과 같이 연길 거리가 인파로 가득 찬다. 지금은 신시가지의 널찍한 도로들이 중심가로를 이루고 있지만, 과거에는 국자가局子街가 중심이었다. 그곳이 어디일까 해서 유심히 살펴보았더니, 백산호텔 맞은편에 있는 대외무역총공사 건물 옆을 따라 남북으로 뻗어 있는 길이 그곳이었다. 이정표에 '국자가'라는 거리 이름이 붙어 있기는 하였지만, 세월의 흐름에 따라 역사의 뒤안길로 사라져 가는 조그마한 골목길로 변해 있었다.

연길시 북쪽에도 발해 시대의 것으로 보이는 성터가 있다. 지금은 북대고성北大古城으로 불리는 연길가 북토성延吉街 北土城이 그것으로서, 1937년 5월에 일본인들이 조사할 때에도 이미 성벽이 파괴되어 대체적인 정황만 확인할 수 있었을 뿐이었다. 당시 기록에 의하면 장방형의 회랑지와 건물 자리, 문 자리로 보이는 곳만이 남아 있었다고 한다. 이때에 채집된 기와와 와당들은 발해 계통의 것으로 추정되었다. 이 성터를 발해 중경中京 관할이었던 노주盧州의 소재지로 비정하는 견해도 있다. 노주는 발해 당시에 쌀의 산지로 유명하였던 곳이다.

연길시에는 이러한 고대 유적들만 있는 것이 아니다. 우리와 가까운 시기의 역사 유적들이 여러 곳에 남아 있다. 연변대학 한가운데에 있는 붉은 벽돌집 건물은 과거 일본 관동군 동변구關東軍 東邊區 사령부 건물이었던 곳이며, 그 옆으로 이를 내려다보고 있는 고층 건물은 근래에 통일교에서 거금을 들여 지어준 것이다. 그리고 연변대학에서 가까운 와룡촌臥龍村은 또 하나의 항일운동 근거지였지만 1992년 현재 창동중학昌東中學 기념비만 덩그렇게 세워져 있었다.

07
백두산 가는 길

여름 휴가철만 되면 연길시는 백두산을 오르려는 우리나라 관광객들로 항상 시끌벅적하다. 으레 중국을 여행하고 돌아오면 백두산을 갔다 와야만 하는 것이 인지상정으로 되어 버려, 그 머나먼 길을 돌아서 이곳까지 오곤 한다. 백산호텔은 바로 이러한 사람들과 학술회의차 오는 사람들로 언제나 만원이다. 그래서인지 연길시의 택시는 주민 수에 비해 볼 때 중국 안에서 광주 다음으로 많다고 한다.

만주를 첫 번째 답사할 때에는 유적 조사가 급선무였기 때문에 백두산까지 갈 엄두를 내지 못하였고, 이번에는 꼭 가볼 요량으로 당일치기 관광여행에 동참하였다. 백두산까지는 워낙 시간이 많이 걸리므로 새벽네 시에 연길시를 출발하여 용정을 거쳐 화룡 부근을 지나게 되니 어둠이 걷히기 시작하였다. 어스름한 가운데에서도 지난번에 왔던 발해 성터가 아마 저기쯤이겠지 추측하면서 화룡을 지나고 와룡을 거쳐 송강으로 향하였다.

버스 안에서는 연변 조선족의 생활 모습을 묻는 질문들이 쏟아졌다. 아침에 출근하면 그 부서의 장이나 비서이거나 간에 먼저 오는 사람이 난로를 피우고 청소를 한다고 한다. 그리고 대학에서 파티가 있을 경우 총장 이하 모든 사람들이 함께 어울려 사교춤을 춘다고도 하였다. 그

서고성 북쪽 벽. 성벽 밖의 도로가 백두산으로 가는 길이다.

런 면에서 우리 사회에서 흔히 볼 수 있는 남녀 차별이나 위계질서가 크게 강조되지 않고 있음을 발견할 수 있다. 사실 이곳에서 남녀의 경제 수입은 거의 동등하다. 그러나 그런 만큼 또 다른 부작용도 있었다. 한 집안에서 남녀의 경제권이나 사회적 지위가 거의 동등한 만큼 이혼율이 높다고 한다. 30대 젊은이의 이혼율이 30% 정도나 된다는 말도 들을 수 있었다. 상호 의존도가 낮은 만큼 갈라서도 별 문제가 되지 않기 때문인 것 같았다.

　　백두산으로 가는 이 길은 발해 때에도 조공도朝貢道로 불리던 중요한 교통로였다. 발해 수도였던 상경성에서 출발하여 남서쪽으로 600리를 가면 중경현덕부가 있던 서고성西古城에 이른다. 이곳에서 옛날에 안도安圖였던 송강松江을 지나고 무송撫松을 거쳐 지금의 임강臨江에 있었던 발해의 신주神州에 다다를 수가 있다. 서고성에서 이곳까지의 거리는 400리 길이다. 우리가 백두산으로 가기 위해서 백하白河에서 길을 달리 해야 하므로, 화룡에서 백하까지는 발해인들이 걷던 그 길을 따라 온 셈이다.

수많은 발해인과 당나라인뿐만 아니라 발해를 거쳐 당나라로 들어가는 일본인들도 이 길을 이용하였다. 육로를 통하여 당나라로 들어가는 영주도營州道가 거란족들에 의해 종종 차단되었기 때문에 이 길이 더욱 중요한 교통로 역할을 하였다.

이 길을 왕래하기 위해서는 몇 달이 소요되었으므로 역참시설이 있었던 군데군데의 거점도시들에서 사람들이 유숙하였을 것이다. 지난 1990년 10월에 안도현 영경향永慶鄕 경내의 고동하古洞河 유역에서 발굴된 동청東淸 발해 고분은 그러한 거점도시의 면모를 보여주는 유적이다. 유적이 소재한 동청 마을은 안도, 송강, 돈화로 이어지는 도로가 서로 만나는 교통의 요지로서 발해 때의 조공도도 이곳을 경유하였다.

발굴된 10기의 무덤 중에서 9기가 돌로 무덤칸을 쌓은 돌방무덤石室墓이었다. 특히 8호 무덤은 무덤 벽이 3단으로 이루어져 있어 계단식 돌덧널돌무지무덤石槨積石塚을 하고 있었다. 이것은 발해에서 처음 발견되는 것으로서 고구려적인 전통을 잇고 있다고 한다. 무덤 안에서는 100여 점의 유물이 출토되었는데, 4호 무덤에서 머리빗과 비녀가 머리에 얹혔던 상태 그대로 발견되었다. 특히 뼈로 만든 빗은 30여 개의 빗살이 촘촘히 박혀 있었고, 비녀에는 세 개의 연꽃이 장식되어 있었다.

무덤 부근에서 발견된 평지성터와 건물터는 이곳에 묻힌 사람들이 살던 곳이었다. 발해 중심지에서 멀리 떨어진 지역이므로 이 사람들은 역사 기록에 보이는 지방의 지배자들, 즉 수령首領들로 여겨진다. 이들은 지방의 세력가로서 조공도에 오가는 사람들을 관리하였을 것이다.

잠시 기름을 넣기 위해 백하白河에서 차를 세웠다. 이곳 한 곳에만 주유소가 있기 때문에 백두산으로 가는 모든 차들이 정차하게 마련이다.

차가 설 때마다 중국인 장사꾼들이 몰려들곤 하였다. 워낙 한국인 관광객들의 발길이 미쳐서 그런지 그들은 대뜸 우리말 몇 마디를 하면서 흥정을 붙여왔다. 그러나 그들이 산삼이라고 가져온 것들은 문외한의 눈으로도 가짜처럼 보였다.

지금도 의연히 서 있는 발해 시대의 탑이 있다. 영광탑靈光塔이라 불리는 이 탑은 장백조선족자치현長白朝鮮族自治縣에 속해 있다. 우리나라 지도를 보면 만주 쪽으로 불쑥 튀어나간 곳이 두 군데가 있는데, 하나는 중강진이고 다른 하나는 백두산이다. 이 두 지점의 사이는 한반도 쪽으로 쑥 들어와 있으니 제일 깊숙하게 들어온 곳에 혜산이 있다. 이 혜산에는 김일성이 1937년 6월에 크게 승리하였다고 북한에서 크게 자랑하는 보천보 전투를 기념하는 탑이 서 있다. 혜산 위에 있는 보천이란 도시가 바로 그때의 무대였다.

발해 때에 세워진 영광탑(2000년 사진)

혜산에서 압록강을 건너면 장백조선족자치현이 된다. 중국에는 조선족 자치 구역으로 1주, 1현이 있으니, 연변자치주와 장백자치현이 그것이다. 워낙 오지이기 때문에 필자가 직접 이곳을 답사하지는 못하였다. 이렇게 사람의 발길이 닿기 어려운 곳이기 때문인지는 몰라도 발해 시대의 영광탑이 지금도 장백진長白鎭 교외의 탑산塔山에 완전한 형태로서 있다. 이곳에서 남쪽으로 1km 지점에는 압록강이 동쪽에서 서쪽으로 유유히 흐르고 있고, 그 사이에는 탑전塔甸이라 불리는 평야지대가 펼쳐져 있다.

이 탑은 5층 벽돌 탑으로서 평면이 방형이고 높이는 13m 정도가 된다. 첫 번째 층에는 4면 각각에 '왕王', '립立', '국國', '토土'라는 글자 모양의 벽돌 문양이 있다고 한다. 만일 이렇게 판독된다고 하면, 발해 왕실이 불교와 상당히 밀착되어 있었음을 반영하는 것으로 보아야 할 것이다. 더욱 흥미로운 것은 1984년 탑을 보수할 때에 지하에 지궁地宮이라고 하는 무덤칸이 마련되어 있음이 확인된 사실이다. 이때에는 이미 도굴된 상태였지만 여기에 간단한 벽화를 그리고 사리함을 안치했던 것이 밝혀졌다. 이 탑에 대한 보고서를 보면서 안동을 비롯하여 우리나라 동부 지역에 적지 않게 남아 있는 벽돌 탑들이 혹시 발해와 교류하였던 통일신라 시대에 만들어진 것이 아닌가 하는 공상을 해보기도 하였고, 앞으로 벽돌 탑들을 조사할 적에 지하 시설도 확인할 필요가 있겠구나 하는 생각도 해보았다.

이 탑의 존재는 이미 청나라 때부터 알려져 있었으나, 당시에는 어느 시기의 것인지 알지 못하였다. 1908년에 이곳의 책임자로 부임하였던 장봉대張鳳台라는 사람이 공자를 모신 노魯나라 영광전靈光殿처럼 오랜 풍상을 이기면서 의연하게 남아 있다고 적은 뒤로부터 역사적 유래와 관계없이 영광탑이란 이름이 붙게 되었다. 그러다가 1980년대에 들어와 체계적인 조사를 벌이게 되면서, 이 탑이 당나라 양식을 띠고 있고 발해의 정효공주 무덤 탑이나 마적달 탑과 유사한 점을 들어 발해 시대의 탑으로 확정짓게 되었다.

마침내 백두산 정상에 올랐다. 고산지대가 되어 발을 떼어 놓기가 약간 힘든 느낌이 들었다. 그러나 구름에 가려진 사이로 간간이 나타나는 천지를 내려다보면서 이제 중국에 갔다 왔다고 큰 소리칠 만하다는 생각이 들었다. 백두산 문제가 민감해서인지 얼마 전부터 천지의 비디오 촬영을 막고 있다고 한다. 산을 내려오다가 사진 촬영을 위해 잠시 멈춘 중턱에서 만주 벌판을 향해 바라본 원시림은 정말 장관이었다. 이 원시림을 지배하였던 발해인들이 새삼 위대해 보였다.

08
발해만과 발해국

    중국을 여행하는 사람들에게 권하고 싶은 곳이 있다. 일반적으로 천안문 광장을 거닐고 그 뒤에 있는 고궁박물원도 가보지만 그 광장 동쪽에 붙어 있는 중국역사박물관은 존재조차 아는 사람이 별로 없다. 유료 입장하는 곳이라서 그런지 관광회사에서도 이곳을 기피하는 듯하다. 그러나 이곳에 가야만 중국 문화의 폭과 깊이를 실감할 수 있다. 우리나라에서 고조선이 과연 어떠한 나라였는지 그리고 어디에 있었는지 논란이 일고 있는데, 고조선과 동일한 시기에 중국인들이 남긴 엄청난 유물을 실견하고 나면 새삼 당혹스러움을 느끼지 않을 수 없다. 더구나 이 박물관의 진열장 한 켠에는 발해 유물들이 전시되어 있다. 이곳에서도 역시 자기들의 역사로서 발해 유물을 진열하고 있었다.

    또 하나 권할 만한 곳은 천안문 광장에서 남서쪽으로 조금 떨어진 남신화가南新華街를 사이에 두고 양쪽으로 펼쳐져 있는 유리창琉璃廠이라고 하는 거리이다. 이곳은 중국의 인사동 거리라고 할 수 있는 곳이다. 여기에는 각종 골동품상과 고서점이 널려 있어 연구자들에게 많이 알려져 있으나, 역시 일반인들에게는 생소한 곳이다. 그러나 이곳은 단순히 골동품 거리가 아니다. 박지원을 비롯한 조선시대 북학 사상가들이 청나라 문사들과 교유하면서 자신들의 생각을 다졌던 곳이기 때문이다.

북경 유리창의 거리

　『발해고渤海考』를 저술하였던 유득공柳得恭도 두 차례 연행燕行을 하
면서 그때마다 이곳에 들러 여러 사람을 만났다. 기인奇人이기도 하였던
화가 나빙羅聘을 만난 곳도 이곳이며, 청나라의 정세를 소상히 알게 된 것
도 이곳에서였다. 그는 당시에 청나라 도처에서 일어나고 있던 반란에
대해 궁금해 하고 있었다. 중국인 사대부들이 함구하고 말을 꺼내려 하
지 않았지만, 이 거리의 서점 주인들과 고객들이 거리낌 없이 말을 해주
어 비로소 자세한 시말을 들을 수 있게 된다. 유득공이 남긴 기록에 의하
면, 당시에 중국인 문사들은 만주족의 눈치를 보느라 할 말을 제대로 하
지 못하고 있었다.

　　내부의 반란으로 점차 허물어져 가던 청나라 정세를 파악하고자 하
였던 것은 중요한 의미를 지닌다. 최근 연구에 따르자면, 정조 연간에 북
방 영토에 대해 관심이 고조된 것은 장차 만주족이 만주로 몰려올 상황
에 어떻게 대처할 것인가 하는 위기의식과 직접적으로 연결되어 있었다.

청나라가 장차 멸망하여 그들의 고향인 만주로 쫓겨 올 것이고, 그렇게 되면 우리나라의 변방이 시끄러워질 것으로 생각하였기 때문이다. 이러한 사태를 미연에 방지하기 위해서 북방을 방비하자거나 아예 북방 영토를 수복하자는 논의가 일어났으니, 유득공이 발해 영토에 관심을 가지게 된 것도 이러한 사회적 분위기와 불가분의 관계에 있었다.

북경은 황해를 사이에 두고 우리와 지척지간에 있다. 서해 지도를 보면 요동 반도와 산동 반도가 툭 튀어나와 바다를 감싸고 있다. 겨울철 일기예보를 듣노라면 "발해만에서 발달한 고기압이 우리나라에 영향을 주어……" 하는 말을 흔히 들을 수 있는데, 발해만은 이 바다를 이르는 것이다. 서역에서 달려온 만리장성이 이 바닷가에서 멈추고 있고, 유명한 휴양지인 북대하도 이 바닷가에 있으며, 황하도 이곳으로 흘러들어간다.

이 바다 이름과 발해란 나라 이름이 동일한데 무슨 관련이 있을까? 지역적으로 멀리 떨어져 있지만 물론 관련이 있다. 대조영이 나라를 세우고 처음에 국호를 진국振國이라 하였으나, 중국으로부터 '발해군왕渤海郡王'이란 책봉을 받은 뒤로 발해渤海로 나라 이름을 바꾸었다. 발해군왕이란 발해군渤海郡을 다스리는 왕을 의미하는 것으로, 발해군은 산동 반도 부근의 발해만에 면해 있었다. 발해군이란 지명도 발해란 바다에 면해 있었기 때문에 생겨났다. 따라서 발해라는 바다가 있음으로 해서 발해군이란 지명이 생겼고, 발해군이 있음으로 해서 대조영에게 발해군왕이란 칭호를 주게 되었으며, 그로 인해서 발해란 나라 이름이 생겨나게 되었다. 당나라에서 준 발해군왕이란 이름은 실제로 대조영이 이곳에 와서 통치하라는 것이 아니고 단순한 명예직이었다. 그런데 왜 중국 책봉을 따서 국명을 바꾸었는지는 수수께끼이다. 이런 사례가 없기 때문이다. 중국인들은 이를 한 빌미로 삼아서 발해가 중국사라고 주장한다.

발해만과 황해를 가르는 것은 산동 반도와 요동 반도를 사이에 두고 일직선으로 배열되어 있는 묘도廟島 열도이다. 이 열도를 징검다리로 하여 선사시대부터 두 반도 사이에 문화적 교류가 빈번하였다. 그리하여 산동 반도의 문화 요소가 요서 지방에서 별로 보이지 않는 반면에, 요동 반도에서는 많이 나타난다. 그렇다고 하여 고고학적으로 볼 때에 이곳이 동이족東夷族의 문화권으로 상정될 정도는 아니다. 산동 반도와 요동·요서 지방의 문화는 기본적인 성격이 다르므로 종족적으로도 분명히 달랐을 것이다. 그런 점에서 산동의 동이족은 우리 민족의 원류와 무관하다.

발해인들도 두 반도 사이를 빈번하게 왕래하였다. 당나라 가탐賈耽이 지은 『도리기道里記』에는 이곳을 경유하는 조공도朝貢道의 노정이 기록되어 있다. 서고성에서 백두산을 휘돌아 임강(발해 神州)에 이르는 과정은 앞에서 얘기한 대로이다. 우리나라에서 가장 춥다는 중강진 맞은편의 발해 신주에서부터는 압록강을 따라 배를 타고 내려가면서, 고구려 수도였고 발해 때에 환주桓州의 소재지였던 집안을 거쳐 압록강 입구에 다다랐다. 여기서 요동 반도 해안을 따라 지금의 여순에 있던 도리진都里鎭으로 가서 묘도 열도를 따라 산동 반도의 등주登州에 도달하게 된다. 그리고 다시 육로를 이용하여 당나라 도성인 장안으로 향하였다.

732년 9월에 무왕의 명령을 받은 대장 장문휴張文休가 군대를 이끌고 바다를 건너 등주를 공격하였을 때에도 이 길을 택하였다. 문헌에는 장문휴가 해적을 이끌고 당나라를 공격하였다고 하였지만, 이것은 어디까지나 당나라 사람들이 자신을 공격한 상대방을 낮추어 부르기 위한 말이다. 그리고 일본 조정과 당나라에 가 있던 일본 승려 레이센靈仙 사이에 메신저 역할을 하면서 일본과 당나라를 오가던 발해 승려 정소貞素가 결국은 바다에서 풍랑을 만나 사망한 곳이 요동 반도 끝에 있는 도리포塗里

浦 부근 해상이었다.

당나라 장건장張建章이 833년에 유주(幽州, 북경)를 출발하여 발해를 방문한 뒤 835년에 되돌아온 것도 이 길을 통해서였다. 이 과정이 근년에 확인된 그의 묘지명에 다음과 같이 기록되어 있다.

"붉은 관복을 입고 사신으로 갔으니, 833년 가을에 두 척의 배를 타고 동쪽으로 만 리의 바닷길을 건너갔다. 이듬해 9월에 발해 상경에 도착하자 대이진왕大彝震王이 극진히 예우하였고, 해가 바뀌어 귀국할 때에 왕이 크게 잔치를 열어 많은 물품과 보기寶器, 명마名馬, 무늬 있는 짐승 가죽 등을 주어 전송하였다. 835년 8월에 사명을 마치고 돌아와 『발해기渤海記』를 지으니 발해의 풍속, 궁전, 관품을 두루 갖추어 당시대에 전하게 되었다."

최흔이 새긴 석각 탁본

비록 이 책은 전해지지 않지만, 천만다행으로 그 내용이 『신당서新唐書』발해전에 수록되어 지금 우리가 발해를 연구하는 기초 자료가 되고 있다.

그런데 이 길을 처음 이용한 사람은 713년 발해에 갔던 당나라 사신 최흔崔忻이었다. 그는 현종의 명령을 받들어 713년 2월에 발해로 가서 대조영을 책봉하였다. 이때부터 발해와 당나라 사이에는 공식적인 외교 관계가 수립되었고, 대조영은 종래의 국호를 버리고 발해군왕이란 칭호에서 유래한 발해란 나라 이름을 사용하게 되었다.

이러한 역사적 사실은 요동 반도에 끝에 있는 여순에서 발견된 석각石刻에서도 확인할 수 있다. 최흔이 대조영을 책봉하고 이듬해에 귀국하면서 여순에 잠시 머무를 때에 그 기념으로 황금산黃金山 아래에 우물을 파고 "칙지절, 선로말갈사, 홍려경(勅持節, 宣勞靺鞨使, 鴻臚卿)의 직함을 가진 최흔이 우물 두 개를 파서 영원히 증거로 남기고자 한다. 당 개원開元 2년〈714〉 5월 18일"이라는 3행 29자의 글을 우물 난간에 새겨 놓았다. 이를 통하여 그가 조공도를 통하여 발해를 왕래하였음을 알 수 있다.

아쉽게도 이 석각은 현재 일본 궁중에 보관되어 있다. 러일전쟁 이후 일본군이 여순에 진주하면서 전리품으로 가져가 현재 건안부建安府 앞뜰에 세워져 있어서 연구자들조차 접근하기가 어렵다.

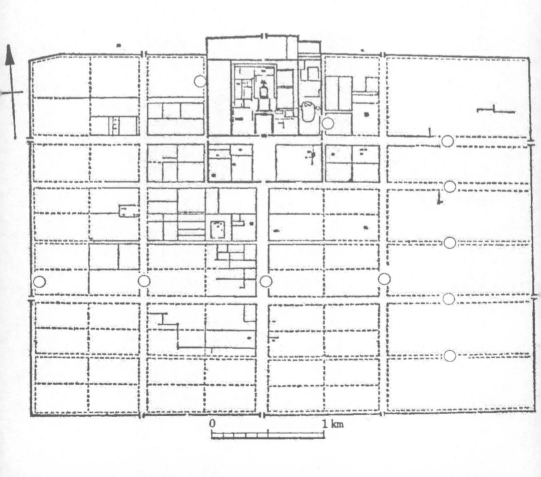

0   1 km

하바롭스크

우수리스크

크로우노프카

중국

아누치노

슬라비얀카

블라디보스토크

파르티잔스크

나홋카

크라스키노

연해주 1차 답사 경로

01
흑수말갈의 고향

바다에 연해 있다고 하여 이름 붙여진 연해주는 우리들에게 커다란 향수를 자아내게 한다. 그것은 우리 민족의 애환이 서려 있는 만주 땅에 대한 향수와도 같은 것이다. 두만강 건너부터 시작되는 이 지역과는 국경이 없던 선사시대부터 문화적 교류가 끊임없이 있어 왔고, 근대에 이르러서는 독립운동가들의 고뇌와 한인韓人들의 한이 서린 곳이기 때문이다.

이곳은 발해인의 터전이기도 하였다. 우리가 연해주라고 하는 지역은 지금의 행정구역으로 프리모르스키 변구(邊區, Primorskii Krai)이지만, 넓게는 하바롭스키 변구(Khabarovskii Krai) 일부까지 포함하고 있는 느낌이다. 변구라는 행정구역은 우리의 도道에 해당한다. 앞의 지방은 과거에 대체로 발해국의 영토에 속해 있었고, 뒤의 지방에는 발해국과 부단히 대치하던 흑수말갈족黑水靺鞨族이 거주하고 있었다.

하바롭스크 공항에서 젊은 한국인 부부를 우연히 만나게 되었다. 그는 그곳에 장기간 체류하고 있었고, 여러 지역을 돌아다니면서 많은 소수민족을 보았던 것 같았다. 마침 필자가 역사 전공자인 것을 알고 나름대로 자기 견해를 일장 설파하면서, 우리 민족을 연구하려면 나나이족Nanai을 보지 않으면 안 된다는 훈시까지 하였다.

흑수말갈의 후예인 나나이족

　　나나이족이란 송화강松花江 하류, 흑룡강黑龍江 연안, 우수리 강 일대
에 살고 있는 소수민족이다. 중국에서는 허저족赫哲族이라고 부른다. 과
거에는 골디족(Goldi족)이라고도 하였으나, 이것은 다른 사람들이 이들
을 가리켜 부르는 타칭에 불과하기 때문에 폐기해 버렸다. 나나이족의
입장에서 보면 이제야 제 이름을 찾은 셈이다. 이들의 외양이 우리와 흡
사하기 때문에 앞의 부부가 그런 말을 하였던 것이다. 말도 만주어 계통
에 속한다. 이들의 주된 생계 수단은 물고기 잡이이다. 그렇기 때문에 이
들을 위피다즈魚皮韃子라고도 부른다. '다즈'란 오랑캐 몽골인이란 뜻이
다. 그래서 그런지 이들의 전통공예품 중에는 물고기 껍질로 정교하게
만든 지갑들도 있었다.

　　우리가 방문하였던 하바롭스크 박물관에는 당연히 나나이족의 전
시관이 있었다. 무당(샤만)의 옷과 도구들이 주된 것이었지만, 부엌 모형

박물관에 전시된 나나이족 가옥의 실내 모습

도 전시되어 있었다. 특히 부엌 구조나 무당 옷은 우리의 과거 모습을 떠올리기에 충분한 것들이었다. 필자뿐만 아니라 한국인이면 어느 누구도 그러한 동질감을 느낄 것이다. 그런 감정 때문인지 미술관에서 다른 어느 물건보다도 선뜻 손이 간 것이 이들이 만든 샤만 목각이었다. 그곳의 물가로는 거금인 35달러를 주고 샀는데, 이번 여행 중에 산 물건 중에서 가장 비싼 것이었다.

　　이러한 나나이족의 조상이 바로 흑수말갈족이다. 발해가 만주 동부 지역에 나라를 세우고 일차로 말갈족들로 세력을 뻗어 나아갔다. 당시 말갈족은 일곱 개의 부락으로 나뉘어 있었으니, 그중에서 가장 북쪽에 살고 있던 족속이 흑수말갈이었다. 흑수말갈이란 이름에 들어 있는 흑수黑水는 지금의 흑룡강을 가리키며, 러시아에서는 아무르Amur 강이라고 한다. 아무르는 몽골어로서 평화, 평온을 의미한다.

흑수말갈의 중심지는 중국에서 백력伯力이라 부르고 우리는 과거에 화발포花發浦라고 부른 지금의 하바롭스크를 포함하여 그 상류 지역이다. 그러나 이 족속은 발해의 정복에 완강히 대항하였다. 다른 말갈족들은 9세기에 들어서 완전히 정복되었지만, 이들은 815년부터 912년경까지 일시적으로 발해의 통제를 받기만 하였을 뿐이다.

흑수말갈은 730년대 발해와 주변국 사이에 벌어진 국제전쟁의 도화선이 되었다. 발해가 건국된 초기에 발해와 흑수말갈은 서로 협조적인 분위기였다. 특히 흑수말갈은 발해의 허락을 받아야 겨우 당나라나 돌궐突厥에 왕래할 수 있었다. 그런데 발해를 세운 대조영大祚榮의 아들 대무예大武藝가 북진 정책을 적극적으로 실시하여 말갈 세력을 정복해 나아가자 사정은 달라졌다. 대무예의 시호가 무왕武王이라는 사실은 그가 주변 족속을 정벌하는 데에 커다란 공훈을 세웠던 사실을 보여준다. 이에 위협을 느낀 흑수말갈은 발해의 허락도 없이 당나라와 연계해서 발해를 견제하려 하였다. 그 결과 무왕은 앞뒤에 적을 두게 된 꼴이 되었다.

화가 난 무왕은 동생 대문예大門藝로 하여금 흑수말갈을 치게 하였다. 그러나 동생은 이 공격에 반대하였으니, 흑수말갈을 치면 동맹을 맺은 당나라를 끌어들이게 되고 그렇게 되면 고구려처럼 단번에 멸망하고 말 것이란 이유에서였다. 그의 반대를 들은 무왕은 격노하였고, 그를 전장으로부터 소환하여 죽이려 하자, 대문예는 이를 눈치채고 당나라로 도망갔다.

이렇게 되자 대문예의 송환을 둘러싸고 이제는 당나라와 발해와의 다툼으로 바뀌어 버렸다. 발해에서는 그를 범법자로 몰아 돌려보내길 요청하였고, 당나라에서는 의리상 그럴 수 없다고 버텼다. 이러한 힘겨루기가 지속되는 과정에서 마침내 732년 9월에 발해는 대장 장문휴張文休로 하여금 군사를 이끌고 바다를 건너 중국 산동 반도에 있었던 등주登州를 공략하게 하였다. 이들은 압록강 입구에서 출발하여 배를 타고 발해만을 건너갔으니, 우리 역사상 보기 드문 해외 원정이었다. 이때 거란과도 합동작전을 펴서 당나라를 공격하였다.

그런데 발해의 공격에 대한 당나라의 대응방식이 흥미롭다. 오랑캐로서 오랑캐를 통제하는 전통적인 이이제이以夷制夷 방식을 택하였던 것이다. 이 방식은 한마디로 적을 분할하여 서로 싸우게 함으로써 힘을 제대로 발휘하지 못하도록 하는 분열 정책이라고 할 수 있다. 육로로 공격해 오는 발해 군대에 대항시킨 사람은 바로 당나라로 망명하였던 대문예였다. 다른 한편으로는 신라를 끌어들여 발해 남부를 협공하게 하였다. 이때 당나라가 신라 왕에게 보낸 국서國書에 "신기한 공로를 이룬다면 후한 상을 어찌 아끼겠는가?"라는 구절이 있으니, 그들의 의도를 충분히 짐작할 수 있다. 이리하여 733년 겨울에 신라는 어쩔 수 없이 발해 공격 길에 나섰으나, 날이 춥고 눈이 많이 와서 병사들 중에 죽은 자가 반이 넘게 되어 철군하지 않을 수 없었다. 신라는 비록 발해 공격이 실패로 돌아가기는 하였지만, 전쟁이 끝난 뒤 대동강 이남 지역에 대한 영유권을 인정받는 선물을 받았다.

이렇게 8세기 전반에 벌어졌던 발해와 주변의 당나라·흑수말갈·신라와의 전쟁은 바로 흑수말갈과의 대립에서 비롯된 것이었다. 아무르 강 유역에는 이들이 남긴 유적들이 곳곳에서 발굴되고 있다. 이들에 대한 근래의 연구서로서는 데레비얀코Derevianko E. I.가 쓴 『아무르 강 중류의 말갈 유적』(1975), 『아무르 강 유역의 종족들』(1981)이 있다. 필자가 이들에 관심을 가지는 이유는 역시 발해사와 관련이 있기 때문이다.

발해가 고구려 유민과 말갈족으로 구성된 나라였다는 것은 주지의 사실이다. 따라서 발해 문화에는 고구려적인 것과 말갈적인 것이 섞여 나타나게 마련이다. 따라서 어느 것이 고구려적인 것이고 어느 것이 말갈적인 것인가를 구별하는 기준이 설정되지 않으면 안 된다. 그러기 위해서는 우리가 주된 관심을 기울이는 고구려 문화와 함께, 순수한 말갈 문화가 무엇인가에도 눈을 돌려야 한다. 그러한 순수 말갈 문화의 모습은 발해의 영향권에서 가장 멀리 떨어져 있었던 흑수말갈에서 찾아볼 수 있다. 이를 안 다음에 발해 문화를 분석하게 되면 실상에 더욱 접근할 수 있을 것이다.

이제 러시아, 중국과 국교가 수립되었다. 이제라도 우리 역사를 보는 시야를 더욱 넓히지 않으면 고립되고 편향된 시각을 가질 위험성이 크다. 한반도 안에서의 한국사가 아닌 동아시아 속에서의 한국사를 만들어 나아가지 않으면 안 된다.

02
연해주의 발해사 연구자들

블라디보스토크로 향하기 위해 하바롭스크 공항에 도착하자 기이한 현상이 언뜻 눈에 들어왔다. 마장동행 시내버스가 공항에 서 있지 않은가. 서울에서 사용되던 노선번호나 옆에 부착된 광고 간판도 그대로였다. 알고 보니 우리의 중고버스를 수입해다가 그대로 공항버스로 사용하고 있었다. 그 후에도 이러한 버스를 더 목격할 수 있었다. 도착하던 날 울산시장 이름의 임시번호를 단 지프차가 공항에 주차하고 있었던 기억도 떠올리게 되어 새삼 우리 경제의 연해주 진출 상황을 실감할 수 있었다.

경제인들이 몇 년 전부터 이곳 시장을 개척해 나아갔지만, 고대사학자가 연해주를 답사한 것은 해방 후 우리 조사단이 처음이었다. 현지에서 연구자들을 만날 때마다 그런 사실을 상기시켜주면서 반갑게 맞아주었던 것도 우리에게는 감격적이었다. 정영호 교수(교원대)를 단장으로 필자, 나선화(이화여대), 강현숙(서울대 대학원), 장호정으로 구성된 이번 답사팀의 활동은 그런 의미에서도 역사적 의의가 있었다.

연해주에서의 발해사 연구는 거의가 블라디보스토크에서 이루어지고 있다. 특히 푸시킨 거리에 있는 '러시아과학원 산하 극동極東민족역사학·고고학·민족학연구소'(Institut istorii, arkheologii i etnografii narodov Dal'nego Vostoka DVO RAN)가 중추 역할을 하고 있는데, 현지에서는 흔히

필자와 함께 사진을 찍은 샤프쿠노프 박사

역사연구소라고 줄여서 부르고 있다. 발해사 연구의 대표적 인물인 샤프
쿠노프(Shavkunov E. V., 1930~2001)를 비롯하여 볼딘Boldin V. I., 이블리예
프Ivliev A. L. 등등이 모두 이곳에서 활동하고 있고, 작년부터는 『러시아
와 태평양Rossiia i ATR』이라는 학술지가 간행되고 있다.

　　러시아에서는 과학원에 연구 기능이 집중되어 있고, 박물관은 전시
와 유물 보관 기능을 맡고 있다. 과거 소련의 체제를 그대로 본뜬 북한에
서도 역시 연구의 중심은 사회과학원에 있고, 대학은 가르치고 박물관은
전시하는 역할을 주로 담당하고 있다. 발해 유물들은 역사연구소와 레닌
거리에 있는 블라디보스토크 박물관(아르셰니예프 기념박물관)에 나뉘어
전시되어 있는데, 중요한 것들은 역사연구소에 많이 보관되어 있었다.

　　1993년 현재 63세인 샤프쿠노프 박사는 1950년대부터 연구를 시
작하여 연해주 역사 전반에 대해 120여 편의 글을 발표하였다. 그중에는
발해사 연구도 상당수 들어 있다. 특히 그가 1962년에 노보시비르스크

붉은색 건물의 블라디보스토크 박물관

국립대학에서 받은 박사후보학위(석사) 논문이 바로 필자가 일부를 번역 소개한 바 있는 『발해국과 연해주의 발해 문화 유적』(1968)이다. 이때의 지도교수가 유명한 고고학자 오클라드니코프Okladnikov A. P.였다. 그가 아깝게도 지난 1981년에 사망하여 샤프쿠노프가 그의 뒤를 이어 연해 주의 고대·중세사 연구에 주도적인 역할을 해왔다.

약간은 컴컴한 복도를 지나 그의 연구실을 들어선 순간 바로 여기가 학자가 공부하는 곳이로구나 하는 느낌이 들었다. 자그마한 연구실에 책 상이 두어 개 배치되어 있었고, 책상 위에는 손때 묻은 책들과 유물들이 놓여 있었다. 우리 선배 교수님들의 1960년대 연구실을 떠올리기에 충 분한 곳이었다. 키가 무척 크고 마른 체격이면서 학자적인 체취가 물씬 나는 풍모를 지닌 그는 연구실에서 책을 보다가 우리 일행을 반갑게 맞 아주었다. 비록 이번에 얼굴을 처음 대하게 되었지만 서로 구면이나 마 찬가지여서 더욱 반갑게 맞아주는 듯하였다. 필자가 일찍부터 그의 논문을 번역하여 국내에 소개한 사실을 알고 있었고, 영어로 번역된 필자의 논문을 이미 읽은 뒤였던 것이다. 평소 그의 논문을 읽으면서 가졌던 의문점들을 하나씩 질문하자 일일이 진지하게 답변해주었고, 전시실에 있는 유물뿐만 아니라 금고 속에 보관된 필자가 보고자 했던 유물도 보여주면서 촬영까지 허락하여 주었다.

그는 1992년에 볼딘과 함께 북한의 발해 유적 발굴에도 참여하였다고 한다. 함경남도 신포시에서 최근에 발견된 고구려·발해 시기의 절터인 오매리 절골 유적의 발굴에 직접 참가한 것이다. 1992년 6월 말에서 7월 초 사이에는 북한의 발해사 연구자들이 연해주에 와서 유적을 발굴하였다고도 한다.

우리나라 사람이 연해주 발해 유적을 조사한 것은 일찍이 장도빈張道斌에서 비롯되었다. 우리 역사 속에서 발해사가 비로소 자리를 잡게 된 것은 조선 후기 실학자들에 의해서이지만, 당시 학자들은 발해 영역이 연해주에까지 미쳤을 것이라는 사실을 미처 생각하지 못하였다. 당시에는 연해주 지역에 대한 지식조차 거의 없었다. 그나마 실학자들의 연구는 19세기 전반에 이르러 단절되고 말았으니, 발해사의 복원은 다음 세기를 기다리지 않으면 안 되었다.

20세기에 들어 처음으로 발해사에 관심을 가진 이는 김택영金澤榮이지만, 그는 일본 측 사료를 정리하는 데에 그쳤다. 그리고 한국 근대 역사학의 아버지로 불리는 신채호申采浩도 발해사에 관심을 가졌으나 구체적인 연구는 없었다. 평소 신채호와 가까이 지내면서 그로부터 고대사에 대한 열정을 배웠던 장도빈은 1912년 망명길에 올라 연해주 블라디보스토크로 와서 신채호를 다시 만나게 된다. 그는 그곳에 머물면서 틈틈이 발해 유적을 답사하였다. 그리고 이를 토대로 한국사 교재를 저술하여 우리 역사에서 발해사를 신라사와 동등하게 다루었다. 이것이 만주와

공항에서 마주친 국내 시내버스

연해주를 통틀어 발해 유적에 대한 우리나라 최초의 조사이다. 그 뒤에
백악산인白岳山人이란 인물이 만주의 발해 유적을 답사하여 기행문을 발
표한 것이 1928년이다. 따라서 발해 연구사에서 그가 남긴 업적을 재평
가하지 않으면 안 될 것이다.

그 후로는 어느 누구도 발해 유적을 직접 답사하지 못하였다. 더구
나 해방 후 연해주의 발해 유적에 대해서는 관심조차 가지지 못하였다.
그러다가 1980년대에 들어와 비로소 필자가 이 방면에 관심을 가지면
서 몇몇 논문들을 번역하여 소개하였다. 10여 년 전에 어렵게 러시아어
를 배울 당시에는 설마 이렇게 빨리 연해주를 방문하여 그 효과를 발휘
할 것이라고는 상상조차 하지 못하였다.

비록 수교는 되었지만 마음은 아직도 먼 곳이 러시아이다. 매주 일
요일에 러시아 비행기가 서울과 하바롭스크를 왕복하고 있지만, 주변
사람들은 모스크바나 일본을 거쳐서 갔다 왔거니 생각하면서 물어오곤

하였다가 그렇지 않은 것을 알고는 놀라는 표정이다. 두 도시의 거리는 1,800km 정도로 비행기로 2시간 40분이 걸리고, 여름의 표준시간은 서머타임으로 우리보다 두 시간이 빠르다. 그러나 우리들의 마음은 이보다 더 멀어져 있는 듯하다. 지난 40여 년 동안 우리 사고를 지배해 왔던 냉전 의식을 쉽게 떨쳐 버릴 수 없기 때문일 것이다.

연해주 나홋카에 앞으로 한국 공단이 들어서고 경제적 교류가 더욱 활발해지면 그러한 거리감은 더욱 줄어들 것이다. 그러나 진정으로 양국의 거리를 줄이기 위해서는 역사 연구를 비롯한 문화적 유대가 병행되지 않으면 안 될 것이다. 또한 그렇게 해야만 유구한 역사를 가진 우리 민족에 걸맞은 행동이 될 것이다. 아쉽게도 한국 공단은 1997년 외환위기를 겪으면서 무산되고 말았다.

03

부절이 발견된 성터

구름이 살짝 낀 날 아침에 우리 일행은 첫 답사 지역인 파르티잔스크 구역(우리의 郡에 해당)으로 헬기를 타고 이동하였다. 도중에 해변의 아름다운 풍광을 배경으로 곳곳에 전투비행장이 들어서 있는 것을 목격하게 되니, 왜 이제야 블라디보스토크를 개방하게 되었는가를 조금이나마 이해할 수 있을 것 같았다. 우리가 탄 헬기가 전투비행장 위로 날아다닐 수 있는 것이 그동안 길들여져 온 우리의 안보 의식으로는 잘 이해되지 않았다.

파르티잔스크는 과거에 수찬Suchan, 수청水淸, 소성蘇城으로 불리다가, 1972년에 고쳐진 이름이다. 과거 내전 시기에 적색 유격대가 이곳의 험준한 산악에 의지하여 용감히 싸운 사실이 있어 이를 기념하여 붙여진 것이라고 한다. 1918년에서 1920년 사이에 이곳에서 유격대 활동을 하였던 조선인 사회주의자들로서는 한창걸, 최영, 신우여, S. I. 박 등 여러 사람들이 있다.

파르티잔스크(빨치산) 구역에는 중요한 유적으로 샤이가Shaiga 성터와 니콜라예프카Nikolaevka 성터가 있다. 앞의 것은 산성으로서 이 구역에서 규모가 제일 크고, 뒤의 것은 평지성으로서 그 다음으로 크다. 둘 다 여진女眞 시기의 유물들이 다수 출토되고 있어 금나라 때에 사용되었

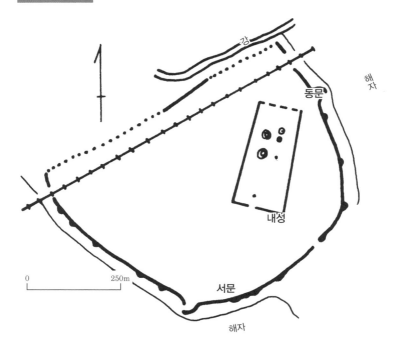

강

동문

해자

내성

0   250m

서문

해자

던 것이 분명하지만, 성들은 앞 시대의 것을 계승하여 사용하게 마련이어서 발해 때에 처음 축조되었을 가능성도 있다. 우리 조사단은 두 성 중에서 최근 발해 유물이 출토된 니콜라예프카 성터를 답사하기로 하였다.

성터가 있는 니콜라예프카 마을은 파르티잔스크의 동남쪽에 위치하고 있는데, 마을 이름은 이곳에 살던 공심이라는 조선인 큰 부자의 러시아식 이름 니콜라이에서 유래했다고 한다. 헬기에서 내려 승합차로 갈아타고 성터에 도착하자마자 우리들은 탄성부터 지르지 않을 수 없었다. 수백 년 전의 모습 그대로 화석화된 채 우리 앞에 놓여 있었기 때문이었다.

성의 전체 모습은 사다리꼴에 가까운데 남벽은 좁고 북벽은 약간 넓

하늘에서 바라본 성의 전체 모습

었다. 둘레는 약 2km이고 성 안의 전체 면적은 대략 7,000㎡가 된다. 그 옛날 사람들이 그득하였을 성 안의 너른 평지에는 따가운 여름 햇볕을 받으며 옥수수가 무성하게 자라고 있었다. 성터 북쪽으로 파르티잔스크 강이 흐르고, 기찻길이 동서로 성을 관통하며 지나고 있었다. 성벽은 흙으로 쌓았는데 높이가 10m나 되었고, 성벽의 기초 너비는 20~25m나 된다.

우선 놀라운 것은 성 밖에 해자(垓字, 濠)가 그대로 남아 있는 사실이다. 해자란 외부로부터의 적을 방어하기 위해 성벽 밖을 따라 못을 만들어 놓은 것을 말한다. 백제 초기 도성지인 서울의 몽촌토성 둘레에 물을 담아 놓은 시설이 바로 그것이다. 그러나 몽촌토성의 해자는 이미 메워져 버린 상태로 있었기 때문에 최근에 발굴을 통하여 복원해 놓았다. 그런데 니콜라예프카 성터에는 해자의 모습이 그대로 남아 있을 뿐만 아니라 아직도 해자에 물이 담겨 있었다. 이때는 여름이라서 나무에 가려 잘 보이지 않았지만, 1993년 5월 초에 이곳을 세 번째로 들렀을 때에는 동

그대로 남아 있는 동문 밖의 해자

문 밖에 흐르는 해자가 아주 뚜렷하게 드러나 보였다.

　　그뿐만 아니었다. 성문 자리가 동쪽 벽과 서쪽 벽에 하나씩 남아 있는데, 문을 보호하기 위해 에워싼 옹성甕城도 원형대로 보존되어 있었다. 성문은 적이 공격해올 때에 일차적인 표적이 되는 곳이기 때문에 이를 보호하기 위하여 성벽을 이중으로 설치하는데, 이것이 바로 옹성이다. 옹성은 보통 반원형 또는 사각형으로서, 이 성은 반원형으로 되어 있었다. 이것이 설치되면 성 안으로 들어가는 길이 직선적이지 않고 S자 모양으로 휘게 되어 적이 쉽게 접근할 수 없게 된다. 비록 시기와 재료는 다르지만 서울의 동대문을 둥그렇게 에워싸고 있는 성벽이 그러한 것이다. 니콜라예프카 성터는 이와 같은 모습을 그대로 간직하고 있었다.

　　우리 일행은 그대로 구경만 할 수 없어서 서쪽 문에서 시작하여 성벽의 정상을 따라 동쪽 문까지 걸어가기로 하였다. 성벽에는 일정한 간격을 두고 열두 곳에 치雉가 설치되어 있었다. 치라고 하는 것은 성벽에 바짝 붙은 적을 옆에서 공격하기 위하여 성벽의 일부를 밖으로 내밀게 쌓은 시설을 가리킨다. 활을 쏠 수 있는 거리마다 일정하게 치를 만들어 놓았으니, 성벽 곳곳에 낙타 등처럼 밖으로 불쑥불쑥 나와 있었다.

동쪽 문에 다다르자 이제는 성 안으로 내려와 옥수수 숲 사이로 지표조사를 하면서 서쪽 문으로 돌아왔다. 키 큰 옥수수 속에 갇히니 방향을 잡기도 어려울 정도였다. 이곳저곳에서 토기와 기와 조각들을 주우며 간신히 빠져나오니 카메라와 옷이 온통 노란 꽃가루로 물들어 있었다.

이 성터는 이미 1871년부터 알려지기 시작하였고, 1950년대 후반에 샤프쿠노프가 조사한 바 있고, 1960년대에 들어 여러 번 발굴되었다. 이곳은 과거에 일본의 와다 세이和田淸, 중국의 왕청리王承禮가 발해 15부의 하나였던 정리부定理府의 소재지로 추정한 곳이다. 우리가 방문하였을 때에는 옥수수 때문에 내부 구조를 확인할 수 없었지만, 서문 가까이에 금나라 때의 절터가 장방형으로 자리 잡고 있다고 한다.

그렇다고 하여 이 성이 발해 때에 사용되지 않았던 것은 아니다. 최근에 발견된 유물 하나가 그러한 사실을 결정적으로 증명해준다. 그것은 다름 아닌 청동으로 만든 조그만 부절(符節, 信表)이다. 몇 년 전에 현지의 학생들이 성 안에서 우연히 주운 것으로 샤프쿠노프의 연구실 금고 속에 보관되어 있었다. 부절이란 물건 하나를 두 조각으로 나누어 두 사람이 각각 가지고 있다가 훗날 서로 맞추어 증거로 삼는 물건을 가리킨다.

여기에서 발견된 것은 두 쪽의 부절 중에서 왼쪽 부분에 해당한다. 그것은 옆에 '합동合同'이란 한자의 왼쪽 절반 부분만이 남아 있는 것으로 알 수 있다. 아마 다른 한쪽은 중앙 정부에서 보관하고 있었을 것이니, 만일 이들 두 부절을 합치면 '합동'이라는 완벽한 글자가 될 것이다. 크기는 길이 5.6cm, 최대 너비 1.8cm, 두께 0.5cm로서 아주 작다. 부절의 한쪽 면은 둥그렇게 되어 물고기 모양이 조각되어 있고, 다른 면은 다른 부

장군 이름이 새겨져 있는 부절

절과 합치될 수 있도록 평평하게 만들어져 있다. 이 부절에 대해서는『소비에트 고고학』1989년 1호에 소개되어 있어 필자가『한국고대사논총』 3집(1992)에 번역하였으므로 참고하기 바란다.

　　그런데 여기에 쓰여 있는 명문이 발해 때 사용된 부절이라는 것을 증언해준다. 위쪽에 '동同'이란 글자가 크고 깊게 새겨져 있고, 아래쪽에는 세로로 '좌효위장군 섭리계左驍衛將軍 聶利計'란 글자가 새겨져 있다. 좌효위장군이란 당나라에서 사용되던 관직이고, 이름 끝에 '계計'자가 붙는 것은 발해인 중에서 말갈 계통 사람들에서 흔히 보이는 이름이다. 문헌 기록에 보이는 가루계可婁計, 발시계勃施計, 미발계味勃計, 공백계公伯計 등등이 그러하다.

　　그렇다면 섭리계란 사람은 말갈 출신으로 발해 장군을 역임한 사람으로 보인다. 그는 언젠가 이 성으로 부임해 와서 발해 변방을 경계하는 임무를 수행하였을 것이다. 그리고 중앙으로부터 사자使者가 오기를 기다렸다가 그가 가지고 온 부절과 자신의 부절을 서로 맞춘 뒤 군사를 동원하여 발해와 대적해 있던 족속들을 정벌하러 갔을 것이다.

아니면 발해 조정이 이곳을 지배하던 말갈 수령에게 지방관의 직책을 맡겼는데, 그는 독자적으로 당나라와 교류하면서 좌효위장군이란 명예직과 함께 부절을 받은 것인지도 모른다. 이것이 맞는다면 말갈 수령은 발해의 관리이면서 다른 한편으로 외국과 독자적으로 교류하던 이중성을 지닌 존재였을 것이다.

이번에 발견된 부절은 크기가 아주 작아서 장군이 분실했던 것으로 여겨진다. 그렇게 생각하니 섭리계란 장군이 이곳에서 호령하는 소리가 들리는 듯하다. 이제 문헌 기록에도 없는 발해 사람의 이름 하나를 다시 찾은 것이다.

04
발해 속의 이방인 거류지

하바롭스크에서 잠시 시간을 내어 자유시장을 구경한 적이 있다. 규모가 제법 커서 사람들이 바글바글하였고 시장 밖에는 차들이 주차하기 힘들 정도로 많이 세워져 있었다. 개혁과 함께 더욱 활성화된 자유시장에는 철망으로 주위를 둘러싸고 입장료를 받는 젊은이들이 있어 자본주의화의 나쁜 면을 벌써부터 배우고 있는 것이 아닌가 하는 생각이 들었다. 이렇게 되니 그곳으로 들어가지 못한 사람들이 그 철망 주위로 또 하나의 자유시장을 형성하고 있었다.

이 시장에서는 현지의 한인들뿐 아니라 중국에서 장사하러 온 조선족도 다수 만날 수 있었다. 하얼빈 쪽에서 오는 사람들이 다수였는데, 왕청汪淸에서 왔다고 하는 50대 정도 나이의 두 아주머니는 금귀고리에 선글라스까지 끼고 있었고, 우리들에게 달러가 있느냐고까지 물어왔다. 중국이 러시아에 비해 생활용품이 풍부하기 때문에 이곳에 가져와서 많은 이윤을 남기고 있었다. 러시아 측에서 보면 이방인들이 들어와 장사를 하고 있는 셈이다. 그런데 연해주의 발해 유적에서도 그 당시에 이방인들이 활동하였던 흔적이 발견되어 흥미를 자아낸다. 그것이 바로 노보고르데예프카Novogordeevka 성터와 그 주변의 유적이다.

이 성터는 파르티잔스크 구역과 북쪽으로 인접해 있는 아누치노

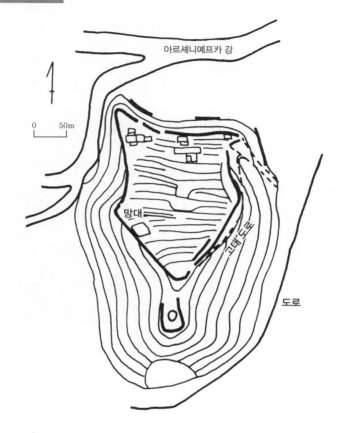

아르셰니예프카 강

0   50m

망대

고대도로

도로

Anuchno 구역의 작은 야산에 있으며, 아누치노 마을로부터는 북동쪽으로 5km 떨어져 있다. 북쪽 가까이에는 아르셰니예프카Arsen'evka 강이 흐르고 있는데, 북쪽으로 흘러 우수리 강으로 들어간다. 성터가 있는 곳은 강 옆의 평지에 솟아 있는 해발 78m의 크루글라야Kruglaia 산으로서, 성벽은 북쪽의 완만한 경사면을 두르고 있다.

성벽은 그렇게 높지 않아서 필자가 본 지점은 2m 정도의 높이였다. 내부의 크기는 동서 너비 190m, 남북 길이 230m이고, 전체 면적은 3.25 헥

헬기에서 바라본 성터 모습. 계단식 지형이 뚜렷이 보인다.

타르이다. 안에는 경사지를 이용하여 스물네 개의 계단식 대지(테라스)를 만들어 그 위에 집들을 지었다. 계단 하나의 너비는 5~15m이다. 헬기에서 바라보니 지금도 계단식 지형이 눈에 뚜렷이 들어왔다. 성 주위에는 당시에 사용되던 도로와 해자 자리도 남아 있다고 한다. 이 성은 8세기에서 10세기까지 발해인들이 사용하였고, 12세기에서 13세기 초에 여진인들이 다시 사용하였다. 강 건너 맞은편에 있는 산에도 스클라예프카 Sklaevka 성터가 있는데, 금나라 때에 사용되었던 곳이다.

지난 1965년에 노보고르데예프카 성터를 발굴하였을 때에 흥미 있는 유물들이 수습되었다. 흙으로 구운 거푸집, 도가니, 주물용 국자, 쇳물 찌꺼기, 송풍관送風管, 반쪽만 남은 은팔찌, 청동 가락지, 철제 화살촉, 갑

옷 조각 등이 발견되었는데, 도가니에는 청동이 눌어붙어 있었다. 이 물건들은 주민들이 여러 종류의 장식물들을 주조하는 데에 종사하였던 사실을 보여준다. 발해 시대에 커다란 수공업 중심지였음을 증명해주는 자료이다. 이 유물들은 현재 블라디보스토크 역사연구소에 전시되어 있다. 도가니는 크기가 손가락 정도로 아주 작았지만, 쇳물을 따를 수 있도록 아가리가 삼각형 모양으로 되어 있었다.

연해주에서는 청동기 유물이 아주 적어서, 과연 청동기 시대가 존재하였는지 여부가 논쟁이 될 정도이다. 블라디보스토크 박물관에 진열되어 있는 세형동검과 동경銅鏡 일괄 유물은 현지에서 만들어진 것이 아니고 한반도에서 흘러 들어간 것으로 추정한다. 그 밖에 석기 중에는 청동기를 모방한 제품이 상당수 눈에 뜨였다. 이러한 현상은 아마 현지에 청동이 희귀하였기 때문으로 여겨지며, 이러한 사정은 발해 시대에도 마찬가지였을 것이다. 따라서 청동은 주로 세공품용으로만 사용하였고, 그에 따라 도가니도 작게 만들었던 것 같다.

더 흥미로운 것은 성 밖에서 발견된 주거지들이다. 발해사 연구자인 세메니첸코가 1972~74년 사이에 북쪽으로 약 400m 떨어진 곳에서 성 밖에 형성되었던 마을 흔적을 찾아냈다. 여기서도 경제 활동과 관련된 유물들이 다수 발견되었다. 그런데 유물 중에는 일반적인 발해 유물과 성격이 다른 것이 있었다. 도기 위에 새겨진 문양만 보더라도 이것은 1세기 중앙아시아의 것과 유사한 것이었다.

이를 토대로 샤프쿠노프는 이곳에 소그드Sogd 인들이 집단 거류지를 형성하면서 청동 주조업, 도기 제조업, 농업, 무역 등에 종사하였던 것으로 추정하였다. 소그드 인들이란 원래 중앙아시아의 소그디아나 지방에 살던 주민이다. 이들은 동서 교통의 요지에 위치하고 있는 것을 이용하여 중국의 수도를 포함하여 아시아의 여러 중요 도시까지 상권을 형성

성에서 발굴된 도가니들. 오른쪽 아래의 것에는 안에 청동 찌꺼기가 그대로 묻어 있다.

하고 있었다. 그 과정에서 멀리 동쪽 끝에 있는 발해의 수공업 도시에까지 와서 집단 부락을 형성하였던 것으로 여겨진다. 그 시기는 출토된 유물로 보아 8~10세기 초에 해당된다.

한편 남부 시베리아에서는 위구르Uighur족이 흥기하면서 이들을 흡수하여 그 역할을 대신하였다. 중국사에서는 이들을 회흘回紇로 표기하고 있다. 샤프쿠노프는 이 위구르족이 세운 나라가 840년에 예니세이 지방의 키르기스인들에 의해 멸망당하자, 상당수의 피난민들이 발해로 들어왔을 것으로 추정하였다. 그것은 연해주의 발해 유적에서 발견되는 유물 때문이다. 실제로 역사연구소에 진열되어 있는 허리띠 꾸미개 중에 그러한 것들이 포함되어 있었다. 아마 이러한 사정은 발해의 변방이었던 연해주의 특수한 사정이 아니었나 싶다.

그러나 샤프쿠노프 박사의 생각은 달랐다. 연구소에서 그의 견해를 물어보니 9세기 후반 이후에 중앙아시아 문화가 발해 문화 전반에 걸쳐 영향을 주었다는 것이다. 이에 따라 840년을 기준으로 발해 문화를 전기와 후기로 나누고 있다. 필자가 만주에서 발견되는 유물들을 보면 그렇지 않다고 반문하였더니, 중국 측의 유적 발굴은 대개 고분에 한정되어 있기 때문이라고 답하였다. 장차 다양한 유적들이 발굴되면 그러한 요소들이 충분히 발견될 것이라는 것이다. 그러나 필자에게는 지나친 확대해석으로 여겨졌다.

필자의 생각으로는 중국 측에서 발해 문화에 나타난 당나라적인 요소를 지나치게 강조하듯이, 러시아 측에서 중앙아시아나 남부 시베리아적인 요소를 지나치게 강조하고 있다고 생각한다. 이것은 아마 주인이 없는 듯한 발해사를 자기에 유리하게 끌어들이려는 의도가 개재되어 있기 때문이기도 하지만, 이보다 더 큰 요인은 상호 자료 교환이 제대로 이루어지지 않고 있기 때문이다. 사실 발해사를 연구하고 있는 남북한을 위시하여 중국·러시아 학자들이 서로 상대방의 고고 자료까지 망라하면서 연구하고 있지 못하여서 자신들의 주장만 되풀이하고 있는 측면이 있다.

결국 발해사 연구를 위해서는 앞으로 국제적인 교류가 필수불가결하다. 그러나 현재의 실정으로는 중국, 러시아, 북한에서 외국의 자료를 체계적으로 수집하고 정리할 수 있기를 기대하기는 어렵다. 비록 일본의 연구자들이 각국의 자료를 체계적으로 입수할 수 있는 유리한 입장에 있다고 하더라도 그들로서는 발해사가 자기 민족사가 아니기 때문에 한계가 있다. 반면에 남한의 경우 비록 발해 유적이 남아 있는 곳은 아니지만, 그러한 교류를 주도할 수 있는 가장 유리한 위치에 있다고 생각한다. 더구나 발해사는 우리 민족사의 일부이기 때문에 더욱 따스한 애정을 가지고 연구해 나아갈 수 있는 분야가 아닌가?

05
배 떠나던 항구 도시

우리들에게 해삼위海蔘威라는 이름으로도 알려져 있는 블라디보스토크는 1860년 1월에 군사기지로 출발하여 1880년에 하나의 도시로 형성된 곳이다. 1917년에 이르러서는 시베리아 횡단철도가 이곳까지 연결되었다. 블라디보스토크란 말에는 "동방vostok을 지배한다vladet'"는 의미가 담겨 있으니, 러시아인들이 동방 진출의 발판으로 이 도시를 얼마나 중요시하였나를 가늠해볼 수 있다. 일제강점기에 한국인들의 독립기지였던 신한촌이 형성되어 있었고, 1920년에는 이곳 사람들이 일본인들에게 잔인하게 학살당한 '4월 참변'이 일어났던 곳이기도 하다. 이 당시에 일본인들은 블라디보스토크를 우라지오(浦潮, 浦鹽), 우라지오스토쿠浦潮斯德로 표기하였다.

이곳은 미국의 유명한 영화 배우였던 율 브린너(1920~1985)의 고향이기도 하다. 스위스인이었던 할아버지가 사업차 이곳에서 활동하며 몽골인 사이에 아버지를 낳았기 때문에, 그의 얼굴에도 동양인의 모습이 있게 된 것이다. 아버지는 대한제국으로부터 목재 채벌권을 얻었을 정도로 부유했으나 러시아 혁명으로 몰락하자 그의 집안은 이곳을 떠나 프랑스를 거쳐 미국으로 건너가게 되었는데, 그때까지 살던 기차역 부근의 저택 앞에는 그의 동상이 서 있다.

크라스키노 주변

훈춘

중국

슬라비얀카

크라스키노

자이사노프카

성터

탐험만

자루비노

포시에트

북한

동해

우리 조사단이 배를 타기 위해 항구에 도착하니 여객선 바로 옆에 그들이 자랑하는 극동함대의 군함들이 정박해 있는 모습을 볼 수 있었다. 또한 이곳에서 슬라비얀카Slavianka까지는 좌우로 육지와 섬들이 이어져 있어 2시간 30분 내내 좁다란 해협을 빠져나가는 형상이었으니, 더욱더 천혜의 요새지란 느낌을 받지 않을 수 없었다. 과거에 러시아인들이 이 항구를 차지하기 위해 그렇게나 진력하였던 이유를 다소나마 이해할 만하였다.

우리가 탄 페리호에는 북한에서 온 건축기술자 일행도 타고 있었다. 필자에게 중국 교포가 아니냐고 물어오는 바람에 서로 말을 트게 되어 정답게 이런저런 얘기를 하느라 시간 가는 줄 몰랐다. 마침 해파리들이 산란기를 맞이하여 하얀 우산을 펴 놓은 것처럼 바다 위에 둥둥 떠다니는 장관을 이루고 있는 목적지 항구에 도착하자 그들은 우리들에게 몸조

하늘에서 바라본 크라스키노 성터
뒤쪽으로 보이는 바다가 엑스페디치야 만이고, 성과 바다 사이에 있는 강이 얀치헤 강이다.

심하라는 당부를 잊지 않았다.

슬라비얀카 마을에서 다시 70여 km를 두만강 방향으로 내려가면 하산Khasan 구역의 크라스키노Kraskino 마을이 나타난다. 블라디보스토크로부터는 남서쪽으로 280km 정도 떨어져 있는 마을이다. 이 마을은 원래 노보키예프스크Novokievsk라 불렸는데, 1938년 장고봉張鼓峰 분쟁 사건에서 전사한 소련군 장교 크라스킨을 기념하기 위하여 이름을 바꾸었다고 한다. 또 하산이란 지명은 우리말 하산下山에서 유래한 것이라 한다.

이곳에서 다시 동남쪽으로 2~3km 떨어져 있는 바닷가에 발해 염주鹽州의 소재지였던 크라스키노 성터가 있다. 그곳으로 가는 길이 워낙 나빠 우리 일행은 어쩔 수 없이 35도의 땡볕 속에 강을 따라 걸어서 현장에 도착하였다. 이 강의 지금 이름은 추카노프카Chukanovka 강이지만 얼마 전까지도 얀치헤Ianchikhe 강으로 불렸다. 얀치헤란 염주하鹽州河라는 중국어 발음을 표기한 것이므로, 이를 통하여 이 성터가 염주의 소재지라는 것을 확인할 수 있다. 크라스키노 마을이 청나라 때에 옌추顔楚 또는 옌춘眼春이라고 하였고 일제강점기에 조선인들이 연추煙秋라고 불렀던 것도 역시 발해 시대 염주의 발음이 변한 것이다. 염주는 발해 때에 동경 용원부東京龍原府에 속하였던 주 이름이다. 당시에 수요되던 소금이 이곳에서 생산되었기에 붙여진 이름일 것이다. 1864년 경에 조선인들이 이곳에 처음 이주할 적에 중국인들이 자염煮鹽에 종사하고 있었다고 한 것은 이러한 전통이 남아 있는 게 아닌가 하는 느낌을 가지게 한다.

　　크라스키노 성터는 남쪽 벽이 직선에 가깝고 다른 3면은 둥그스름하게 되어 있어 마치 비스듬한 타원형을 반으로 자른 듯한 모습이다. 성벽 높이는 1.5~2m 정도로 그리 높지 않고, 성문은 동, 서, 남벽에 하나씩 모두 3개가 있다. 하늘에서 바라보니 성벽의 전체 윤곽과 함께 옹성에 둘

크라스키노 성터

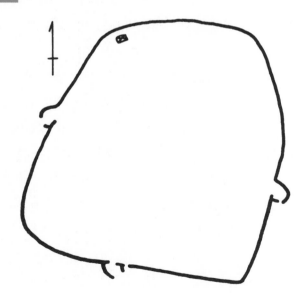

러싸인 성문 자리가 뚜렷하게 눈에 들어왔다. 심지어 얼마 전에 발굴하였던 성 안의 절터 자리도 찾을 수 있었다.

성 주변에는 고분으로 보이는 둔덕들이 여기저기 불룩불룩 튀어나온 채 들어차 있었다. 그러나 아쉽게도 이 지역이 저습지로 변해 있었기 때문에 강을 건너 직접 답사하지는 못하였다. 1991년에 블라디보스토크 역사연구소에서 이 고분들을 발굴하였는데, 물이 솟아나서 중심 부분에까지 이르지 못한 채 중단하였다고 한다.

크라스키노 성터를 처음으로 확인한 사람은 러시아정교회 선교단의 일원으로 중국에 와 있던 팔라디 카파로프Palladii Kafarov이다. 지리학회의 의뢰로 1870년에 연해주를 답사하였던 것이다. 이때 그는 이 성이 발해 때에 항만을 방비하기 위해 세워진 것이라는 견해를 발표하였다. 뒤에는 탐험만이라는 뜻을 가진 부근의 엑스페디치야Ekspeditsiia 만에서 항구 유적을 발견하였다. 그러나 이것이 발해 시기에 속한다는 것을 결정적으로 밝힌 사람은 1960년에 이 성을 답사하였던 샤프쿠노프이다. 이때 비로소 성 안에서 발해 시기에 해당하는 여러 유물들을 발견하였다.

팔라디 카파로프가 발견하였다고 하는 항구란 발해 시대에 일본으로 배가 왕래하던 곳이다. 발해에는 외국과 통하는 다섯 개의 주요 교통로가 있었으니, 그중 하나가 일본도日本道이다. 중국 훈춘에 있던 동경용원부는 이 일본도의 출발점이기도 하면서 신라로 향하는 신라도新羅道의 출발점이기도 하다. 일본으로 행차하던 사신들은 이곳에서 두만강을 통하여 바다로 나간 것이 아니고, 육로로 염주에까지 와서 배를 탔다. 두만강을 따라 내려가는 것보다 염주를 통하는 길이 거리상으로 훨씬 가깝기 때문이다. 우리가 크라스키노 마을을 지날 때에 훈춘에서 온 트럭들이 드문드문 눈에 뜨일 정도로 지금도 두 도시 사이에는 왕래가 많다. 최근에는 두만강 유역 개발 계획의 하나로 중국 훈춘과 연해주 자루비노 항을 잇는 철도를 부설할 계획을 세우고 있다.

발해 때에 일본과 빈번히 왕래하였으니, 발해에서 일본에 서른다섯 차례, 일본에서 발해에 열세 차례 사신을 보냈다. 사신단 규모가 보통 105명 정도였으므로 이 항구에는 비교적 큰 배가 정박하였을 것이다. 샤이가 성터에서 발견된 금나라 때의 도기에 돛을 단 범선이 그려져 있는 것이 있는데, 아마 발해에서도 이러한 배를 이용하였을 것이다.

성 안에서는 최근에 절터와 기와 가마터가 발굴되었다. 돌을 쌓아 만든 가마는 분석 결과 한 번에 2천 내지 3천 장의 기와를 구울 수 있는 규모라고 한다. 여기서 구운 기와를 가지고 부근에 절을 지었다. 절은 돌로 축대를 쌓은 11.8×10.4m 크기의 인공 대지 위에 건축되었다. 주춧돌은 여섯 개씩 5열로 배열되어 있었고, 정면은 남서쪽을 바라보고 있었다. 절터에서는 대량의 기와 외에 지붕에 달았던 철제 풍탁風鐸 세 점, 완형 금동불상 한 점, 일부가 파손된 석불상 한 점, 그리고 불교 의식에 사용되었던 그릇들이 발견되었다.

금동 불상은 아랫부분에 작은 막대가 달려 있어 제단에 꽂도록 되어 있다. 발해 불상들이 일반적으로 고식古式을 띠고 있는데 이것도 역시 그러하다. 그리고 노란색 사암에 조각된 석불상은 광배가 달린 좌상으로서, 다른 발해 불상들과는 달리 부드러운 미소를 머금고 있었다. 그래서 샤프쿠노프 박사에게 이 불상이 혹시 신라와의 교류 과정에서 그곳으로부터 들어온 것이 아니겠는가 하고 질문하였더니 자신도 그렇게 생각한다고 하였다. 그렇다면 발해와 신라의 문화적 교류를 증명할 수 있는 중요한 자료가 될 것이다. 이 성터에서 발견된 이 유물들은 모두 역사연구소에 전시되어 있다.

이뿐만 아니라 성터에서 1km 정도 떨어진 도축장 부근에서 청동상

크라스키노 성터 안에서 발굴된 석불상

관리 또는 여인 모습으로 추정되는 청동상

靑銅像이 하나 발견된 적도 있다. 이것은 현재 블라디보스토크 박물관에 진열되어 있다. 관복으로 보이는 옷을 입고 손에는 서류 두루마리같은 둥근 막대를 든 채 근엄하게 서 있는 모습이라고 하여 현지에서는 발해 관리의 모습으로 보고 있다. 그러나 머리는 작은 리본으로 엮어서 양쪽에 두 개의 작은 상투를 틀고 있어 요즈음 어린아이의 머리 모습이 연상된다. 1993년 초에 국내에서 발해 복식을 연구한 석사 논문이 나왔는데, 여기서는 이를 남자 관리상이 아니고 악기樂技 또는 무녀舞女와 같은 여인상이라고 주장하였다. 아무튼 이것은 정효공주 무덤에 그려진 벽화 인물들, 그리고 상경성 출토의 벼루에 새겨진 인물상과 함께 발해인의 모습을 대할 수 있는 소중한 자료이다.

한편 엑스페디치야 만 건너 쪽에서는 1950년대에 빗살무늬 토기가 발견되어 『조선원시고고학』(평양, 1961)에서 중요하게 다룬 적이 있는 신석기 시대의 글라드카야Gladkaia 유적이 있다. 지금은 이름이 바뀌어 자이사노프카Zaisanovka 유적으로 불린다. 그리고 부근의 포시에트Pos'et 항구 근처에서는 수렵과 해산물을 채취할 때에 일시적인 은신처로 삼았던 발해 때의 동굴 유적이 발견되었다. 포시에트 항구는 최근 두만강 유역 삼각지대 개발 계획의 대상지로 부상하고 있는 곳이다. 우리들이 진출하려고 노력하는 바로 그곳에 이와 같은 역사적 유래가 깃들어 있다는 점을 잊지 말아야 할 것이다.

06

명마의 고향

블라디보스토크에서 북쪽으로 112km 떨어져 있는 우수리스크 Ussuriisk 시는 1866년에 러시아 이주자들에 의해 형성된 니콜스코예 Nikol'skoe 마을에서 비롯되었는데, 1993년 현재 인구가 20만 명이 조금 안 되는 도시이다. 2년 전에 125주년을 맞이하여 이를 기념하는 책자가 극동대학 출판사에서 간행되었다. 이것은 어디까지나 러시아인들의 역사일 뿐이다. 이곳에는 1만 년 내지 1만 5천 년 전에 사람이 살았던 흔적이 나타나고 있고, 발해 때부터는 역대 왕조의 중요 행정구역의 하나였으며, 러시아인들이 들어올 무렵에는 이미 조선인·중국인들이 살고 있었던 곳이다.

이 도시 이름은 그동안 자주 바뀌었기 때문에 혼동하기 쉽다. 1898년까지는 니콜스코예, 1926년까지는 니콜스크, 1935년까지는 니콜스크-우수리스크Nikol'sk-Ussuriisk, 1957년까지는 보로쉴로프Voroshilov로 불리다가 그 이후로 지금의 이름을 가지게 되었다. 그러나 청나라에서는 이곳을 쌍성자雙城子라고 불렀다. 도시 가운데에 두 개의 평지성이 있었기 때문이다.

이곳에 두 개의 성이 있다는 것은 이미 17세기 청나라 문헌에도 기록되어 있다. 지금은 시가지로 변하여 그 면모를 파악하기 어렵지만, 하

해자 안에 집들이 들어 있는 유즈노 우수리스크 성터

나는 도시의 서쪽에 있고 다른 하나는 남쪽에 있으며, 서로 대략 1km 정도 떨어져 있다. 출토되는 유물로 보아 이들은 금나라 때에 사용되었던 것이 분명하지만, 유즈노 우수리스크 성터南城의 아래층에서는 발해 문화층이 확인되어 여진인들이 발해 시대의 성을 재사용하였던 것을 추측할 수 있다.

　　우리 조사단은 유즈노 우수리스크 성터의 북벽과 서벽을 방문하였다. 집들이 들어차 있는 데다가 성벽이 거의 허물어져 있어 눈여겨보지 않으면 확인하기도 어려웠다. 다행히 북벽을 따라 해자가 아주 잘 남아 있었으니, 너비가 10m 이상 되는 커다란 해자 속에는 물이 아니라 집 몇 채가 들어 있었고 채마밭도 일구어져 있어서, 비가 오면 어쩌나 하는 기우가 들었다. 19세기까지의 기록을 보면 이 성은 평면이 직사각형에 가까웠고, 남북 길이는 1,200m, 동서 너비는 350m 정도였다. 성벽은 대략 6.3m의 높이로서 옹성이 달린 문이 두 개가 있었으며, 28개의 치가 남아

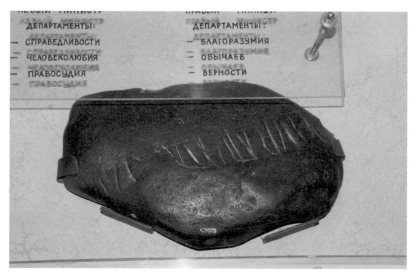

돌궐 문자인지 논란이 되고 있는 석판

있었다.

바로 이곳이 발해 15부의 하나였던 솔빈부率賓府 후보지이다. 성 남쪽에 흐르는 라즈돌나야Razdol'naia 강이 얼마 전까지도 수이푼Suifun 강으로 불렸던 데에서도 뒷받침된다. '수이푼'이란 '솔빈'이란 발음이 변한 것이기 때문이다. 중국에서 흘러오는 이 강을 그곳에서는 지금도 수이펀하綏芬河라고 부른다. 금나라 때에는 이곳이 휼품로恤品路였는데 역시 솔빈이란 발음이 변한 것이다. 샤프쿠노프는 이 부근에서 발견된 돌에 새겨진 문자를 해독하여 여기에 솔빈(Suibing 또는 Shuaibing)이라는 돌궐 문자가 새겨져 있다고 주장하였지만, 돌궐 문자 전공자들은 회의적이다.

우리 조사단이 답사 첫날 헬기장에 도착하였을 때에 10여 세밖에 안 되어 보이는 여자아이들이 안장도 없이 말을 타고 있는 것을 보고, 언뜻 뇌리에 스치는 것이 있어 얼른 카메라에 담았다. 바로 발해 솔빈부가 명마名馬의 고향이었다. 발해 때에 수이푼 강 유역의 초원에는 수많은 말

명마의 고향을 연상시키는 말과 러시아 소녀

무리들이 뛰놀았을 것이다. 그래서인지 연해주의 발해 성터들에서 모두 말뼈들이 발견되고 있는데, 전체 가축 뼈 중에서 적게는 7%, 많게는 22.5%까지 차지하고 있다. 이렇게 말뼈가 발견되는 것은, 이들을 부리는 데에 이용하였을 뿐만 아니라 식용으로도 이용하였음을 의미한다.

발해의 말은 중국에도 수출되었다. 기록에 의하면 두 차례에 걸쳐 당나라에 말을 보냈고, 발해가 멸망한 뒤에 세워진 동단국東丹國에서도 거란에 1천 필씩이나 바쳤다. 또한 당나라 후기에 산동 반도를 거점으로 크게 세력을 떨쳤던 이정기李正己는 해마다 발해 명마들을 사가서 자기 세력의 기반으로 삼았다. 이 사람은 고구려 유민의 후예로서 당나라가 쇠퇴해갈 무렵에 이곳 지방에 할거한 번진蕃鎭 세력으로 활약하였던 유명한 인물이다.

한편 발해에서는 말을 타고 공놀이를 하는 폴로 경기 같은 타구打毬도 유행하였다. 이것은 원래 페르시아로부터 당나라로 들어온 것으로 발해에도 전해졌던 것 같다. 821년에 일본에 사신으로 갔던 왕문구王文矩가 일본 왕 앞에서 이 경기를 시연하였고, 이것이 인상적이었던지 일본 왕과 신하가 이를 보고 지은 시가 전해진다.

유즈노 우수리스크 성터 남쪽의 공원 안에는 절터가 하나 있다. 1954년에 자벨리나Zabelina N. N.가 이곳을 발굴하여 발해 때의 것으로 추정하였지만, 지금은 12~13세기 금나라 때 절터로 추정하고 있다. 현장에 남아 있는 두 개의 주춧돌은 정교하게 다듬어져 있었다. 주춧돌 부근에는 절의 본전 자리로 보이는 언덕이 솟아 있다.

이곳으로부터 더 남쪽으로 가서 수이푼 강을 건너가면 크라스노야르Krasnoiar 산성이 나타난다. 강을 자연적인 해자로 삼고 있는 이 성은 누구에게나 천연의 요새지라는 생각이 들게 하는 곳으로, 산 위에 있음에도 불구하고 그 안쪽은 허허벌판 같이 드넓다. 성의 평면은 불규칙한 형태로서 내성, 외성, 동남성의 3구역으로 이루어져 있다. 외성은 전체 길이가 8km 이상 되는데 일부에서는 두 겹 내지 세 겹으로 되어 있다. 성벽 높이는 3~5m 정도이다. 내성에서는 1950년대에 몇 개의 건축물 자리를 확인하였는데 주춧돌이 백 개 정도나 되었다고 하며, 내성 주위에는 지금도 호濠를 돌렸던 흔적이 뚜렷하게 남아 있다.

일찍이 1910년대에 장도빈이 송왕령에 있다는 이 성을 답사하여 발해 동경 자리로 추정하였다. 당시에 조선인들이 지금의 우수리스크 일대를 송왕령, 소왕령蘇王嶺이라 불렀다. 추풍秋風이라고도 불렀는데, 수이푼의 음을 딴 것이다.

그렇지만 발견된 유물 중에는 발해의 것으로 볼 수 있는 것이 없기 때문에, 우리의 바람과는 달리 이것도 금나라 때의 성으로 판단하고 있다. 앞으로 이 성을 비롯하여 우수리스크 시에 있는 세 개의 성들에 대해 체계적인 발굴이 이루어진다면 이들의 연대가 더욱 확실해지고, 발해 솔

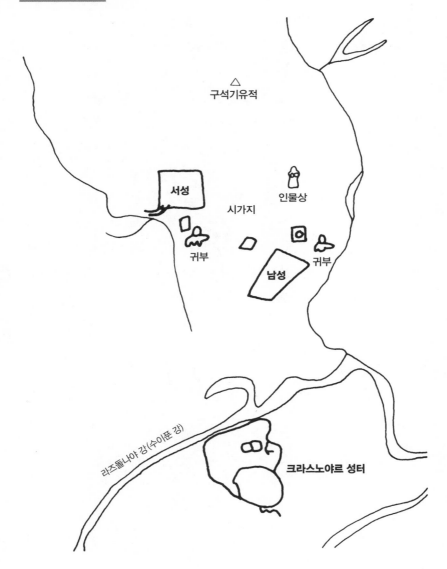

우수리스크 주변 유적

구석기유적

서성

인물상

시가지

귀부

남성

귀부

라즈돌나야 강(수이푼 강)

크라스노야르 성터

빈부의 실체도 분명하게 드러날 것이다.

　이 도시는 교통의 요지이다. 사방으로 철로가 연결되어 있으니, 남쪽으로 블라디보스토크 항구까지 이어지고, 북동쪽으로 우수리 강을 따라 하바롭스크까지 통하며, 서쪽으로도 만주 하얼빈을 거쳐 시베리아 치타Chita에까지 연결되어 있다. 그뿐만 아니라, 남쪽으로 크라스키노를 거쳐 북한과도 접속되어 있다. 이렇기 때문에 과거에 조선인들을 가르치던 조선사범학교가 자리 잡고 있었고, 1917년 5월에는 '전로 한족회 총회'가 개최되기도 하였다. 이번에 답사할 때에도 거리의 자유시장에서 장사를 하고 있는 70대 나이의 노부부를 만날 수 있었다. 집에서 키운 토마토와 함께 쌀 튀밥을 좌판에 내놓고 팔던 이들은 강원도가 고향이라서 한국에 한 번 가보고는 쉽지만 돈이 없어 어쩔 수 없다고 하였다. 이렇게 연해주의 발해 유적들은 모두가 일제강점기 이래 현지 한인들의 삶의 터전과 서로 맞물려 있기도 하다.

07

발해 절터들

발해 관할이었던 우수리스크 시 주위에서도 발해 유적들이 다수 발견되었다. 특히 이곳으로부터 남서쪽으로 40km 떨어진 곳에서 발해 시대의 절터 두 곳이 확인된 바 있어서 이곳을 답사하기로 하였다.

이곳으로 가기 위해서는 몇 개의 마을을 거치게 되는데, 처음에 도달하는 보리소프카Borisovka 마을 부근에는 또 다른 발해 절터가 있다. 지금은 그 위치조차 확인하기 어렵지만, 이곳에서 발견된 두 개의 금동 불상은 모두 아래에 작은 막대가 달려 있어 제단에 꽂도록 되어 있다. 그리고 절터 옆에서는 절에 예속되어 있던 농부와 수공업자들의 주거지도 발견되었다.

그 다음 마을인 코르사코프카Korsakovka 마을 부근에서도 초기 철기시대 유적과 함께 발해 시대의 취락지가 발견되었다. 1981년에 발견되어 곧바로 발해 연구자인 볼딘이 발굴한 취락지는 이 마을에서 남쪽으로 2km 떨어진 크로우노프카Krounovka 강가 언덕에 자리 잡고 있다. 이곳에서는 반움집의 건물 자리와 함께 온돌 장치가 발견되었고, 집자리 주위에서 저장구덩이들도 확인되었다. 여기에는 발해인들이 저장하였던 여러 가지 물건들이 들어 있었으니, 그중 하나에서는 쟁기에 달았던 부속품인 보습이 완전한 형태로 출토되었다. 그 모양은 마치 뒤축이 없는 장화 같다고 한다. 이러한 발해 보습은 상경성을 비롯한 여러 유적에서도 발견되었다. 발해 사람들이 소를 부리며 논밭을 가는 모습을 떠올릴 만한 것들이다.

1988년에는 이곳에서 막새기와瓦當가 하나 발견되어 절터가 있을 것으로 추정되었다. 이 와당에는 네 개의 연꽃잎이 십자형으로 배치되어 있고, 그 사이 사이에 새가 한 마리씩 부조되어 있다. 샤프쿠노프가 최근 논문에서 이 새는 불사조로 알려진 봉황새이고, 네 개의 이파리는 연꽃이 아니라 봉황새가 먹는다고 하는 죽순이라고 주장하였다. 연꽃 사이에 새를 부조한 막새기와는 1990년 7월에 중국 길림성 교하시蛟河市 천강진天崗鎭 발해 건축 유적에서도 발견되었다.

이곳에서 더 나아가면 크로우노프카 마을이 나온다. 이 마을에서 4km 떨어진 크로우노프카 강가에서 1968년에 여러 시기에 걸치는 유적이 발굴되었다. 그 제일 위층에서 발굴된 주거지들은 초기 철기 시대의 크로우노프카 문화(과거의 차피고우Chapigou 문화)에 속하는 것이다. 이러한 유형의 문화는 두만강, 수분하, 목릉하 유역과 연해주에 분포되어 있는데, 중국학자 린윈林澐은 그 시기를 대략 기원전 5세기에서 기원후 1세기로 보고 있다. 중국에서는 이를 단결團結 문화라 부르고 있기 때문에 그는 이 문화를 단결-크로우노프카 문화로 부르자는 제안을 한 바 있다. 우리 역사에 보이는 북옥저인이 남긴 자취가 바로 이것이다.

한편 아브리코스 마을에서는 한 민가의 마당에 세 가지 유물이 놓여 있었다. 연자방아 돌같이 둥글넓적한 판석, 기둥의 일종인 활주를 받쳤거나 아니면 여닫는 문의 돌쩌귀로 보이는 구멍 뚫린 돌, 그리고 용도를 알 수 없는 원통형 돌이 그것인데, 모두 현무암으로 만들어져 있다. 현재로서는 어느 시기의 것인지 단정하기는 곤란하지만 가까이에 발해 절터들이 있고, 더구나 정영호 선생의 견해에 의하면 높이 60cm가 되는 원통

아브리코스 마을에 있는 연꽃이 새겨진 유물

형 돌 위에 새겨 있는 여덟 개의 연꽃잎 장식은 고구려적인 것이라고 하
니, 발해 사원에서 사용되었던 것으로 볼 수도 있을 것이다.

　이 민가를 떠나 마침내 두 개의 발해 절터에 다다랐다. 과거에 차피
고우 강이라고 불렸던 크로우노프카 강을 사이에 두고 오른쪽에 코프이
토Kopyto 산과 왼쪽에 아브리코스Abrikos 산이 평지에 낮게 솟아 있고, 각
각에 절터가 하나씩 자리 잡고 있다. 1956년에 우수리스크 시에 살던 지
지학자가 코프이토 절터의 존재를 알려옴으로써 2년 뒤에 샤프쿠노프가
발굴에 착수하였는데, 이것이 연해주 발해 유적에 대한 최초의 계획적
발굴이 되었다. 이 발굴 과정에서 아브리코스 절터도 확인되어 1960년
에 역시 발굴되었다.

　코프이토란 말발굽이란 뜻으로 산의 형태를 두고 붙인 이름이다. 산
이 둥그스름하면서 한쪽은 급경사를 이루고 다른 쪽은 완만한 경사를 이
루는 것을 두고 그렇게 부르는 것이다. 절터는 정상의 평탄한 면에 있는

코프이토 절터(왼쪽)와 강 건너의 아브리코스 절터

데, 건물 자리는 거의 정사각형이다. 우거진 풀숲을 헤치며 산에 오르니 사방이 훤히 트여 보였고, 정상의 평지에는 몇 년 전에 발굴하였던 구덩이가 아직도 선명히 남아 있었다. 이곳으로부터 완만한 경사를 이루면서 내려가는 북쪽과 동쪽 부분에는 낮은 돌담으로 둘러싸인 정원이 조성되어 있었고 북서쪽 모퉁이에 절 입구가 있었다고 보고서에 적혀 있으나, 나무가 우거져 그 흔적을 찾지는 못하였다. 이 절은 8세기쯤에 해당되는 것으로 연해주에서 가장 이른 시기의 것이다.

이 절이 마침 화재를 입게 되자 발해인들은 북서쪽으로 500~700m쯤 떨어져 있는 강 건너의 아브리코스 산으로 옮겨 절을 다시 지었다. 이때 코프이토 절터에 있던 온전한 기와들을 가져다가 새 절을 짓는 데에 다시 사용하였던 사실이 조사 결과 드러났다. 절 건물은 북쪽 경사면에 형성된 낮은 대지 위에 지었는데 정면은 북서쪽을 향하고 있었다.

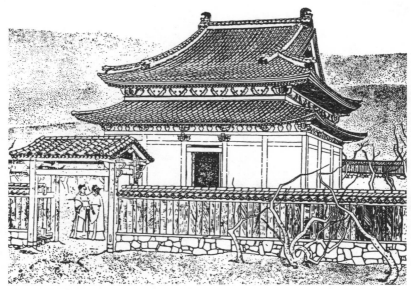

아브리코스 절터 복원도

아브리코스란 살구나무를 의미하는 것으로 발굴 당시에 이 산에 살구나
무가 있는 것을 보고 산 이름을 붙인 것이라 한다.

　발굴 과정에서 모두 스물두 개의 주춧돌이 확인되었고, 각종 도자기,
기와, 불상들도 발견되었다. 기와 중에는 지붕 용마루에 설치하였던 치미
도 포함되어 있다. 발견 당시에는 산산이 부서져 있었지만 나중에 복원해
보니 높이 80cm, 길이 75cm로 커다란 것이었다. 이러한 자료들을 토대
로 이 사원을 복원해본 상상도가 박물관에 걸려 있으나, 우리가 보기에는
그 모습이 어딘지 모르게 어색해 보였다. 절의 연대는 대체로 9세기에 속
하는 것으로 보고 있다. 이 절터에서 발견된 대부분의 유물들은 블라디보
스토크 박물관에 보관되어 있고, 일부가 역사연구소에 전시되어 있다.

　그런데 한 가지 흥미로운 것은 이곳에서 기독교의 일파인 네스토리
우스교의 십자가가 발견되었다는 사실이다. 이것은 자그마한 점토판에

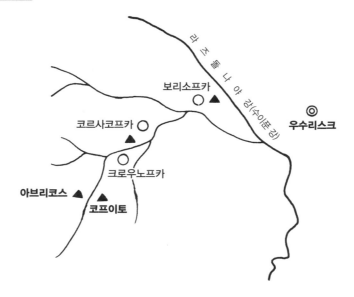

보리소프카

코르사코프카

우수리스크

크로우노프카

아브리코스

코프이토

라즈돌나야 강(수이푼강)

마치 독일의 철십자 같은 십자가 문양이 그려져 있다. 그리고 보니 훈춘에 있는 발해 동경 자리에서도 목에 십자가 같은 것을 달고 있는 3존불이 발견된 적이 있고, 이번 답사 중에 역사연구소에 전시되어 있는 금나라 때의 도기陶器 조각들에도 이러한 십자가가 새겨져 있는 것을 눈으로 직접 확인할 수 있었다.

경교景敎라고도 불리는 이 교파는 당나라에서 638년에 공인되어 845년에 박해를 받을 때까지 번성하였다. 이때에 당나라로부터 발해에 유입되었던 것인지, 러시아 학자의 주장처럼 남부 시베리아로부터 전래된 것인지 아직 단언할 길이 없지만, 이 종교가 발해 당시에 연해주 일대에 퍼져 있었던 것은 사실로 여겨진다. 사실 숭실대학교 박물관에 전시되어 있는 유물로 보아 통일신라에도 경교가 들어와 있었던 흔적을 확인할 수 있다.

두 절터 주위에서는 당시의 무덤들도 발견되었다. 이 중에서 5기의 무덤을 발굴하였지만 모두 도굴되어 면모를 알아보기도 어려웠다. 그러나 무덤 주인공들은 사원과 밀접한 관계를 지녔던 사람들일 것이다. 부근 어딘가에는 발해인들이 살던 주거지도 있을 것이다. 크로우노프카 강 주변에 살구나무, 벚나무, 산사나무, 배나무들이 널리 야생하고 있는 것은 발해 농부들이 이곳에 살았던 흔적으로 보이기 때문이다.

08

조선 군인이 잠든 아무르 강

　　일주일에 걸친 발해 유적 답사를 마치고 우리 조사단은 하바롭스크로 되돌아왔다. 블라디보스토크에서 이곳으로 향하는 항공로는 철로와 함께 우수리 강을 따라 개설되어 있는데, 돌아갈 때에는 구름이 끼어서 보지 못하였지만, 처음에 블라디보스토크로 갈 때에는 이 강이 아주 뚜렷하게 내려다 보였다. 연해주 가운데를 종단하는 시호테-알린Sikhote-Alin' 산맥에서 발원하여 900km를 흘러 북쪽으로 아무르 강에 합류되는 이 강은 중국과 러시아를 가르는 국경선이기도 하다.

비행기에서 바라본 우수리 강. 가로로 흐르는 우수리 강을 경계로 위쪽이 중국이고 아래쪽이 러시아이다.

우리들은 1960년대에 중국과 소련 사이에 빈번히 일어났던 국경 충돌을 잊을 수 없다. 그중에서도 가장 큰 무력 충돌이 1969년 3월에 이 강에서 발생하였다. 우수리 강 동쪽 땅인 연해주는 1858년 아이훈璦琿조약으로 청나라와 러시아의 공동 관리 지역이 되었다가, 2년 뒤에 북경조약이 체결되어 완전한 러시아 영토가 되었다. 이때부터 연해주의 영유권을 둘러싸고 양국 사이에 분쟁의 불씨를 안고 있었고, 2차 대전 이후에 스탈린이 만주를 중국에서 분리하여 차지하려고 획책함으로써 그러한 충돌이 벌어지게 되었다. 북경조약을 맺었던 승덕承德 피서산장에는 '물망국치勿忘國恥', 즉 '나라의 치욕을 잊지 말자'는 안내문이 붙어 있다.

그러나 중국과 러시아 사이의 영토 분쟁은 이미 17세기 중반에 시작되었다. 러시아가 그들의 주된 수입원인 모피를 찾아서 16세기에 우랄 산맥을 넘어 시베리아로 동진하였고, 1644년에 마침내 포야르코프 Poiarkov V.가 이끄는 코사크Cossack 부대가 아무르 강에 첫발을 내디디게 되었다. 1649년부터는 하바로프Khabarov E. P.가 정부의 지원 아래 아무르 강을 탐험하면서 현지 원주민들을 잔인하게 학살하고 가혹한 수탈을 자행함으로써 최초로 청나라와 전투가 벌어지게 되었다. 1992년 현재 극동 지방의 유일한 국제공항이 있어서 우리가 오가며 묵는 하바롭스크 시는 바로 이 사람의 이름을 따서 붙인 것이다.

그런데 이러한 양국 간의 분쟁에는 우리 조상들도 개입하지 않을 수 없었다. 이것이 우리 역사에서 '나선정벌羅禪征伐'이라고도 불리는 흑룡강 출병이다. 이 출병은 1654년과 1658년 두 차례에 걸쳐 있었다. 이 시기에 청나라는 명나라 잔존 세력을 물리치기 위해 주력군이 남쪽으로 내려가 있었으므로, 만주는 그들의 발상지임에도 불구하고 군사적 취약지대였다. 이런 사정으로 청나라는 남하하는 러시아인들을 막기 위해 조선군의 출병을 요청하였다. 이때 조선은 두 차례에 걸친 호란을 겪은 뒤 마

하바롭스크 시내에 서 있는 하바로프 동상
원주민들에게는 약탈자이지만, 러시아인에게는 개척자로서 숭앙받고 있다.

침 볼모로 잡혀갔다 돌아와 즉위한 효종이 북벌을 준비하고 있었는데, 청나라의 이러한 요구로 결국은 북벌이 좌절되고 오히려 청나라에 군대를 파견하지 않을 수 없는 지경에 이르렀다. 우리 역사를 돌아보면 장문휴張文休가 이끄는 군대를 파견하여 발해가 당나라를 공격하였던 것과 같이 자의에 의해 해외 원정을 나간 경우도 있었고, 몽고의 압력으로 고려 군사가 일본을 정벌하러 떠났던 것과 같이 타의에 의해 출병하는 경우도 있었는데, 이 출병은 바로 후자에 해당한다.

1654년 2월에 청나라 사신이 와서 나선정벌을 위한 조총수鳥銃手 징발을 요구하자, 조선 조정에서는 나선의 정체조차 알지 못하였다. 나선이란 근대에 등장하는 아라사俄羅斯와 마찬가지로 러시아란 의미의 루시Rus'를 한자로 표기한 것이다. 중국 기록에 보이는 나찰羅刹도 같다. 아라사는 알타이어 계통에서 R 초성 발음을 못해서 모음이 첨가된 것이다.

겨우 84일간의 1차 출병에서 돌아온 변급邊岌의 보고로 어슴푸레하게나마 서양인이라는 것을 알게 되었다. 그러나 2차 출병에 나섰던 신유申瀏도 이들의 정체를 알지 못하였다. 그는 이들이 흑룡강 상류에서 내려왔다고 하는데 상류에는 몽골이 있으니 그런 것 같지 않다고 하였고, 또한 그들의 모습이 흡사 남쪽 오랑캐南蠻人를 닮았지만 그보다 더 영악하게 생겼으니 필시 남만의 이웃 오랑캐일 것이라고도 하였다.

정체조차 알 수 없었던 상대방과의 싸움에 어쩔 수 없이 말려들어간 조선 군인들의 피나는 고통은 신유 장군이 쓴 『북정일기北征日記』에 생생하게 그려져 있다. 이 일기는 박태근이 번역하고 해제를 달아 1980년에 한국정신문화연구원(현 한국학중앙연구원)에서 간행되어 누구나 쉽게 볼 수 있으니 한번 읽어보기를 권하고 싶다.

이 책에 따르면, 1658년 3월에 청나라 사신이 와서 조선군의 출병을 요구함에 따라 함경도 병마우후兵馬虞候였던 신유 장군이 265명의 조선군을 이끌고 5월 2일에 두만강을 건너 두 번째 원정길에 나선다. 군인들은 우수한 화력을 지닌 함경도 포수들로 구성되었다. 7일 뒤인 5월 9일에 청나라의 전진기지인 지금의 흑룡강성 영고탑寧古塔에 도착하였고, 15일에는 목단강과 송화강이 합류하는 의란依蘭까지 전진하였다. 그리고 6월 5일에 이곳을 출발하여 10일에 흑룡강에 들어서자마자 마침내 러시아인들과 조우하게 된다.

이때 러시아 측 대장은 1653년 하바로프의 후임으로 부임한 코사크인 스테파노프Stepanov O.였다. 11척의 배로 구성된 이들 일행은 모두 50여 척으로 구성된 청·조연합군을 당해낼 리 없었다. 이 전투에서 러시아 배 열 척이 불에 타고 스테파노프 대장을 비롯한 270명이 전사하였다. 이 전투에 대한 신유 장군의 기록이 러시아 측 생존자들이 본국에 올린 보고서와 완전하게 일치하여 그의 기록이 얼마나 신빙성이 있는가를 보여주고 있다.

러시아인들은 이 전투에서 황제에게 바칠 담비 가죽 3,080장을 잃어버렸다고 하였는데, 그들이 탐냈던 것이 바로 이러한 모피였다. 담비 가죽은 북방의 특산물로서 발해 당시에도 중국이나 일본과 교역하던 중요 물품이었고, 지금도 만주에서는 담비의 일종인 웅초熊貂, 자초紫貂가 국가 보호동물로 지정되어 있다. 특히 자초는 인삼, 녹용과 함께 '동북3보東北三寶' 즉 세 가지 만주 명산품 중의 하나이다. 마침 하바롭스크 박물관에 박제된 채 전시되어 있는 담비들을 보니 이를 둘러싼 과거의 역사적 사실들이 불현듯 되뇌어졌다.

이 전투에서 조선 군인 일곱 명이 아깝게 전사하였는데, 이것은 청나라 대장 사이호달沙爾虎達의 욕심 때문이었다. 신유 장군은 이 사람이 전리품에 욕심을 내서 적선을 불태우지 못하게 하고 나포작전을 펴게 함으로써 사상자가 많이 나게 되었다고 그의 일기에 적었다. 그는 멀리 이국에서 객사한 이들의 시신을 거두어 만주족 법식대로 화장하라고 하는 청나라 대장의 명령을 따르지 않고, 흑룡강가의 높은 언덕 위에 자리를 잡아 일곱 사람을 같은 고향끼리 갈라서 묻어 주었다. 이 날 따라 가랑비가 내리는데 "아아, 이국땅에 와서 모래펄 속에 묻힌 몸이 되었으니 참으로 측은한 마음 이를 데가 없구나" 하면서 서글픈 마음을 내내 삭이지 못하였다.

이 전투가 끝난 뒤에도 패잔병에 대비한다고 하여 계속 주둔을 명하고, 그 군량미마저 조선에서 실어다 조달하라고 할 정도로 청나라 대장의 횡포는 극심하였다. 여러 차례에 걸친 항의 끝에 마침내 귀국할 무렵에는 청나라 군대에게 소두小斗로 꾸었던 쌀을 대두로 갚지 않을 수 없는 수모까지 당하였다.

원정길에 오른 지 115일 만인 1658년 8월 27일 마침내 고국으로 개선한 이들의 업적은 실로 대단하다. 이 전투로 흑룡강·송화강 유역에서 횡행하던 러시아 세력을 몰아냄에 따라, 1689년에 이르러 러시아가 이곳에서 철수하는 네르친스크조약이 체결될 수 있게 하였다. 그러나 이것은 어디까지나 일시적인 조치였고, 19세기에 들어와서 결국에는 청나라가 연해주까지 내줄 수밖에 없는 지경에 이르고 말았다.

09
연해주 유적을 돌아보고

귀국하기 전 날에 인투리스트 호텔 곁에 있는 하바롭스크 박물관을 다시 방문하였다. 박물관 건물 주변에는 대포나 고래, 원숭이 조각과 같은 근래의 유물들이 전시되어 있었고, 우리에게 낯익은 귀부(龜趺, 비석 아래의 거북이 조각)도 눈에 뜨였다. 이 귀부 위에는 비석이 깨진 채 서 있는데, 이것은 원래 우수리스크에 있던 것을 옮겨온 것이다.

우수리스크 시에는 두 개의 귀부가 있었으니, 하나는 남성南城의 북쪽에 있었고, 다른 하나는 서성西城의 동남쪽에 있었다. 앞의 것은 금나라의 개국공신 완안충完顔忠의 신도비神道碑로서 비액碑額, 비신碑身, 귀부가 모두 갖추어져 있었을 뿐 아니라 그 부근에는 사람과 동물들의 석상까지 남아 있었다고 한다. 그러나 19세기 후반기에 러시아인들이 들어오면서 모두 해체되어 뿔뿔이 흩어져 버렸다. 흰 대리석으로 만들어진 비석은 교회의 종각을 짓는 데에 기초로 사용되다가 나중에는 교회 정문의 계단석으로 이용되어 이 바람에 글씨가 모두 마모되어 버리고 말았다. 비액과 석상들은 블라디보스토크 박물관으로 옮겨져 현재까지 보관되어 있고, 귀부도 우수리스크의 공원 정문으로 옮겨졌다가 지금은 도회지 거리의 한 모퉁이에 방치되어 있다. 지금 이 귀부는 우수리스크 시의 상징물로 내세워지고 있다.

우수리스크 시에 있는 금나라 때의 귀부

　일찍이 하바롭스크 박물관으로 옮겨져 보관되어 온 귀부는 앞의 것
보다 크기가 작고 양식 면에서 고졸하다고 한다. 그러나 귀부 위에 세워
져 있는 비석은 지금은 전혀 알아볼 수 없을 정도로 글씨가 뭉개져 버려
서 어느 시대의 것인지조차 확실하지 않다.

　이 박물관에는 금세기 초까지 수집된 한·중·일의 도자기도 보관되
어 있었다. 그러나 러시아인의 눈으로는 분간하기가 어려웠던지 우리가
도착하자마자 이들을 꺼내 놓고 자문을 구해 와서, 마침 강현숙 씨가 기
초적인 감정을 해줄 수 있어서 다행스러웠다. 고려청자 몇 점과 여러 점
의 조선백자들이 있는 것을 확인할 수 있었다. 사실 우리가 유럽 국가들
의 문화 전통을 자세히 알 수 없듯이 러시아인들에게는 동양 3국의 문화
적 차이를 제대로 분간하기가 어려운 듯하였다. 블라디보스토크 박물관
전시실에 발해인들이 귀걸이를 어떻게 착용하였는지 보여주기 위한 인

물 그림이 걸려 있는데, 여기에도 발해인과는 동떨어진 일본인 여자를 그려 놓았다.

한편 연해주의 발해 유적들에는 모두 러시아식 이름이 붙여져 발음하기조차 생소하기 때문에, 우리 역사와 상관없는 마치 먼 유럽의 역사 무대처럼 느껴지곤 한다. 더구나 최근에는 수이푼 강, 얀치혜 강과 같은 동양식 지명마저 순수 러시아식으로 바꾸어서 앞으로 더욱 그런 느낌을 가지게 될 것이다. 그러나 이곳은 엄연히 동양인의 역사 무대였으며, 우리 역사의 터전이었던 것을 잊지 말아야 할 것이다.

필자는 이번 답사를 통하여 몇 가지 새로운 사실을 깨닫게 되었다. 불과 몇 년 전에 필자가 러시아 측 연구 논문들을 번역하면서 국내에서는 상세한 연해주 지도를 구할 수 없어서 미국에 유학하고 있던 선배를 통하여 지도도서관에 있는 지도들을 조각조각 복사해다가 짜 맞추어 겨우 유적의 위치를 찾아낼 수 있었다. 그러나 연해주 지명들은 초기 개척자 이름을 붙인 것이 많아서 동일한 지명들이 아주 많다. 따라서 현지에서 직접 확인하지 않으면 엉뚱한 곳을 찾아낼 가능성이 많다는 것을 이번에 알게 되었으니, 필자가 아브리코스와 코프이토 절터의 위치를 지도에 잘못 표기하였던 것도 이 때문이었다.

그리고 이제까지의 글에서 종종 언급하였듯이 근래에 지명들이 많이 바뀌었고 지금도 바뀌고 있는 중이라서 동일한 유적에 대해 문헌마다 이름들이 달리 나타나 무척 혼란스러웠는데, 이 문제도 이번 답사를 통하여 비로소 해소될 수 있었다. 이뿐만 아니라, 유적 상태를 아무리 훌륭하게 묘사한다고 하더라도 현지에서 주위 환경과 유적 현상을 직접 보지 않고서는 한계가 많다는 것을 절실하게 깨달았다. 영어의 'valley'에 해당하는 러시아어 'dolina'를 우리말로 '계곡'이라고 번역하다 보니 발해 유적들이 심산유곡에 있는 듯한 느낌을 가지게 되었으나, 현지에 가보니 전혀 그렇지 않아서 이 말은 차라리 '하안河岸' 또는 '유역'으로 번역하는 것이 옳겠다는 생각을 가진 것도 그러한 경우이다.

과거의 글만 국내에 알려지다 보니 그 후에 견해가 바뀐 것을 알지 못해서 잘못 이해되고 있는 것들도 있었다. 연해주의 한 동굴에서 발견된 종유석 석상石像을 과거에 오클라드니코프Okladnikov A. P.가 발해 무사상武士像으로 해석한 것이 일본 번역서를 통하여 국내에 알려져 국내 개설서에도 그 사진이 실려 있다. 그러나 그 자신은 그 후 이것이 무사상이 아니며, 그마저 여진족의 것이라고 생각을 바꾸었다고 한다. 그리고 샤프쿠노프Shavkunov E. V.가 1968년의 저서에서 발해 영역이 연해주의 동해안에까지 이른다고 하였으나, 그 이후에 축적된 고고학 자료를 토대로 지금에 와서는 파르티잔스크 구역의 니콜라예프카 성터를 경계로 그 동쪽에는 발해 세력이 미치지 않았던 것으로 여기고 있었다.

이번 답사 일정을 모두 끝낸 뒤에 해가 어스름해질 무렵까지 아무르 강가를 산책하였다. 강가에는 한가로이 낚시하는 사람들도 있고, 여객선을 오르내리느라 분주히 오가는 사람들도 있었다. 특히 일가족이 개를 끌고 산책을 하는 광경이 많이 뜨였다. 러시아 노동자들은 금요일 오후부터 휴일이기 때문에 비록 물질적으로는 고통을 당하고 있을지 모르지만, 정신적으로는 상당히 풍요로움을 누리고 있었다. 박물관 진열실을 지키고 있는 나이 든 아주머니들도 조그만 전등을 켜 놓고 책을 읽고 있는 모습을 보노라니 문화국가로 자부하는 우리가 사뭇 부끄러워졌다.

지금은 우리나라 사람들이 이곳에 진출하기 시작하는 시점이기 때문에 기업의 지사원들과 선교단원들, 그리고 개인 사업을 하는 사람들이 주로 오가고 있지만, 앞으로 우리 관광객들이 이곳으로 몰려들면 필자가 중국에서 목격하였던 것과 같이 물질적 풍요를 내세운 추태들이 재연되

아무르 강가에 있는 니콜라이 무라비요프-아무르스키 동상

지나 않을까 내심 걱정스러웠다.

　돌아오는 날 아침에 호텔 식당에서 만난 현지 지사원과 방학을 맞아서 왔다가 돌아가는 처자와의 슬픈 이별 장면은 내내 잊히지 않는다. 또한 동남아시아 지사에 근무하면서 이곳 시장을 개척하기 위해 겨울에 두 지역을 왕래하다 보니 기온 차이가 70여 도나 벌어져 피부가 온통 갈라지더라는 현지 지사장의 말도 필자의 뇌리 속을 맴돈다. 이 모두가 우리 경제인들이 해외시장 개척을 위해 얼마나 고생하고 있는가를 보여주는 한편으로, 악전고투하면서 이곳까지 뻗은 우리의 국력을 새삼 실감나게 하는 것이었다.

　필자가 산책하였던 아무르 강변에는 초대 동부시베리아 총독이었던 니콜라이 무라비요프-아무르스키(Nikolai Murav'ev-Amurskii, 1809~1881)의 동상이 강을 바라보고 서 있다. 여기에는 "아무르 강에 첫 발을 디딘 러시아 후예들이여 영광 있으라"는 문구가 새겨져 있다.

그는 아이훈조약을 맺어 아무르 강 이북의 영유권을 차지한 업적으로 아무르스키 백작 작위를 받았다. 또 그는 북경조약을 맺은 당사자이기도 하다. 그러나 블라디보스토크에서 있었던 만찬에서 러시아 측 대표가 우리 일행에게 "문화적 교류는 언제나 환영하겠지만, 그렇다고 연해주를 빼앗으려 들지 말라"고 당부하였던 연설은 그 후예들이 느끼는 위기의식을 적나라하게 보여주는 듯하여, 동상의 문구와 묘한 대조를 느끼게 하였다. 우리가 깨달아야 할 역사의 교훈을 암묵적으로 보여주는 대목이다.

제4장

두 번째 여행
연해주 여행

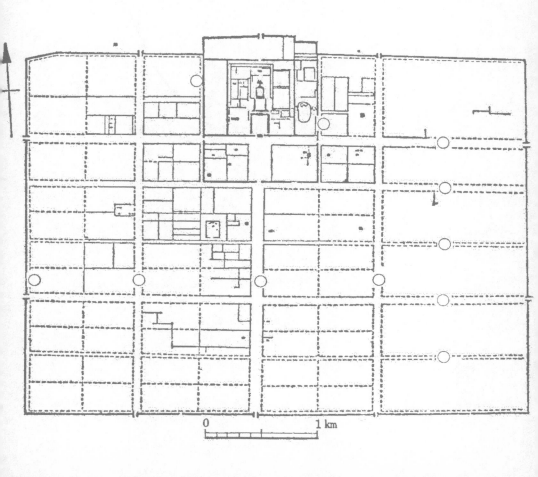

0   1 km

시카치 알리안

하바롭스크

아무르강

우수리강

중국

우수리스크

파르티잔스크

코르사코프카

아나니예프카

블라디보스토크

북한

동해

연해주 2차 답사 경로

01

하바롭스크의 한인 발자취

    1992년 11월 말에 필자는 연해주에 대한 2차 답삿길에 올랐다. 1차 답사가 끝난 뒤 3개월밖에 지나지 않았지만 이곳에서 우선 두 가지 큰 변화를 느낄 수 있었다.

    첫째는, 기온이 크게 달라져 있었다. 8월 말에 이곳에 들렀을 때에는 영상 30도 이상으로 올라가 우리나라 날씨와 별 차이가 없다는 생각을 가졌으나, 이제는 영하 15도에서 20도 사이를 오르내려 엄청난 북극의 날씨를 실감하였다.

    둘째는, 최근의 격동 속에서 러시아인들이 고통 받고 있는 물가 앙등을 직접 목격할 수 있었다. 지난번에 왔을 때에는 환율이 1달러에 160루블 하던 것이 이번에는 440루블 가까이 하였다. 환율로만 따진다면 물가가 세 배나 오른 것으로 되어 매달 곱절씩 올랐다는 계산이 된다. 그러나 실제 물가는 더 상승하였다고 한다. 다시 1993년 4월 말에 방문하였을 때에는 1달러에 800루블이 넘었다.

    기차 안에서 산 '소비엣스코예 샴판스코예(샴페인)'가 상표에는 6.5루블로 가격이 매겨져 있었으나, 실제로는 1,200루블을 주고서야 살 수 있었다. 가격이 180배나 오른 것이다. 루블화의 가치가 하락하자 1/100 루블에 해당하는 코페이카 동전이 사라진 지 오래고, 현지의 상인들은 아무리 장사를 해도 루블화로 거래해서는 물가를 따라잡기가 어렵다고 한다. 이리하여 너도 나도 달러를 찾게 되는 것은 우리의 1970년대 이전 모습을 연상하게 한다.

이번에도 인투리스트 호텔에 여장을 푼 뒤 하바롭스크 박물관을 방문하였다. 1994년 5월이면 100돌을 맞이하는 유서 깊은 이 박물관에 들어서면 제일 먼저 아르셰니예프(Arsen'ev V. K., 1872~1930)의 동상과 마주하게 된다. 그는 제정러시아 말기에 극동으로 추방되어 와서 이 박물관 관장을 두 차례 역임하면서 연해주 역사 연구를 개척한 인물이다. 이 때문에 이 박물관과 블라디보스토크 박물관의 공식 명칭 앞에는 '아르셰니예프 기념'이란 말이 붙어 있다.

이 박물관에는 한인韓人 자료도 있다. 이름이 알렉산드라 페트로브나 김이라는 여성의 사진이 이곳에 보관되어 있다. 지난번에 와서 잠시 보기는 하였지만, 이번에 다시 부탁을 하여 사진들을 하나씩 슬라이드로 찍었다. 이 여성은 1885년 2월에 우수리스크 부근에서 태어나 1918년 9월에 34세의 젊은 나이로 총살되기까지 파란만장한 삶을 살았다.

그는 일찍 부모를 여의고 스탄케비치 M. I.라는 아버지 친구의 후견 아래 블라디보스토크에서 여학교를 나왔다. 나중에 후견인의 아들과 결혼하여 스탄케비치라는 성을 얻기도 하였으나, 결혼 생활은 순탄하지 못하여 남편과 헤어졌다. 그리고 1914년 말 우랄 지방 벌목장에 가서 통역관으로 일하면서 러시아 사회주의와 연결을 맺게 된다. 사회주의자로 변신한 그녀는 극동 지방으로 돌아와 니콜스크-우수리스크(현재의 우수리스크), 블라디보스토크에서 활동을 하다가 1918년 초에 하바롭스크로 옮겨왔다. 그러나 그해 8월 말에 하바롭스크를 점령한 백위군白衛軍에게 포로가 되어 결국은 총살되고 말았다.

그녀가 활동하였던 칼 마르크스 거리 22번지에는 10월 혁명 50주

남편과 함께 찍은
알렉산드라 김 사진

년 기념일에 붙인 기념패와 그녀의 조각상이 붙어 있다고 한다. 이곳은
이동휘가 그녀와 함께 한인사회당을 건설하였던 곳이기도 하다. 하바롭
스크 박물관에는 그녀의 처녀 시절 사진, 러시아인 남편과 찍은 사진, 그
녀의 아들·손자·증손자의 모습을 찍은 사진이 보관되어 있었다. 후손들
사진은 1970년도에 촬영한 것으로 당시에 알마아타에 거주하고 있었다
고 한다.

칼 마르크스 거리와 레닌 거리는 남북으로 뻗어 있는 하바롭스크 시
의 중심 대로이다. 이보다 서쪽에 이들 도로와 평행으로 뻗어 있는 좁은
거리에는 '김유천 거리'라는 이름이 붙어 있다. 이 거리는 김유경(김유정)
이라는 한인 이름에서 따온 것이다. 그는 1900년 연해주 수이푼 구역의
차피고우 마을에서 태어나 1921년 초 백위군에 대항하는 빨치산 부대

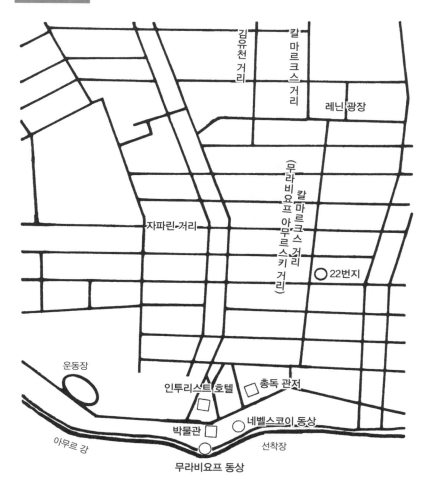

김유천 거리

칼 마르크스 거리

레닌 광장

(무라비요프 아무르스키 거리)

칼 마르크스 거리

자파린 거리

○ 22번지

운동장

인투리스트 호텔

□ 총독 관저

박물관 □

○ 네벨스코이 동상

아무르 강

선착장

○
무라비요프 동상

에서 활동하였다. 내내 적위군赤衛軍에 가담해서 싸우던 그는 1929년 동청철도 전투에 참가하였다가 전사했다. 러시아인 지휘관으로 그의 친구였고 그와 함께 전사하였던 콘스탄틴 자파린의 이름을 붙인 거리는 칼마르크스 거리와 레닌 거리를 가로질러 동서로 뻗어 있다.

이렇게 초기에 한인들이 적위군에 가담하여 사회주의자로서 활동하였던 것은 백위군이 일본군과 연계되어 있었고, 더구나 당시에 소작에 허덕이던 한인들로서는 토지 분배를 약속한 적위군이 구세주나 마찬가지였기 때문이라고 한다.

『문화일보』에 연재되었던 조동걸 선생의 여행기에 따르면, 러시아 혁명 뒤에 이 도시에는 고려촌高麗村이나 삼일촌三一村이라는 한인 마을이 형성되어 있었다. 그리고 국내 카프 문학의 선구자였고 이기영李箕永과 한설야韓雪野의 선배였던 조명희趙明熙가 1928년에 망명하여 콤소몰 거리 89호에 살았다고 한다. 세 사람의 작품들은 근년에 '한국근현대민족문학총서'라는 이름으로 풀빛출판사에서 간행되었다. 또한 하바롭스크에서 북동쪽으로 75km 떨어진 아무르 강변의 뱟스코예Viatskoe에는 동북항일연군 A영[北營]이 있었고, 이곳으로 가는 중간 지점인 크냐제-볼콘스코예Kniaze-Volkonskoe에는 김일성이 1942년에서 1945년 사이에 소련군 대위로서 활동한 88여단 본부 자리가 남아 있다.

우리 답사팀은 지난번에도 참가하였던 정영호 교수, 나선화 선생과 함께 이번에 새로 합류한 신형식 교수(이화여대), 전승창 군(홍익대 대학원)으로 구성되었다. 이번에도 역시 고려학술재단의 후원 아래 조사가 진행되었으며, 고합그룹 하바롭스크 지사에 근무하는 송용기 씨가 동행하면서 많은 일을 도와주었다.

한인들이 많은 자유시장에 낮에 들러 사할린에서 이주해온 할머니들과 잠시 이야기를 나누고, 일정 내내 통역을 맡았던 이약곤 선생에게

자유시장에서 만난 한인 부부

부탁하여 저녁에 주영윤(61세), 송희현(74세) 선생을 삿포로 식당에서 만나 그들이 살아온 길을 들을 수 있었다. 주영윤 선생은 이 도시에 있는 다섯 개의 한인 단체 중에서 제일 규모가 큰 '고려인문화중앙회' 4대 회장으로 있다. 송희현 선생은 ASOK 즉 '조국통일위원회' 명예위원장으로 있는데, 이보다는 그의 파란만장한 인생 역정으로 인해 국내에도 잘 알려져 있고, 우리가 만나기 며칠 전에는 국사편찬위원회 사료위원으로 위촉하는 임명장을 받았다고 하였다.

그는 1920년 블라디보스토크 신한촌에서 태어나 1937년 중학교를 졸업하자마자 다른 한인들과 마찬가지로 중앙아시아로 강제 이주되었다. 당시로서는 중학교 학력이 귀한 터라서 17세에 우랄스크에서 소학교 교장을 하다가, 공민증을 찢어 버리고 다른 곳으로 도망하여 우편국 부국장을 역임하기도 하였다. 1947년에 공산당에 입당하여 당시에 신해방지구였던 사할린에 가서 10년간 살았고, 다시 북한으로 가서 김일성대학에서 러시아어를 5년간 가르쳤다. 그러나 1962년에 추방되어 모스크바로 갔다가 하바롭스크 방송국에 배치 받아 근무하였고, 지금은 퇴직하여 연금으로 생활하고 있다. 얼마 전에는 한국을 방문한 바 있고, 그의 딸이 서울에 와서 러시아어를 가르치고 있다고 한다. 우리가 가져간 밀감이 제주도에서 나는 것이라는 말을 듣고 부인과 손자들에게 맛보이겠다고 하여 고이 싸 가지고 돌아가는 그에게서 고국에 대한 향수가 짙게 깔려 있음을 느낄 수 있었다.

1992년 현재 하바롭스크 시내에는 4,300명 정도의 한인들이 살고 있고, 하바롭스크 변구 전체를 통틀어서는 8천여 명이 된다고 한다. 러시아 전역에 퍼져 있는 교포를 남한에서는 고려인高麗人 또는 한인韓人이라고 하고, 북한에서는 조선인朝鮮人이라고 부른다. 또 현지 교포들은 남한과 연관을 맺고 있는 사람을 남선인南鮮人, 북한과 연계를 맺고 있는 사람을 북선인北鮮人이라고 부르고 있어, 남북 북단의 아픔을 다시 한 번 일깨워준다.

02

아무르 강변의 말갈 유적

박물관 직원의 안내로 하바롭스크 시내의 유적지를 돌아보기로 하였다. 박물관 옆의 중앙공원이 러시아인들이 세운 도시의 시발점으로, 그 옆으로 아무르 강변에 세워져 있는 체육경기장이 러시아인의 배가 처음 도착한 자리라고 한다. 마을이 강가에서 형성되기 시작하여 이제는 내륙 쪽으로 뻗어 나가 넓이 400km^2, 인구 60만 명을 지닌 극동의 수도로 성장하였다.

앞에서 언급한 무라비요프-아무르스키의 동상이 꽁꽁 얼어붙은 아무르 강을 내려다보고 있었다. 그의 이름에 아무르스키라는 글자가 들어 있는 것은 아무르 강에서 따온 것이다. 이곳의 초대 총독이었던 그가 집무하였던 총독 관저는 노란색 건물로서 박물관 부근의 오도사ODOSA 공원에 자리 잡고 있었다.

오가는 사람들로 떠들썩하던 강가의 선착장은 배마저 온데간데 없이 꽁꽁 얼어붙어 있었다. 일찌감치 얼어붙은 아무르 강 위에 개미떼처럼 사람들이 줄지어 왕래하는 장면이 눈에 들어왔다. 여름에는 배를 타고 강을 건너고 겨울에는 얼음 위로 걸어서 건너다녔다. 이 선착장 위쪽으로 작은 동상이 서 있는데, 이 사람은 하바로프의 뒤를 이어 1849년에서 1855년 사이에 아무르 강의 하류를 세밀히 조사하였던 네벨스코이

아무르 강을 연구하였던 네벨스코이의 동상

Nevelskoi G. I.이다.

수천 킬로미터에 달하는 아무르 강가에는 많은 유적들이 있다. 멀리 제야Zeia 강과 아무르 강이 만나는 블라고베쉔스크Blagoveshchensk에서 제야 강을 따라 올라가면 자유시(自由市, 스보보드느이)가 나오는데, 이 일대는 블라디보스토크로부터 '4월 참변'을 피해 온 한인들이 정착한 곳이다. 이 제야 강 일대에서 한인 무장부대 사이에 군권軍權 다툼이 벌어졌으니, 이것이 1921년 6월 28일에 벌어졌던 유명한 '자유시 참변'이다. 블라고베쉔스크는 아무르 강을 사이에 두고 중국의 흑하黑河를 마주보고 있어서 중국에서는 소흑하小黑河라고 부르는 곳이다. 중소 국경 분쟁이 치열하였을 때에는 팽팽한 긴장이 감돌았지만, 지금은 양국 간의 국경무역이 활발하게 벌어지고 있고, 이를 이점으로 삼아 한창 경제개발을 추진하고 있는 곳이다.

아무르 강 상류와 중류는 말갈족 또는 그의 선조들이 남긴 유적이

알류트 족의 사다리 집

상당수 발견되는 곳이다. 아무르 주Amurskaia oblast'와 이보다 아래쪽의 유태인 자치주Evreiskaia avtonomnaia oblast'가 그곳이다. 벨라야Belaia 강가에 있는 트로이츠코예Troitskoe 마을에서 1967년에 발견된 고분군, 자비타야Zavitaia 강가에서 1966년에 발견된 주거지, 나이펠드Naifel'd 마을에서 1959년에 발견된 고분군이 대표적이다.

특히 자비타야 강가에서 발견된 방어취락지防禦聚落址는 흥미롭다. 여기에는 불규칙한 원형의 성벽을 두르고 있는데, 성벽은 흙으로 쌓았고 현재의 높이는 2m 정도가 된다. 성벽 둘레에는 해자를 돌렸다. 성 안의 면적은 1만m²가 되고, 주거지들이 성 안팎으로 퍼져 있다. 이 중에서 1968년에 여덟 개의 주거지를 발굴하였는데, 이들은 모두 장방형의 구덩이식竪穴式이다.

탄소연대측정 결과 연대는 기원전 4세기경에 해당한다. 발굴 과정에서 집에 드나들기 위해 사다리를 만들었던 통나무들이 발견되었는데, 이것은 문헌 기록과 일치한다. 『북사北史』 물길전勿吉傳에는 이들이 구덩이를 파고 문을 위에다 내서 사다리로 출입하였고, 『삼국지三國志』 읍루전挹婁傳에는 사다리가 많을수록 좋은 집이었으며, 큰 집은 사다리를 아홉 개 놓아야 할 정도로 땅을 깊게 팠다고 한다. 이렇기 때문에 멀리서 보면 마치 무덤 속에 사람들이 사는 것처럼 보였다고 한다. 따라서 밖으로 나다니가 불편해서인지는 몰라도 화장실을 집 가운데에 만들어 놓고 사람들이 그 주위에 거처하여 아주 불결하였다는 기록도 보인다. 이런 습속은 눈이 많이 오는 지방에서 보인다. 근대 시베리아와 알래스카 원주민 사진에도 이런 집들이 보인다.

한편 아무르 강 하구 부근에 이르면 트이르Tyr라는 곳이 있는데, 이 부근에 튜르Tiur 사원으로 불리던 곳이 있었다. 이것은 원래 15세기 초에 명나라가 파견한 몽골인인 태감太監 이스하亦失哈가 흑룡강 하류의 누르

간奴兒干 지방과 지금의 사할린인 고이苦夷를 관리하면서 현지에 세운 절로서, 당시에 명나라의 통치력이 이곳까지 미쳤음을 알 수 있다. 이곳에 있던 영녕사비永寧寺碑는 현재 블라디보스토크 박물관 진열실에 옮겨져 있다. 러시아인들이 동방으로 진출하면서 극동 지역에 대해 얻은 최초의 정보가 이 사원에 관한 것이었다.

러시아인들이 극동에 대해 최초로 정보를 얻게 된 것은 코사크Cossack 인들로부터였다. 스테파노프 휘하의 코사크인들이 1655~56년쯤에 아무르 강에서 전투를 벌이다가 강 하구에서 이 사원을 처음으로 발견하였다. 그리고 이로부터 20년 뒤에 외교관이요 여행가였던 스파파리Spafarii N.G.가 이들로부터 소식을 들어서 러시아에 비로소 소개하게 되었다. 그런데 이 당시에 러시아인들이 동방에 대해서 얼마나 무지하였는가 하는 것은 레메조프Remezov S.U.의 책에서 알 수 있다. 17세기 말에서 18세기 초에 걸쳐 활동하였던 그가 동방에 관한 책을 쓰면서 이 사원이 알렉산드로스 대왕이 동방을 원정할 때에 남긴 것이라는 엉뚱한 해석을 한 것이다.

아무르 강변은 직접적으로 발해의 관할 지역은 아니었다. 그러나 이곳에서 발견되는 말갈 또는 그 이전의 유적과 유물들은 발해 사회를 이해하는 데에 도움이 된다. 이를 통하여 발해의 기층사회를 구성하고 있었던 순수한 말갈족의 문화 전통을 파악할 수 있으며, 발해 문화가 주변에 어떻게 퍼져나갔는가를 연구해볼 수도 있기 때문이다. 후자를 설명해주는 좋은 예로서 발해 유적에서 발견되는 허리띠꾸미개鈝板가 있다.

발해의 띠꾸미개에는 장방형이나 D자형이 많은데, 이와 같은 것은 중국이나 신라, 일본에서도 발견된다. 이 밖에 구멍이 많이 나 있는 띠꾸미개도 있으니, 이것은 발해 때에 독창적으로 만든 것이다. 이렇게 띠꾸미개에 작은 구멍을 많이 뚫어서 물건들을 주렁주렁 매달았을 수 있었

나데진스코예에서 발견된 여진의 허리띠꾸미개

다. 이러한 띠꾸미개가 종래에는 연해주 일대에서만 발견되었으나, 최근
에 만주의 상경성上京城 부근에서도 발견된 사례가 있다. 고구려 유적과
발해 유적이 겹치는 지역에서는 양자를 구분하기가 어려운데, 이런 유물
이 발견되면 이것은 발해 유적이란 증거가 된다. 이와 동일한 띠꾸미개
가 유태인자치주 나데진스코예Nadezhdinskoe에 있는 11~12세기의 여진
女眞 유적에서도 확인되어 발해 문화가 여진인들에게 계승된 면을 보여
주고 있다.

　　겨울이 되면 혹한을 맛보아야 하는 만주와 연해주 지역에서 발해 문
화가 어떻게 꽃피울 수 있었을까 하는 점은 의문이 아닐 수 없다. 이를 해
명할 수 있는 재미있는 견해를 일본인 학자의 글에서 찾을 수 있다. 지구
상에서 빙하기가 끝난 뒤에도 일정한 주기마다 지구의 기온이 오르기도
하고 내려가기도 한다. 우리나라에서 기근과 질병이 심했던 16세기 이
후는 지구의 기온이 점차 내려가던 한랭기에 해당한다. 또한 중국의 북

방 민족들이 대거 중원으로 밀려 들어와 5호16국 시대를 열었던 3세기 경에도 한랭기에 해당한다. 이러한 한랭기에는 북방의 민족들이 남쪽으로 내려가기 때문에 북방 문화 요소들이 남쪽에서 발견된다.

반면에 온난기가 되면 사람들이 북쪽으로 이동하여 남방 문화 요소가 북쪽에서 발견되고, 전반적으로 문화도 융성하게 된다. 발해 문화가 북방에서 꽃피웠던 시기가 이러한 온난기에 해당한다. 이와 같은 기온의 변화는 펠트 호수에 퇴적되어 있는 점토의 두께로서 확인되는데, 그 변화표를 보면 8세기가 바로 온난기라는 것이다. 기온이 상승함에 따라 농경과 목축이 가능한 북방한계선이 하바롭스크까지 북상하게 되었으며, 이것이 북방에 치우쳐 있었던 발해의 경제적 기틀이 되었다.

바이킹이 북해 연안에서 활약하고, 당나라 문화가 완숙하게 되고, 통일신라가 극성기를 누리고, 일본의 나라 시대에 텐표天平 문화가 만개하게 된 것이 모두 8세기에 일어난 것도 온난기 기후와 연관되어 있다고 한다. 이렇기 때문에 발해인들은 구태여 남방으로 내려가지 않더라도 생업에 지장이 없었다. 이것이 만주에서 일어난 역대 왕조 중에서 발해만이 유일하게 남방으로 진출하지 않은 이유의 하나일 것이다.

03

나나이족 마을

아무르 강 하류와 사할린 섬에는 여러 소수민족이 살고 있다. 나나이Nanai, 울치Ul'chi, 우데게이Udegei, 오로치Orochi족은 서로 가까운 종족들로서 퉁구스족에 속한다. 퉁구스족이란 알타이어의 한 갈래인 퉁구스말을 하는 집단을 아울러 부르는 것이다. 그러나 니브히Nivkhi족의 니브히란 우리말로 '사람'이란 뜻인데, 이들은 위의 종족과 말이 달라서 고古아시아족으로 분류되며, 주로 아무르 강 하구 가까이에 살고 있다. 니브히족은 과거에 길야크Gilyak족이라고 불렸으나, 이 말은 스스로 칭한 것이 아니고 퉁구스족들이 이들을 가리키는 말이었기 때문에 지금은 사용하지 않는다.

샤프쿠노프 박사의 견해에 따르면, 이들은 발해 때에 이곳에 거주하던 말갈의 직계 후손이라고 한다. 또한 북한의 장우진은 『조선사람의 기원』(1989)이라는 책에서, 우리나라에서 발견된 선사시대의 인골 계측 자료를 이 지방 소수민족들과 비교해볼 때에 바이칼 연안의 소수민족 집단보다 훨씬 유사하다고 하였다. 그리고 이것은 "발해 국가의 통치 계급이었던 고구려족의 영향 아래 족속으로 형성되었거나, 아니면 그 전부터 부여족이나 고구려족과 가까이 있던 종족의 하나였기 때문"이라는 견해를 피력하였다. 북한 연구는 아전인수인 경우가 많아서 곧이곧대로 받아

시카치–알리안 나나이 마을

들이기 어렵지만, 우리와의 친연성을 어느 정도 말해주는 것은 아닐까?

소수민족 가운데 인구가 제일 많은 족속이 나나이족이다. 나나이란 말에서 '나'는 장소 또는 땅을 의미하고, 뒤의 '나이'는 사람을 의미하여, 전체적으로 '지방인地方人'이란 뜻이 담겨 있다. 고구려가 초기에 연나椽那, 관나貫那, 환나桓那처럼 끝에 '나'자가 붙는 여러 개의 나 집단으로 구성되어 있었는데, 여기서도 '나'가 땅을 의미하여 나나이족의 명칭과 맥이 통한다고 할 수 있다.

우리 일행은 하바롭스크 북동쪽 75km 지점에 위치한 시카치–알리안Sikachi-Alian의 나나이족 부락을 방문하였다. 동북항일연군이 주둔하고 있었던 뱟스코예와 아주 가까운 곳이다. 아침 10시 조금 지나서 출발하여 아무르 강 하류를 따라 포장도로를 한 시간 남짓 달리다가 다시 왼쪽의 비포장도로로 접어드니, 아무르 강의 작은 지류인 말르이쇼프카Malyshevka 소지류小支流의 남쪽 언덕배기에 자리 잡은 마을이 눈에 들어왔다. 하바롭스크 박물관에 근무하는 젊은 고고학자 야코블레빗치 Yakovlevitch Sh. I.와 부관장인 알렉산드로브나Aleksandrovna P. A.가 이곳까지 동행하였다.

도중에 제일 흔하게 보이는 나무가 껍질이 새하얀 자작나무였다. 도로변과 주변의 산야에 야생하고 있는 이 나무는 이곳 원주민들이 만드는 공예품의 주요 재료이다. 이 나무를 가지고 아주 정교하게 무늬를 새긴 작은 상자들은 선물용으로 그만인데, 기름기가 많아서 손으로 만져보면 마치 부드러운 가죽을 만지는 느낌을 주었다. 경주 천마총에서 발견된 천마도天馬圖도 이러한 자작나무로 만들었기 때문에 발견 당시에 북방적인 것이라고 학자들이 흥분하였었다. 이 나무는 만주를 여행할 적에도 흔히 목격할 수 있었는데, 만주족들이 장례를 지낼 때에 이 나무껍질로 시신을 싸서 묻는다고 하였다.

60호에 300명의 주민이 살고 있는 이 마을은 99%가 나나이족이었다. 그런데 흥미롭게도 이 마을에 니브히족 남편과 고려인 아내가 함께 살고 있었다. 니브히족 청년은 스물세 살이었고 이름이 제냐였다. 낚시를 하다가 우리가 답사하는 동안 줄곧 따라다녔고 필자와의 기념 촬영을 위해 포즈를 취해주기도 하였다. 그러나 고려인 여자는 우리말을 전혀 하지 못하였다.

나나이족은 다른 소수민족과 마찬가지로 어업과 수렵이 주된 생업이었다. 그러나 러시아인이 된 지금은 뚜렷한 생계 수단이 없다고 한다. 현지에서 들은 바로는 남자들이 주로 나무껍질 조각이나 다른 기념품들을 만들어 판다고 하였다. 다른 민족의 지배를 받고 있는 곳에서는 언제나 그러하듯이 이들도 도시 생활에 적응하지 못하고 시골에 집단 부락을 형성하고 있었고, 술과 담배를 심할 정도로 많이 한다는 말도 들었다.

이곳 길거리에서 흔히 보이는 것이 개이다. 과거부터 개를 많이 길

니브히족 남편 제냐와 그의 고려인 아내

렸기 때문에 조선에서도 이들을 견부락犬部落 또는 사견국使犬國이라 불렀다. 나선정벌 시에 신유申瀏 장군이 기록한 것을 보면, "이 부락은 왈가 曰可 지방과 연해 있는 가장 먼 곳으로서, 만약 그곳 땅 끝까지 가면 바닷가가 된다고 한다. 이곳 사람들은 농사를 지을 줄 모르고 오직 물고기로 생활을 한다. 또한 적(러시아)들이 왕래하는 첫 길목에 놓여 있기 때문에 적이 오면 그들에게 붙어살고 또 적이 물러가면 청나라에 붙는다고 하니, 그 몸가짐이 간사하여 향배가 무상하기 이를 데 없다.

왈가 오랑캐들을 견부락 사람과 비교할 때, 역시 한 종자로 자기 나이도 모르고 연월, 일시도 모르며 성질이 매우 포악하여 조금만 비위에 거슬려도 활로 쏘고, 또 부모 형제에게도 번번이 칼질을 일삼아 청나라 사람들도 매우 두려워한다고 한다"고 하였다.

또한 그는 러시아인들이 "머리 큰 사람大頭人이 매우 두렵다"고 말한 것을 견부락 사람들로부터 듣게 되었는데, 머리 큰 사람이란 조선 군사들이 모두 벙거지戰笠를 쓴 것을 두고 한 말이었다.

　나나이족이 개를 많이 키우는 것은 이들의 주요 운송 수단인 썰매를 끄는 데에 이용하였기 때문이다. 지금도 개고기를 먹느냐는 필자의 질문에 통역자는 진담으로 여기지 않고 질겁하였다. 과거에는 개고기를 먹었으나 지금은 먹지 않는다는 대답이었다. 다만 폐결핵을 앓을 때에 개고기를 먹는다는 말을 덧붙였다.

　마을 가운데에는 학교가 있어서 이곳을 방문하였다. 학생은 육십다섯 명 내지 칠십 명 정도였고 교원은 열네 명이었다. 러시아에서는 우리의 초등학교에서 고등학교 과정까지를 합쳐서 11학년제로 운영되고 있는데, 이곳은 10학년제 학교로 운영되다가 작년에 비로소 11학년제로 바뀌었다고 한다. 학교 게시판을 보니 학생들이 배우는 과목은 러시아어, 문학, 수학, 역사, 지리, 물리, 화학, 생물, 영어였다.

　이 학교의 향토자료관에는 나나이족의 민속품과 사진, 그리고 학생들이 만든 전통공예품이 전시되어 있었다. 부근에서 출토된 선사 유물도 몇 점 소장되어 있어서, 이곳이 일찍부터 사람들이 살았던 장소임을 증명해주고 있었다.

　이 마을 변두리에 있는 별장을 잠시 빌려서 중국 라면과 밥으로 점심 식사를 한 뒤, 마을 학교 옆에 위치한 촌장 집을 방문하였다. 10월 혁명 거리에 있는 이곳을 들어서니 여자 촌장이 반갑게 맞이하였다. 촌장이라고 하기에 한참 기대하였으나, 지금은 행정담당자로서의 역할만 수행하고 있어 다소 실망스러웠다. 필자는 중국에 살고 있는 동족인 허저족 사람들과 혹시 교류가 있는지 물었으나 전혀 없다고 하였다. 이들은 같은 족속이면서도 두 국가에 서로 갈려 살면서 족속 이름마저 달리 불리고 있다.

　촌장과 대화를 나누면서 나나이족의 풍습에서 우리와 비슷한 점을 많이 발견할 수 있었다. 집을 나서자 그녀는 비록 우리의 말을 알아들을 수는 없지만 말을 하는 모습이나 톤이 자기들과 아주 비슷한 것 같다는 말을 해주었다.

04

시카치-알리안 암각화

러시아는 겨울이 유난히 긴 나라이다. 그리고 한겨울에는 9시에 날이 밝고 4시만 되면 어두워질 정도로 밤이 길다. 그렇기 때문에 밤 시간을 보내기 위해서 음악회가 자주 열리고 장편소설이 잘 읽힌다고 한다. 러시아에서 유명한 음악가와 대문호가 많이 배출되었던 까닭을 이해할 만하다. 긴긴 밤을 음악회와 독서로 보내는 러시아인들이기에 문화적 수준으로는 전혀 손색이 없는 국민이다. 우리나라 사람이 5천 년 역사를 자랑하며 러시아 역사가 짧다는 말을 하자, 그러면 세계적 문호나 음악가를 대보라고 해서 입을 다물게 했다는 말을 들었다.

시카치-알리안의 나나이족 마을은 온도가 여름 한철에는 30도 이상으로 올라가고 겨울에는 영하 30도까지 내려간다. 우리가 방문하였던 11월 24일에 영하 15도를 기록하였으나 우리들이 느끼기에는 훨씬 더 추웠다. 날이 추운 탓으로 이곳의 문들은 모두 이중으로 되어 있었다.

다행히 하바롭스크 지역은 내륙이기 때문에 바람이 적어서 못 견딜 정도는 아니었다. 블라디보스토크는 이보다 훨씬 남쪽에 있지만, 바닷바람이 세서 이곳보다 더 춥게 느껴지는 곳이다. 이러한 추위를 이기기 위해서 러시아인들은 샤프카Shapka라고 하는 털가죽 모자를 필수품으로 쓴다. 우리 일행도 도착하자마자 자유시장에 들러서 하나에 12,000루블이나 하는 수달피 모자를 하나씩 사서 썼다. 그곳에서는 엄청나게 비싼 가격이지만 우리 돈으로는 2만 2천 원 정도밖에 되지 않았다.

나나이족 마을 앞을 흐르는 강은 11월 초에 얼어붙어서 4월 말이 되어야 해빙이 된다고 한다. 강가에는 파도치는 대로 얼어붙어서 우리나라와는 달리 얼음 표면이 고르지 않았다. 니브히족 청년 제냐는 이 강에서 얼음을 뚫고 낚시를 하다가 우리 일행을 만났다. 투박한 바늘로 낚시를 하여도 고기가 잘 낚였고, 매번 30~50cm나 하는 큼지막한 물고기들이 딸려 나왔다. 날씨가 얼마나 추운지 물고기들이 물 밖으로 나오자마자 경련을 일으키며 동태가 되어 버렸다. 우리는 제냐로부터 한 아름의 고기를 사서 귀국하기 전 날에 이약곤 선생 집에서 매운탕을 실컷 먹을 수 있었다.

나나이 마을의 서쪽 언덕에 자리 잡고 있는 것이 유명한 시카치-알리안Sikachi-Alian 암각화이다. 이 말은 나나이 말로 '멧돼지 언덕'이란 뜻을 담고 있는데, 얼마 전까지도 사카치-알리안Sakachi-Alian으로 불렸다. 수백만 년 전에 분화구에서 분출한 용암에 의해서 바위가 형성되었고, 그 위에 나나이족의 전설이 새겨져 있는 것이 이 암각화이다.

이와 동일한 암각화들이 극동 일대에서 여럿 발견되었다. 우수리 강가의 쉐레메체보Sheremet'evo 마을 부근, 그 지류인 키야Kiia 강가의 초르토프 폴리오스Chortov Plios 구역, 아무르 강 하류의 칼리노프카Kalinovka 마을 부근, 그리고 지금은 사라진 라즈돌나야 강가의 작은 동굴에서 발견되었다. 이들은 다른 지역에서는 찾아볼 수 없는 원과 소용돌이 문양의 곡선이 주조를 이루고 있어서, 아무르 강과 우수리 강을 아우르는 독특한 문화권을 형성하고 있다. 이 가운데에서도 시카치-알리안 암각화가 가장 대표적이다.

원래 암벽에 새겨졌던 것이 무너져 내려서인지 강가에 무질서하게

그림이 새겨진 바위들

널려 있는 바위들에서 그림이 발견되었다. 여름에는 수위가 올라가 물속에 잠겨 버려 볼 수가 없다. 우리가 도착하였을 때에는 마침 갈수기가 되어서 그림들을 잘 관찰할 수 있었다. 더구나 내린 눈이 각선刻線 사이에 들어가 있어서 더욱 두드러지게 보였다. 이 유적은 봄철에 얼음이 풀리면서 떠내려오는 얼음조각들에 부딪혀서 상처를 많이 입는다고 한다. 이 때문에 보존 문제가 심각하게 제기되고 있고, 우리 일행에게도 협조 여부를 타진해왔다.

그림이 있는 바위는 모두 103개이다. 이를 몇 가지 유형으로 나누면, 제일 많은 것이 양식화된 사람 얼굴이다. 이것은 다시 타원형, 계란형, 하트형, 사다리꼴형, 사각형 등등의 여덟 종류로 나뉜다. 두 번째로 많은 것은 고라나나 순록을 새긴 그림이다. 세 번째는 뱀이고 다음으로 새이다. 그리고 사람이 배를 타고 있는 모습도 새겨 있다. 근래까지도 바위에 그림을 새겼는지 선사시대의 그림과는 다른 것들도 이따금씩 발견되었다.

바위에 새겨진 동물 모습

　사람 얼굴은 자연 그대로 표현된 것이 아니라 변형되고 극히 추상화
되어 있으며, 대부분 얼굴만 있고 몸뚱이가 나타나 있지 않다. 그리고 얼
굴 윤곽선 안에는 문신을 한 모습을 표현해 놓기도 하였다. 두개골로 보
이는 얼굴 모습도 있다.

　이곳 그림은 한반도에서 발견되는 것들과 맥이 통한다. 이들을 보면
울주 대곡리 반구대盤龜臺에 표현된 사슴이나 인물상을 떠올리지 않을
수 없을 정도로 아주 흡사하다. 그리고 얼굴에 나타나는 원과 소용돌이
문양은 고령 양전동良田洞에 있는 것과 유사하다.

　나나이족 사이에는 이 암각화에 얽힌 전설이 전해진다. 태초에 세
명의 남자가 살고 있었는데, 이들은 아무르 강가에서 두 남녀와 딸을 만
들어 놓았다. 이때는 태양이 세 개였기 때문에 이 강가의 암벽이 대지와
함께 물렁물렁하여, 그의 딸이 물렁물렁한 돌에 그림을 그리곤 하였다.

　어느 날 남편이 "하늘에 태양이 셋이나 되어 더워서 살 수가 없으니

태양을 쏘아서 떨어뜨리겠다"고 말하고 나서, 만류하는 처를 뿌리치고 태양이 뜨는 곳을 향하여 굴을 파고 그 가운데에 숨어서 기다렸다. 첫 번째 태양이 떠오르자마자 활을 쏘아서 떨어뜨렸다. 두 번째 태양은 겨냥이 빗나갔지만, 세 번째 태양은 명중되어 떨어졌다. 그가 집에 돌아왔을 때에는 이미 날이 차갑게 되어 버렸고, 딸이 그림을 그리던 바위도 식어서 굳어지게 되었다. 이렇게 해서 지금까지 그림이 바위에 남게 되었다고 한다.

나나이 촌장 집을 방문하였을 때에 필자의 요청으로 그녀도 역시 같은 내용의 전설을 들려주었다. 세 개의 태양에 관한 전설은 다른 소수민족에게서도 여러 가지로 변형된 채 전해지고 있다. 어느 전설에서는 두 개의 태양을 떨어뜨리자, 태양 파편이 하늘에 흩어져 별이 되었다고 한다. 이런 얘기는 세상을 뜨겁게 달군 열 개의 태양을 향해 활을 쏜 중국 신화와도 연관이 있어 보인다.

두 시간 가까이 허비하면서 그림들을 하나하나 찾아서 찍는데 얼마나 날씨가 추운지 볼펜이 얼어서 잉크가 나오지 않았고, 일행이 가져온 비디오카메라도 제대로 작동이 되지 않았다. 숙소로 돌아와보니 손끝마다 동상이 걸려 있었고, 코끝마저 동상이 걸려서 귀국한 뒤에도 오랫동안 연고를 발라야 하였다.

유적으로 들어가는 초입에는 기원전 1만 2천년기에 아무르 지방의 고대 종족이 남긴 암각화로서 이 유적의 훼손이 법에 의해서 금지되어 있다는 사실이 적힌 안내판이 서 있고, 여기에 암각화에서 본뜬 얼굴무늬도 그려져 있었다. 안내판을 돌아서 언덕으로 올라가니 근년에 발굴하였던 자리가 남아 있었다. 이곳에서는 삼중의 토루土壘와 호壕 그리고 수혈주거지들이 발굴되었다. 1970년대 이후 발굴된 토기와 다른 유물들은 노보시비르스크에 보관되어 있는데, 이들은 현재의 나나이족 조상들이 남긴 것이라고 한다. 그것은 이곳에서 출토된 토기의 문양이 지금의 나나이족 민속공예품에 그대로 재현되고 있기 때문이다.

　이곳은 19세기 말에 이미 미국의 유명한 동양학자 라우퍼B. Laufer 가 방문하였고, 1920년대에는 일본학자 도리이 류조鳥居龍藏가 다녀갔 다. 1935년에는 소련의 탐사반이 이곳에 들렀다. 지금도 외국학자들이 유적을 답사하기 위하여 이곳을 가끔씩 들른다는 말을 마을 학교 영어 선생으로부터 들을 수 있었다. 우리의 방문이 한국인으로서는 한두 번째 손가락에 든다고 하니, 자못 의미 있는 기회였다고 자부할 수 있겠다.

기차를 타고

러시아에서 물건을 사보면 우리식의 가격 체계와 맞지 않아서 당혹스러운 적이 종종 있다. 이것은 생산에 투여된 비용, 다시 말해서 생산비 개념이 전혀 적용되지 않고 있기 때문이다. 호텔 안의 상점에서 허름한 볼펜 한 자루와 하드커버로 호화롭게 장정된 책 한 권이 똑같이 200루블이었다. 중앙백화점에 가보니 우리나라에서 수입한 싸구려 인형과 그곳에서 제작된 흑백사진 인화기 가격이 8,500루블 정도로 동일하였다. 1.8배를 곱하면 우리 돈으로 환산이 되니 얼마나 싼 지 알 수 있다. 그리고 서점에서 비닐로 코팅된 소련 지도를 5원도 되지 않는 2루블에 살 수 있었다.

이제 러시아에서는 남녀 구분 없이 사용하던 토바리쉬tovarishch라는 말을 듣기가 어렵다. 이 말은 혁명을 같이하는 동무, 동지라는 의미를 담고 있다. 북한과 중국에서 사용하는 동무, 동지도 이와 동일하다. 그러나 공산당이 무너지면서 이 말이 사라지고 혁명 전에 사용하던 가스파진 gospadin, 가스파자gospazha란 말이 재등장하였다. 이들은 우리말의 님, 씨와 같은 뜻이다. 그보다도 영어를 선호하여 남자는 미스체르(미스터), 여자는 마담, 또는 줄여서 담이란 말이 더 많이 사용되고 있다.

블라디보스토크로 가는 비행기 편이 여의치 못해서 기차 여행을 하

기로 하였다. 저녁 7시 5분에 하바롭스크를 출발하는 오케안Okean 호는
모두 침대칸으로 되어 있었다. 기차비는 외국인의 경우에 60달러의 차
비에다가 1달러의 예약 팁과 이불 사용료로 45루블이 덧붙었다. 그러나
내국인은 1,500루블밖에 하지 않았다. 사회주의 국가에서는 으레 경험
하는 이중가격제이다.

기차는 하바롭스크를 출발하여 중국과의 국경인 우수리 강을 따라
남쪽으로 향하였다. 낮 시간이면 지형을 자세히 살필 수 있었겠지만 밤
이라서 이따금 서는 역에 눈이 쌓여 있는 것 외에는 달리 보이는 것이 없
었다. 우수리 강을 따라 많은 유적들이 산재해 있는데 자연환경을 눈여
겨볼 수 있는 기회를 놓쳐서 아쉬웠다.

기차를 따라 내려오다 보면 한카호(Khanka호, 興凱湖)가 나오고, 그 동
쪽으로 우수리 강 연안의 마리야노프카Mar'ianovka에서 발해 시대의 평
지성平地城터가 발견되었다. 이곳에서 뼈 장식물에 불사조가 새겨진 것
이 발굴되었는데, 코르사코프카 절터에서 발견된 막새기와 문양과 서로
연결되는 것이라고 한다. 이 유적은 1992년 현재까지 발견된 발해 유적
에서 가장 북쪽에 자리 잡고 있다. 따라서 발해 문화 영향권 아래에 지속
적으로 놓여 있었던 곳은 이곳을 북쪽 한계선으로 한 연해주 남부 일대
라고 한다.

그보다 남쪽으로 내려오면 과거 한인 부락이 형성되어 있었던 스파
스크-달니Spassk-Dal'nii라는 도시를 경유하게 된다. 그리고 이보다 더 남
쪽으로 도로를 따라 내려오면 드미트리예프카Dmitrievka라는 마을이 있
으며, 여기서 다시 남쪽으로 1km 떨어진 곳에서 발해 시대의 주거지가
발견되었다.

이곳에서 출토된 거울은 직경 10.5cm 되는 것으로서, 발해 시대의
다른 거울들과는 달리 특이한 것이다. 거울 뒷면에는 꽃잎이 서로 겹쳐

진 형태로 바람개비 모양으로 돌아가면서 장식되어 있다. 샤프쿠노프를 비롯한 현지 연구자들은 1992년 『러시아고고학』에 발표한 논문에서 이 거울이 8~10세기에 중앙아시아에서 주조되어 발해로 흘러 들어온 것으로 해석하였다. 그렇다면 발해가 중앙아시아 지역과 빈번한 왕래가 있었다는 또 다른 증거가 될 것이다. 이 거울은 현재 블라디보스토크 역사연구소에 전시되어 있다.

근래에 샤프쿠노프는 문헌 기록에 보이는 발해의 다섯 개 대외교통로 외에 고고학적 자료를 바탕으로 북방을 통하여 중앙아시아와 연결되는 또 하나의 길을 상정하여, 이를 '담비貂의 길'이라고 명명하였다. 이 길을 통하여 가죽이 많이 거래되었기 때문에 이런 이름을 붙인 것이다. 그는 이 길이 중앙아시아에서 발해까지 연결되어 있었고, 나아가 신라, 일본에까지도 연결되어 있었다고 주장하였으며, 이 길을 건설하였던 사람들로서 소그드인을 지목하였다. 발해에서 발견되는 중앙아시아적 요소들이 이 길을 통하여 유입되었다고 하며, 조로아스터교가 일본으로 전파된 것도 역시 이 길을 통하였다고 주장하였다. 그는 당나라 때에 난을 일으켰던 소그드인 안녹산安祿山도 이 길을 통하여 무기, 군량을 보급 받았다는 색다른 견해를 피력하였다. 그러나 이러한 견해들은 장차 검증받아야 할 것으로서 아직은 정설로 받아들이기에는 이르다.

도중에 식당칸을 찾아가서 이곳의 특산물인 크라브이Kraby, 즉 바닷게 통조림을 안주 삼아 맥주를 마셨다. 식탁마다에는 어디에서 꺾어온 것인지 버들강아지가 꽂혀 있었다. 아직 한겨울이 되지도 않았는데 벌써 봄을 기다리는 모양이다. 아침 8시가 되자 승무원이 잠을 깨우기 시작하였다. 창밖을 내다보니 이제 라즈돌나야 강가를 따라 내려가고 있었다. 특급열차이지만 시속 60km 정도밖에 되지 않아서 800km의 거리를 14시간 달려서 아침 9시에 블라디보스토크 역에 도착하였다. 역사는 러시

블라디보스토크 역에 내리는 답사팀

아 전통 양식으로 지어진 멋들어진 건물이었다.

　　호텔에 여장을 푼 뒤 전번에 방문하였던 블라디보스토크 박물관을 다시 찾고 나서 역사연구소로 향하였다. 그때 합의했던 공동 발굴을 구체적으로 진행하기 위해서였다. 발해 유적 발굴은 역사연구소에서 주도하고 있는데, 그 가운데서도 샤프쿠노프의 지도 아래 각자 한 유적씩 전담하고 있는 것이 특이하였다.

　　금나라 때의 것인 샤이가Shaiga 성터에 대한 조사는 샤프쿠노프가 주도하고 있고, 아나니예프카Anan'evka 성터에 대해서는 호례프Khorev V. A.가 주도하고 있었다. 그리고 발해 절터 자리로 추정되는 코르사코프카Korsakovka 유적은 볼딘Boldin V. I.에게 기득권이 있었다. 한편 북동쪽으로 550km 떨어져 있는 달네고르스크Dal'negorsk에서 최근에 고분들을 조사하고 있는 사람은 발해 토기를 전공하고 있는 여성 고고학자 디야코바D'iakova O. V.이다. 이곳 고분들은 9～11세기에 해당하는 것으로서, 직접

역사연구소 발해사 연구자들과 대담하는 모습

적으로 발해인들이 남긴 것인지는 아직 불분명하지만 발해 고분에서처럼 시신을 화장하는 습속이 광범위하게 보인다고 한다. 이 사람은 영어로 번역된 필자의 논문을 러시아어로 번역하고 있다는 말을 귀띔해주기도 하였다. 그 외에 필자의 논문 몇 편이 이 연구소에서 번역되고 있다는 소식을 추후에 들을 수 있었다.

필자가 파악한 바로는 러시아에서 1992년 현재까지 136편의 발해사 연구 논문이 발표되었다. 이들 대부분은 발굴 보고와 이것을 기초로 한 연구들이다. 따라서 문헌 연구보다는 고고학 연구가 중심을 이룬다. 시기별로 보면 1842년 비츄린Bichurin N. Ia.이 처음으로 논문을 발표한 이래 1940년대까지 17편, 50년대에 9편, 60년대에 22편, 70년대에 33편, 80년대에 47편, 90년대에 들어서 8편이다. 연구자별로 보면 샤프쿠노프가 43편으로 제일 많으며, 다음으로 볼딘이 25편, 셰메니첸코 Shemenichenko L. E.가 24편으로 이어진다. 이 중에서 필자가 5편의 논문을 번역하였고, 연해주에서의 발해사 연구 개황도 논문으로 발표하였다.

연해주에서의 발해사 연구는 1950년대에 본격화되었다. 발해 유적에 대한 체계적 발굴이 1958년의 코프이토Kopyto 절터 발굴에서 비롯되었기 때문이다. 1970년대에 들어서 연구 자료가 어느 정도 축적됨에 따라 연구자들 사이에 연구 세분화가 이루어지기 시작하였다. 발해 토기와 기와에 대해서는 셰메니첸코, 디야코바, 볼딘, 이블리예프Ivliev A. L. 등이 연구하고 있다. 발해의 경제와 관련하여서는 아르테미예바Artem'eva N. G.가 방추차를 연구하였고, 볼딘과 셰메니첸코가 농기구를 비롯한 농업 방면을 연구하였으며, 알렉세예바Alekseeva E. V.와 볼딘이 유적에서 발견되는 동물 뼈를 분석하여 축산업을 복원하려 하였다. 그밖에 야금술, 유리가공업 방면의 연구자들도 있다. 이 과정에서 밝혀진 사실 중에는 문헌 자료가 적은 발해사의 새로운 면을 이해하는 데에 커다란 도움을 주는 것이 많다.

06

블라디보스토크의 한인 발자취

블라디보스토크를 해삼위海蔘威라고 부른 이유에 대해서는 의견이 분분하다. 이곳 바다에 해삼이 많이 나기 때문이라는 설이 있는가 하면, 세 개의 바다에 면해 있기 때문이라는 설도 있다. 이 도시는 육지가 바다로 깊숙이 뻗어 나온 곳에 형성되어 있어, 동쪽으로 우수리 만이 세로로 감싸고 있고 서쪽으로 아무르 만이 역시 세로로 감싸고 있으며, 남쪽으로 표트르 대제 만大帝灣이 가로놓여 있다. 그리고 항구로 이용되고 있는 'ㄱ'자 모양의 항만은 뿔처럼 생겼다고 하여 졸로토이 로그Zolotoi rog, 즉 금각만金角灣이라 한다.

항구에 있는 혁명투사 광장을 중심으로 동서로 뻗어 있는 길이 레닌 거리이고, 남북으로 뻗어 있는 길이 오케안 거리로서 이 도시의 중심가를 이룬다. 레닌 거리는 최근에 혁명 이전에 사용되었던 스베트란스카야Svetlanskaia 거리, 즉 광명 거리로 복구되었다. 스베트란스카야는 이곳에 도착하였던 러시아 배의 이름이기도 하다. 1992년 당시 공단지대로 조성되던 나홋카Nakhodka란 말도 '획득물'이란 의미를 지니고 있는 것으로, 러시아인들이 처음으로 발견했던 곳이라고 해서 붙인 말이다.

레닌 거리와 10월 25일 거리가 만나는 사거리에 블라디보스토크 박물관과 연해주 주청사가 서로 마주 보고 있고, 여기서 10월 25일 거리

헬기에서 찍은 금각만의 블라디보스토크 항구

를 따라 남쪽으로 내려가면 역 건물이 나타난다. 그리고 그 중간쯤에 있
는 화랑에 우리나라 도자기들이 소장되어 있다는 말을 들었으나 직접 확
인하지는 못하였다. 다만 하바롭스크 박물관을 방문하였을 때에 청자와
백자들을 다시 한 번 확인해보니 지난번에 본 것보다 숫자가 더 많았다.
박물관 수리로 물건들이 수장고에 들어가 있기 때문에 전모를 파악하지
못한 것이 아쉬웠다. 놀라운 것은 10세기의 청자도 한 점 소장되어 있는
것이 나선화 씨의 감정 결과 확인된 사실이었다. 이로 미루어 보건대 이
곳의 화랑에도 중요한 도자기들이 수장되어 있을 것으로 여겨져, 앞으로
이 방면의 연구자들이 체계적으로 조사를 했으면 좋겠다.

　　박물관에서 상점과 서점들이 늘어선 레닌 거리를 따라 서쪽으로 가
면 포그라니치나야Pogranichnaia 거리가 나오는데, 이곳이 한인들이 맨 처
음 정착하였던 개척리開拓里 자리이다. 조동걸·윤병석 선생의 여행기를
보면, 이곳은 만주에 있었던 서간도西間島·북간도北間島와 함께 해도간海

하바롭스크 박물관에 있는 청자들

島聞이라 불리면서 1910년 전후에서부터 3·1운동이 일어날 때까지 해외 독립운동의 총본산지였다. 이 기간에 『대동공보大同共報』와 같은 항일신문을 발행하였는가 하면, 이곳이 중심이 되어 1910년에 13도의군道義軍을 결성하였다.

그러다가 1911년에 러시아 당국이 호열자, 즉 콜레라를 근절한다는 명분을 내세워 강제로 개척리 마을을 철거시키고 러시아 기병단의 병영지로 삼자, 북쪽으로 언덕을 넘어 아무르 만에 면한 곳에 새로운 마을을 열기 시작하였으니, 이곳이 신개척리新開拓里, 석막리石幕里 등이 있었던 신한촌新韓村이다. 러시아 말로는 카레이스카야 슬라보카로 불렸다고 한다.

기차를 타고 블라디보스토크 시가를 따라 내려오다 보면 기차가 동쪽으로 꺾어졌다 다시 서쪽으로 크게 선회하는 곳이 있고, 이곳에 첫 번째 강이라는 의미를 지닌 페르바야 레치카Pervaia rechka 역이 있다. 이

블라디보스토크 시가도

쉬코토보

브토라야 레치카

아무르 만

페르바야 레치카

신한촌

역사고고 연구소

레닌 거리

개척리

우수리 만

박물관

역

금각만

역의 남쪽으로 아무르 거리, 하바로프 거리, 오케안 거리 등이 있는데, 이곳이 신한촌이 자리 잡고 있던 곳이다.

　이곳에 1910년 전후부터 국내외 민족운동가와 항일의병이 총집결하였다. 1911년 5월에는 독립운동의 중추기관으로 권업회勸業會가 결성되어 최재형이 회장에, 홍범도가 부회장에 선임되었고, 이 단체는 1914년 9월까지 3년여 활동하였다. 권업회에서는 민족주의 교육을 위한 교육기관으로 한민학교韓民學校를 설치하였고, 기관지인 『권업신문』을 발행하였다. 그리고 1914년에는 독립전쟁론을 직접 구현할 대한광복군 정부도 조직되어, 이상설과 이동휘가 정·부통령으로 각각 선출되었다. 이 해는 한인이 연해주로 이주해오기 시작한 지 50주년이 되고, 러일전쟁 10주년이 되는 해였다.

그동안 이동휘가 묻힌 곳이 어디인지 불분명하게 얘기되었지만, 송희현 선생의 증언에 따르면 신한촌에서 사망하여 부근에 묻혔다고 한다. 그가 어렸을 적에 이동휘 선생 집이 다섯 집 건너에 있었다고 한다. 그리고 이동휘가 사망하였을 때에 학생 대표로 조사를 낭독하였고, 장지까지 직접 따라갔다고도 하였다. 그곳이 신한촌에서 북쪽으로 고개 너머에 있는 브토라야 레치카Vtoraia rechka, 즉 두 번째 강이 있는 곳이다. 이곳은 당시에 공동묘지로 사용되었던 곳으로, 지금은 이 강을 따라 보로진스키 거리가 나 있다.

1920년에 이르러서 일본 군대가 신한촌 한인들을 잔인하게 학살한 '4월 참변'이 일어나게 되었고, 1937년에는 여느 한인들처럼 스탈린에 의해 중앙아시아로 강제 이주되는 사태가 발생함으로써, 이곳에 한인들의 발자취가 거의 끊어졌다가 이제 서서히 한인들이 다시 모이기 시작하고 있다. 연해주에 한인들이 대략 8,000명 정도가 거주하고 있는데, 1992년에 블라디보스토크에서 개최된 광복절 기념식에 약 300명이 모였다고 한다. 더구나 1992년 후반기에 우리 영사관이 개설되어 블라디보스토크 호텔에 사무실을 열었고, 마침 필자가 방문하였던 1993년 4월 말에는 영사관 개관식도 가졌다. 그리고 머지않아 서울에서 이곳까지 직항편이 생길 예정이라고 하니 이제는 하바롭스크를 경유할 필요가 없어져 우리와 더욱 가까워질 전망이다. 실제로 1994년에 직항로가 개설되었다.

블라디보스토크에서 북동쪽으로 50km 떨어진 우수리 만 북쪽 끝에는 우리에게 낯익은 유적이 있다. 1920년대에 쉬코토보Shkotovo에서 잔무늬거울(다뉴세문경)의 파편이 발견된 적이 있고, 1959년에는 이곳에서 가까운 마이혜Maikhe 강 오른쪽 기슭의 이즈베스트코프Izvestkov 산에서 여러 가지 청동 유물이 출토되었다. 마이혜란 '마의하螞蟻河'라는 중국식 지명이므로 역시 러시아식 이름인 아르쵸모프카Artemovka 강으로 바뀌어 있었다.

도로공사 중에 발견되어서 유적 형태를 제대로 파악하기는 어려웠으나 판석을 짜 맞춘 형태의 석관묘로 추정된다. 이곳에서 세형동검 2점을 비롯하여 거친무늬거울(조문경), 청동 창, 청동 끌, 돌도끼 등이 출토되었다. 지금 블라디보스토크 박물관에 진열되어 있는데, 한반도의 청동기 문화가 이곳까지 미쳤던 사실을 생생하게 보여주는 것이다. 유물이 출토된 산 위에는 12~13세기 전반에 여진인들이 사용하던 성터도 남아 있다.

부근의 쉬코토프카 강을 따라 올라가면 스쵸클랴누하Steklianukha란 마을이 나오는데, 과거에 사인-바르Sain-bar로 불리던 유적이 이곳에 있다. 도로 옆에 평지성터가 있고, 그 뒤의 산에도 산성이 있다. 평지성은 사각형으로서 안에 돌을 넣고 흙을 쌓아 만든 토성이다. 성 안에는 농부들이 경작하면서 걷어낸 현무암제 절구, 주춧돌이 널려 있다. 이 성터는 발해와 여진 시기에 사용된 것으로 1970년대 중반에 극동대학에서 3년간 발굴하였다고 한다.

산성도 흙을 쌓아 만든 것으로서 시굴 과정에서 말갈식 토기들이 발견되어 말갈인들이 쌓은 성으로 여기고 있다. 이와 비슷한 형태의 산성이 콘스탄티노프카 부근에서도 발견되었으니, 장차 연해주에서 성이 언제부터 축조되기 시작하였는지 연구할 중요 자료라 할 것이다.

07

한인 유격대 활동

아침에 일어나니 날은 맑았지만 바람이 세차게 불고 무척 추웠다. 오늘 우리가 향하기로 한 파르티잔스크 지방에는 전날부터 눈이 많이 내리고 바람이 무척 불어서 헬기가 뜰 수 있을지 모르겠다고 하여 걱정했으나, 블라디보스토크 북쪽 교외에 있는 세단카 헬기장에 도착해서 마침내 멀리 창공에 헬기가 나타나는 것을 보고서야 안도할 수 있었다. 이번 답사에는 박물관에 근무하는 마야, 역사연구소에 소속된 샤프쿠노프, 볼딘, 호레프가 동행해주었다.

첫 번째 목적지는 샤이가Shaiga 성터이다. 이 성은 파르티잔스크의 북동쪽에 있는 프로로프카Frolovka 마을에서 다시 북쪽으로 9km 떨어진 산 위에 있다. 이 성에서 다시 북쪽으로 2~3km를 가면 세르게예프카Sergeevka란 마을이 나온다.

산성의 둘레는 3.6km에 달하고 내부 면적이 45만m²나 되어 이 지방에서 규모가 첫째가는 성이다. 두 갈래 산줄기가 쭉 뻗어 나온 지형을 이용하고 있는데, 가운데 계곡을 감싸면서 산줄기 정상부를 따라 성벽이 축조되어 있다. 골짜기 경사면은 계단식으로 되어 있어, 전체 모습은 마치 길쭉한 형태의 거대한 원형극장을 연상시키는 곳이다. 성벽이 산 정상에서 두 갈래 능선을 따라 평지까지 내려오면서 골짜기 하나를 감싸는

샤이가 성터와 주거지가 있는 골짜기. 가운데 트인 곳이 수구문이 있는 남쪽이다.

모습은, 같은 산성이라고 해도 산 위를 감싸는 우리나라의 일반적인 포곡형 包谷形 산성과는 다른 느낌이다.

성벽은 높이가 0.5m에서 4m 사이이며, 성벽 모퉁이에 각루角樓가 있고 문에도 옹성甕城이 있다. 성문은 모두 네 개이다. 제일 중요한 성문은 북서쪽에 있으니, ㄱ자 모양으로 된 길이 30m의 옹성이 감싸고 있다. 북동쪽에도 두 개의 문이 있는데, 이 중 하나에 C자형 옹성이 감싸고 있다. 남서쪽에 있는 나머지 하나는 사람들이 출입하기 위한 곳이라기보다는 성 가운데의 골짜기로 흐르는 물을 배출하기 위한 수구문水口門이다.

성 안에는 다시 몇 개의 내성內城들이 있다. 북동쪽에 두 개의 내성이 있고 남서쪽에도 있는데, 당시에 이곳은 일반인들이 범접할 수 없던 곳이었을 것이다. 골짜기 양쪽으로 조성된 계단식 경사지에서는 지금까지 300기 정도의 주거지를 비롯하여 궁전 같은 건물지, 야철지, 공방지들이 발굴되었다.

우리 일행은 헬기를 이용하여 공중에서 성의 모습을 일목요연하게 관찰할 수 있었다. 산줄기가 남쪽으로 뻗어 있기 때문에 남쪽을 향해 성이 기울어져 있는 듯이 보였다. 옆으로 강이 흐르고 주변에는 평야가 펼쳐져 있는 것도 한눈에 들어왔다. 성 위를 몇 바퀴 선회하면서 사진 촬영도 충분히 하였다. 촬영 도중에 헬기 소리에 놀라 성 안에서 달음박질하는 야생 짐승들도 목격할 수 있었다. 그러나 아쉽게도 눈이 너무 많이 쌓여서 현장에 직접 내려 답사하지는 못하였다.

이 성터는 원래 1891년에 광산기사였던 이바노프Ivanov D. L.가 발견하여 알려지게 되었다. 1962년에 이르러 샤프쿠노프가 성을 답사하고, 1963년부터 1992년 현재까지 30년에 걸쳐 그의 지휘 아래 체계적인 발굴이 진행되어 왔다. 발굴 결과 이 성은 12~13세기 전반기에 해당하는 금나라 때의 것으로 확인되었고, 발해 때에 사용된 흔적은 아직 보이지 않는다. 연해주에서는 1960년대에 이 성이 조사되면서 금나라 때의 성터 조사가 중심을 이루었고, 1970년대에 들어와서야 그 이전 시기에 해당하는 발해 유적에 관심이 모아지게 되었다고 한다.

이 성터에서 1979년과 1983년에 주거지를 발굴할 때에 1전錢, 5전, 10전이라고 쓰인 네 개의 청동 저울추가 발견되었고, 1990년에는 '대동 2년 3월大同二年三月'에 만들어진 쇠그릇이 출토됨으로써, 포선만노가 세운 동하국東夏國의 세력이 이곳까지 미쳤음을 확인하게 되었다. 당시에 만들어진 저울추 여덟 개 가운데 연해주에서 발견된 것이 여섯 개나 차지한다.

이 동하국은 우리나라 함경도 지역에까지도 세력이 미쳤으니 경성鏡城에서 출토된 도장을 통해서 알 수 있다. 『조신쇄록曹伸瑣錄』이란 책에 따르면, 조선 성종 을사년(1485)에 경성 사람이 밭을 갈다 도장을 주워 바쳤다고 한다. 여기에 '인진사인引進使印'이라는 글자가 전서체篆書體로 되어 있었고, 옆에는 '천태4년기天泰四年記'라고 새겨져 있었다.

임금이 홍문관에 명을 내려 고증하라고 하였는데, '인진사'가 고려 시대의 관직 이름인 것은 알아냈으나 '천태'란 연호가 어느 나라에서 사용되었는지를 알아내지 못하였다. 그러나 유득공柳得恭의 고증처럼 이것은 동하국에서 사용된 연호이다. 그리 오랜 기간 존속되었던 나라는 아니었지만, 그의 세력 범위는 적어도 동쪽으로 샤이가 성까지, 남쪽으로 경성까지 광범위하게 미쳤음을 알 수 있다.

샤이가 성터에서 남쪽으로 25km 떨어진 곳에 지난번 답사하였던 니콜라예프카Nikolaevka 성터가 있다. 전번에는 녹음 속에 가려져 있던 성벽이 발가벗은 채 그 자태를 드러내고 있었고, 성 안의 옥수수들도 싹둑 잘린 밑동만 눈 속에 파묻혀 있었다. 밭 가운데에 헬기를 내려 사진 촬영을 하고 과거에 샤프쿠노프가 발굴하였던 내성 자리를 찾아보았다. 그가 지적하는 곳은 여느 장소처럼 거의 평평하였고, 자세히 보아야만 약간의 둔덕이 솟아 있음을 발견할 수 있을 정도로 인멸되어 있었다.

헬기가 다시 뜨니 성을 관통하여 지나는 철로가 선명하게 보였고,

샤이가 성터

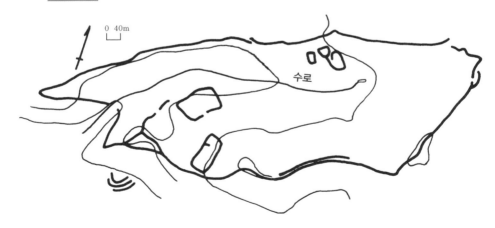

0 40m

수로

옆에 있는 니콜라예프카 마을이 눈에 들어왔다. 200호 정도의 규모인 이 마을은 과거에 쉬닌고우Shiningou라 불렸는데 역시 러시아식 이름으로 바뀌었다. 1937년에 강제 이주되기 전에 한인들이 집단적으로 거주하였던 석인동石人洞이 바로 이곳이다. 니콜라예프카라는 말도 이곳의 개척자였던 김공심金公心이라는 한인의 러시아 이름인 니콜라이에서 비롯된 것이라고 한다. 그뿐 아니라 초기 한인 사회주의자였던 한창걸이 활동하였던 곳도 이곳이다.

한창걸은 1892년에 니콜스크-우수리스크 구역의 빈농 집안에서 태어나 1915년에 군대에 징집되어 이듬해에는 독일 전선에 나아가 싸웠다. 1918년에 징집이 해제되어 이 마을로 돌아와서는 러시아 빨치산 (유격대) 부대에 합류하여 백위군과 전쟁을 벌였다. 이곳에 살던 한인들이 적위군에 합류하여 빨치산 활동을 벌였던 것은 다른 지역과 마찬가지였다. 특히 당시에 이곳은 빨치산 부대의 활약이 두드러졌던 곳이기 때문에 1972년에 도시 이름도 파르티잔스크(빨치산스크)로 바뀌게 되었다.

파르티잔스크에는 향토박물관이 잘 꾸려져 있었다. 자연사와 빨치산 활동사가 중심을 이루는데, 상부 기관인 블라디보스토크 박물관으로부터 우리가 방문한다는 전갈을 받고 앞서 말한 두 성터에서 출토된 유물들도 전시해 놓았다. 니콜라예프카 성터에서 출토된 것 가운데에 붉은색 포목무늬 기와가 있었는데, 언뜻 보아 고구려 것과 같았다. 그러나 이곳에서는 이런 기와가 금나라 때에까지 발견된다고 하니 단정할 것은 못 되었다. 기와 외에도 석기나 붉은 간 토기紅陶 파편도 섞여 있었다. 샤이가 성터에서 출토된 것으로는 화살촉, 동전 외에 철기들이 중심으로 이루었다. 여성 관장인 페트로브나는 그동안 미처 고고 유물들에까지 신경을 쓰지 못하였는데, 이번을 계기로 앞으로 유물 전시관을 따로 만들겠다는 말을 곁들였다.

파르티잔스크 박물관에 보관되어 있는 한인 가족 사진

　　빨치산 활동을 중심으로 한 현대사 진열실을 돌아보면서 한인들의 활동에 관한 것이 거의 없는 것이 의아스러워 관장에게 물어보았다. 이 말을 듣고 그녀는 그동안 민족 문제 때문에 한인들에 대한 것을 전시하지 못하였지만, 이제는 그런 문제가 없으므로 앞으로 전시하도록 하겠다는 약속을 하였다.

　　그러면 1937년 이전의 한인 관계 자료가 있는가를 다시 물어보았다. 많지는 않지만 사진 자료가 있다고 하기에 보자고 하니 몇 장을 들고 나왔다. 일린Il'in S. F.이란 러시아인이 1935년 전쟁에 나가기 전에 기념 촬영한 것들이었다. 진열실에도 한인 의사 두 명이 러시아인들과 함께 찍은 사진이 걸려 있었고, 아마도 한인들이 쓰다가 두고 간 듯한 장독 하나와 다리미도 구석에 전시되어 있었다.

08
또 다른 성터와 절터

러시아의 추운 날씨를 상기하면 곧바로 우리에게 잘 알려진 보드카가 떠오른다. 무색, 무미, 무취이기 때문에 칵테일로도 적격인 술이다. 그렇기 때문에 러시아를 여행하게 되면 한두 병은 손에 들고 오게 마련이다. 그러나 연해주를 들르는 사람에게는 이보다 우수리스크의 명주들을 권하고 싶다. 인삼과 비슷한 효능이 있다는 두릅나무로 담근 아랄리야araliia, 금각만에서 이름을 따온 졸로토이 로그, 20여 가지의 각종 약초를 담가서 만든 발잠bal'zam이라는 술이 이들이다.

발잠은 많은 약초들을 넣어서 만들었기 때문에 약간은 끈적끈적한 술이다. 가격이 워낙 비싸서 현지인들은 엄두를 못 내는 술이지만 호텔에서 파는 것도 10달러 안팎밖에 되지 않는다. 현지에서 들은 바로는 보드카에 칵테일해서 먹거나, 감기가 들었을 때에 홍차에 한 방울 타서 먹으면 땀을 나게 해서 몸이 낫는다고 한다. 필자는 이 술들을 고루 마시고 다음날 시간이 없어 아침도 거른 채 파르티잔스크로 가는 헬기를 탔다가 멀미가 나서 거의 그로기 상태에 빠져 사진도 제대로 찍지 못하는 불상사를 경험하였다.

새벽에 영하 29도까지 기온이 내려갔다는 소식을 듣고 바짝 긴장을 하면서 우수리스크로 향하였다. 도중에 금나라 때의 아나니예프카

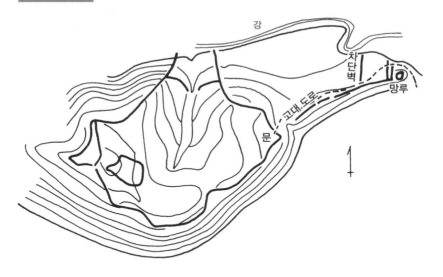

Anan'evka 성터를 답사하기 위하여 1시간 정도를 달리다가 왼쪽으로 꺾어져 들어갔다. 라즈돌나야 강가에 있는 라즈돌노예Razdol'noe 마을을 지나 북한으로 가는 철도를 따라 남쪽으로 향하다가, 다시 오른쪽 좁은 길로 접어들어 5km를 가니 평야 가운데에 동쪽으로 뻗어 나온 산줄기가 눈에 들어왔다.

　　이 성터는 1972년 봄에 역사연구소에 근무하는 가르코빅Garkovik A. V.과 타타르니코프Tatarnikov V. A.가 부근을 탐사하면서 발견한 것으로서, 일차적인 조사 결과 샤이가 성터와 같은 12~13세기 전반에 걸치는 유적이었다. 이 해부터 시작하여 모두 14,000m²에 걸쳐 체계적인 발굴을 진행하고 있는데, 1976년까지는 샤프쿠노프가 주도하였고 그 이후로는 호레프가 책임을 맡고 있다. 그리고 1973년에 측량기사가 상세한 도면을 작성하여 성의 전체 면모를 파악할 수 있게 되었다.

　　산기슭에서 차를 내려 눈이 30cm가량 쌓인 산을 오르기 시작하

동문 밖에서 바라본 아나니예프카 성터

였다. 오르면서 우선 눈에 뜨이는 것이 성을 오르내릴 때 이용되었던 도로 흔적이었다. 경사면을 돌면서 만들어진 좁다란 길이 눈밭에 뚜렷하게 남아 있었다. 산기슭을 오르니 산줄기 끝에 평평한 대지가 나타났다. 이것은 성 밖에 초소 격으로 만들어진 망루였다. 망루가 이곳에 설치된 것으로 보아 동쪽으로부터 쳐들어오는 적을 방비하기 위한 것으로 여겨졌다. 그 적이 과연 누구였을까?

망루 옆에 바짝 붙어서 두 개의 차단벽이 남북 방향으로 평행되게 설치되어 있었고, 이곳으로부터 서쪽으로 70m 떨어진 곳에 또 하나의 차단벽이 있었다. 이들은 쳐들어오는 적을 밖에서 차단하기 위한 일차 저지선에 해당한다. 당시에 사용되던 도로는 이 방어벽 사이를 지그재그로 돌아서 성문으로 향하도록 되어 있다. 복합적인 방어 체계를 잘 살펴볼 수 있는 곳이다.

도로를 따라가다 보니 동물 발자국들이 여기저기 보였다. 이곳에 호랑이까지 출몰한다고 하였다. 그것만이 아니라 이곳은 물맛이 좋고 산에 꿀도 많다고 한다. 목이 말라서 얼음을 뚫고 개울물을 마셔보니 제법 일미였다. 동쪽 성문 아래에 도달하자 경사지 위에 성벽이 있어서 밖에서 보면 제법 높아 보였다. 성벽의 전체 길이는 1.8km이고 면적은 105,000m²에 달한다. 성벽은 경사가 가파른 남쪽에서 0.5~1m의 높이이지만, 일반적으로는 2~4m이고, 흙과 돌을 섞어 쌓았다. 성벽을 오르면 양쪽으로 펼쳐지는 평야와 강이 한눈에 들어온다. 남쪽으로 대大아나니예프카 강이 흐르고 북쪽으로 소小아나니예프카 강이 흐르고 있었다.

성 안을 들어서니 일련의 계단식 대지들이 보였다. 지휘소 자리로 보이는 곳도 있었다. 동문 뒤쪽으로 1992년 여름에 발굴하였던 구덩이들이 눈 속에 덮여 있었다. 콘스탄티노프카 발굴에 참여하였던 북한 고고학자들이 귀국하기 위해 열차를 기다리는 동안에 3일간 이곳 발굴에 참여하였다고 한다. 사회과학원 고고연구소의 김종혁을 중심으로 류병훈, 한인덕 등의 고고학자들이 그들이다.

부근에는 1937년 이전에 한인들이 경영하던 국영농장이 있었다고 한다. 성 아래 골짜기에도 한인이 살던 집이 있었으나 지금은 사라지고 무덤만 남아 있다는 말을 들었다. 이렇게 어디를 가나 한인 자취가 남아 있는 곳이 연해주이다. 성을 돌아 나오면서 시장기를 느껴 시골 가게에서 말린 살구와 생땅콩을 샀다. 1kg에 각기 우리 돈으로 400원이 되지 않았다.

라즈돌노예를 거쳐 40km 떨어진 우수리스크에 도착하였다. 우수리스크 시 북쪽에 있는 야산에 구석기 유적이 있었으나 지금은 사라져버린 곳을 차창 밖으로 확인하면서 코르사코프카Korsakovka 절터에 도착하였다. 우수리스크로부터 서쪽으로 40km 떨어진 지점이다. 앞에서 소개

강가에 자리 잡은 코르사코프카 절터. 오른쪽 사람들이 있는 곳이 절터이다.

했듯이 봉황새가 부조된 막새기와瓦當가 발견된 곳이다. 이 막새기와에 대해서는 필자가 국립중앙박물관에서 간행된 『미술자료』 50호(1992)에 번역하여 소개하였다.

유적은 국영농장이 있는 평야지대 한가운데에 위치하고, 옆으로 크로우노프카 강이 흐른다. 이 강은 사행천蛇行川으로서 강바닥이 아주 깊어 4m 높이의 단애를 이루고 있었고, 계속해서 절터를 침식해 들어오고 있었다. 이 강을 거슬러 10km 정도를 올라가면 발해 절터인 아브리코스 절터와 코프이토 절터가 자리 잡고 있고, 물길을 따라 같은 거리를 내려가면 보리소프카 절터가 나온다. 이 강 연안에 모두 네 개의 발해 절터가 발견된 것이다. 과거에 이 강줄기를 따라서도 한인들이 많이 살았었다. 코르사코프카란 마을 이름이 시베리아 총독이었던 코르사코프의 이름에서 딴 것으로 보이는데, 그는 1864년에 극동 한인들이 영구 정착할 수 있도록 보호할 것을 지시했던 사람이다. 그의 지시에 따라 한인들의 연

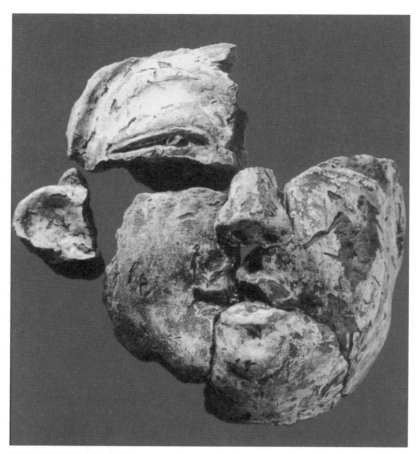

보리소프카 절터에서 출토된 불두佛頭

해주 이주가 더욱 고무되었다고 한다.

　　이 절터는 전체 면적이 30만㎡의 규모로서 1993년에 발굴이 시작
되었다. 그 결과 이곳에서 '추풍 기해 6월秋豊己亥六月'이라는 명문이 새겨
진 기와가 출토되었다. 이리하여 발해의 잃어버린 연호를 찾았다고 『조
선일보』 1면에 큼지막하게 보도되었으나, 이 유적이 발해 절터가 맞지만
이 기와는 근대 고려인이 남긴 유물이다.

발굴에 앞서서 필자가 답사하였을 때에는 강가의 단애에 기와들이 수북이 퇴적된 것을 눈으로 직접 확인할 수 있었다. 연해주에서는 절터들에서만 기와들이 발견될 뿐 일반적인 주거지에서는 전혀 발견되지 않는 사실에 비추어볼 때, 절터로 추정되었다. 이보다 아래층에는 철기시대의 크로우노프카 문화층이 자리 잡고 있다.

1993년부터 한국인들이 참여하여 이곳의 발굴이 시작되었다. 그러나 일본인들의 유적 조사는 이미 시작되었고 1992년 7월에는 루드나야-프리스탄 부근에서 구석기 유적을 역사연구소와 공동으로 발굴하였다고 한다. 우리로서는 1993년에 들어서 비로소 본격적이고 장기적인 해외 발굴의 첫걸음을 내디디게 되었으니, 장차 성공적으로 진행되기를 기대한다.

09

연해주 탐험가들

러시아인들이 1860년에 연해주를 차지할 무렵부터 이미 이곳에 한인들이 이주하기 시작하였다. 최근에 밝혀진 소비에트 극동관구 토지관리부 토지개량부장 마마예프Mamaev의 보고서에 따르면 13가구의 조선인들이 국경을 넘어 포시에트 바닷가를 따라 정착한 것이 1863년의 일이었다(『동아일보』 1993. 2. 2.).

'뒤바보'라는 가명으로 『독립신문』 49·50호(1920)에 기고된 「아령실기俄領實記」에는 1864년 봄에 무산에 살던 최운보崔運寶와 경흥에 살던 양응범梁應範 두 사람이 몰래 두만강을 건너 훈춘을 경유하여 지신허(地新墟, 지금의 크라스키노)에 정착하게 되니, 이들은 죽음을 무릅쓰고 해외개척의 최선봉에 나선 자들로서 아메리카 대륙을 발견한 콜럼버스에 비길 만한 것으로 보았다. 또한 이 필자는 장도빈의 영향을 받아서 소왕령을 발해 동경으로 적었다. 참고로 지금까지 뒤바보 또는 사방자四方子란 사람이 누구인지 알려지지 않아 독립운동사 연구자들이 애를 태웠는데, 얼마 전에 연해주에서 활동하였던 계봉우(桂奉瑀, 1880~1959)였음이 확인되었다.

원래 조선에서는 강을 건너가면 월강죄로 사형에 처한다는 엄명이 내려져 있었다. 여기에다가 우리나라는 전통적으로 농경민족이기 때문

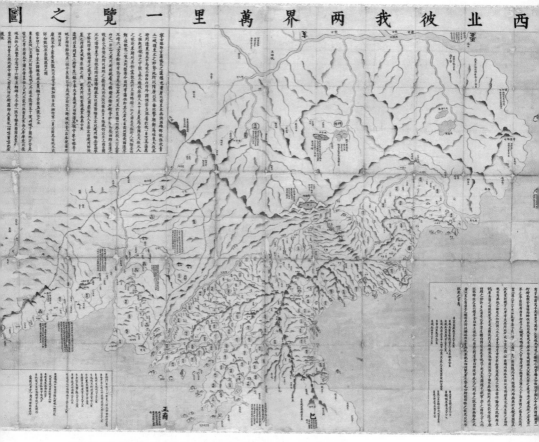

圖 之 覽 一 里 萬 界 兩 我 彼 西

조선 후기에 제작된 지도. 만주와 연해주에 대한 당시의 지리 인식을 엿볼 수 있다.

에 여간해서는 대대로 물려온 터전을 버리고 밖으로 나가지 않는 습성을 가지고 있어서, 표류기를 제외하고는 외국에 대한 탐험 기록이 거의 없다. 그런데 눈에 번쩍 뜨이는 것이 하나 있으니, 영조 때에 연해주를 정탐하고 돌아와 쓴 『홍기포정탐기 紅旗浦偵探記』가 있어 이를 처음으로 소개하고자 한다.

　　이 책의 원본은 지금 전해지지 않는다. 다만 유득공이 규장각 서고西

庫에서 『정탐일기偵探日記』라고 제목이 적힌 필사본을 발견하였으나, 여러 조각이 나 있어 볼 수가 없었다고 한다. 그러다가 규장각 직각直閣 서영보徐榮輔의 집에 동일한 것이 소장되어 있는 것을 발견하고 그 내용을 초록한 것이 전해지고 있어 개략적인 내용을 파악할 수 있다.

이것은 경흥부慶興府의 장교였던 김만빈金萬彬이 기록한 것이다. 그는 영조 22년(1746) 6월 11일에 두 척의 배에 식량을 싣고서 어두워질 무렵 두만강 입구에 있는 서수라西水羅를 출발하였다. 이때 다섯 명의 장교, 두 명의 통역, 뱃사공들도 동행하였다. 이 날 저녁에 서수라 앞바다에 있는 도갈암島喝巖에 정박하였다.

6월 12일에 두만강 입구를 지나면서 밥을 지어 신에게 고하고 장자도醬子島에 정박하였으며, 다음날 호라산胡羅山을 지나 슬항도瑟項島에 정박하였다. 두만강을 지나 연해주에 들어서면서부터 나오는 지명들은 오늘날 어디를 지칭하는지 알 수 없다. 그러나 당시에 포시에트 앞바다를 슬해瑟海라 하였으므로, 슬항도는 이 부근의 섬으로 여겨진다.

14일 이후로는 산에 올라 멀리 바라보기도 하고, 육지에 올라 정탐하기도 하였다. 그러다가 군대를 이끌고 홍기포紅旗浦로 곡식을 운반하는 청나라 관리 일행을 만나게 된다. 이 당시에 이곳은 청나라 관할이었으므로, 이 관리들은 왜 이곳에 왔는가를 물으면서 여러 차례 책망하였다. 그때마다 우리나라 사람 30여 명이 홍기포로 도망하였기 때문에 명령을 받들어 이들을 찾고 있는 중이라고 둘러대니, 그들은 더 이상 의심하지 않았다. 이에 김만빈 일행은 이들에게 종이, 붓, 먹, 부채, 벼루, 숟가락, 쌀, 소금에 절인 음식 등을 나누어 주었고, 그들은 사슴 가죽, 포목으로 만든 장막 등으로 답례를 하였다.

청나라 사람들은 가죽으로 만든 작은 배로 곡식을 운반하여 속도가 아주 느렸다. 반면에 김만빈 일행은 이곳 사정을 잘 알고 있었으므로 자신의 큰 배에 짐을 나누어 실으면 어떻겠느냐고 물으니, 그들은 크게 기뻐하였다. 마침내 청나라 관리 일부와 함께 동승하여 홍기포에 이르러 정박하고 가져온 곡물을 부렸다. 홍기포는 홍도紅島라고도 부르는 섬이다. 그리고 홍기포의 뒤쪽 봉우리는 고고등자高高登子라 하고, 남쪽에는 청도靑島가 있으며, 동쪽에도 목사도木蛇島가 있다. 홍기포 외에도 네 개의 섬이 더 있으니, 자당이者唐伊, 강거우자江居于子, 야라野羅, 수저愁齟가 그것이다.

높은 곳에 오르니 이곳은 산들이 첩첩으로 둘러쳐져 있었고, 산줄기가 북동쪽으로 학의 날개 같은 형상을 하면서 바다로 들어가고 있었다. 이 일대에는 영고탑寧古塔 등지의 군민軍民과 유랑민, 그리고 조선 사람들이 도망해와서 인삼을 캐고 담비를 잡고 있었다. 점차 이들의 숫자가 늘어났으나 험한 지형을 믿고 세금을 내지 않아서 청나라에서 군대를 풀어 수색하였고, 조선에서도 첩자를 보내 정탐하도록 하였으니, 김만빈 일행도 이러한 임무를 띠고 있었다.

도망해서 살던 사람들이 처음에 1만여 명이나 되었으나, 청나라에서 이들을 수색하면서 살던 집들을 모두 불태우자 반 이상이 자수를 하였고, 400여 명이 붙잡혔으며, 그 나머지는 깊은 산으로 도망하였다. 홍기포 주위에 있던 네 개의 섬들은 이들이 숨어 살던 곳이었다. 이리하여 군대를 주둔시켜 이들을 계속적으로 수색하도록 하였으니, 식량을 운반한 것은 이들 군대를 위한 것이었다.

7월 8일에 그들과 헤어지면서 만일 조선에서 도망한 사람들을 잡거든 후춘(後春, 지금의 훈춘)과 조선의 경계에서 압송시켜달라는 부탁을 하고 배를 출발시켰다. 마침내 13일에 두만강 입구에 도달하여 불을 지피고 대포를 쏘니 서수라진西水羅鎭에서도 불을 밝히고 대포를 쏘아 화답하였다.

홍기포는 영고탑에서 20일 정도 걸리는 곳이라고 한다. 이곳이 구체적으로 어느 곳인지 알 수는 없지만 단순한 짐작이지만 블라디보스토크 앞바다에 있는 루스키 섬과 그 일대가 아닌가 여겨진다. 비록 짧은 내용이지만 영조 때에 이곳까지 정탐하였던 기록이 남아 있는 것은 다행이 아닐 수 없다.

한편 1886년에 제임스H. E. M. James라고 하는 영국인이 만주와 연해주를 여행하고 조선인과 발해에 관한 자료를 남긴 것도 있다. 『The Long White Mountain長白山』이란 책이 그것으로서 이것도 흥미로운 자료이다. 그는 당시에 인도에 근무하고 있었는데, 2년간의 휴가를 얻게 되어 영허스번드F. E. Younghusband 중위와 함께 캘커타를 출발하여 싱가포르를 거쳐 홍콩에 도착한 뒤 상해, 북경, 천진을 거쳐 요하遼河 하구에 있는 영구營口에 도착하여, 1886년 5월 19일부터 만주 대탐사를 시작하였다.

이로부터 이듬해 1월 6일에 여순에 도착할 때까지 총 4,700km를 여행하였다. 그는 영구에서 출발하여 심양瀋陽, 홍경興京, 통화通化을 거쳐 임강臨江에서 압록강에 도달한 뒤 송화강 상류로 돌아서 백두산 천지에 올랐다. 백두산을 내려와 길림을 지난 뒤 북쪽으로 멀리 치치하얼까지 갔다가 동쪽으로 방향을 꺾어 삼성三姓에서 남쪽으로 향하여 영고탑, 훈춘을 지나 국경을 넘어 러시아 관할 지역이었던 노보키예프스크(현재의 크라스키노)까지 갔다. 이곳에서 훈춘으로 되돌아와서 길림을 거쳐 여순에 도달하게 되었다.

이 책의 속표지에 컬러로 스케치한 백두산 천지 그림이 있다. 동행하였던 중위가 그린 것으로서, 색채가 있는 것으로서는 가장 오래된 천지 그림일 것이다. 그는 당시에 용왕담龍王潭이라고도 불렀던 천지에 올라 투명한 푸른색의 이 아름다운 호수를 유럽의 레만 호에 비겼고, 가파

영허스번드 중위가 그린 백두산 천지 그림

른 언덕을 오르면서 유명한 베수비오 화산을 연상하였다.

곳곳에서 조선인들을 만났는데, 이들이 물고기를 잘 잡는 것이 마치 스코틀랜드 사람과 닮았다고 하였다. 그렇기 때문에 청나라 사람의 농장에서 노동자로 일하는 이들이 물고기 잡이에 시간을 허비하지 못하도록 이를 금지하는 포고문을 붙여 놓은 것을 목격하기도 하였다. 이 책에는 조선인이 물고기 잡이 하는 장면을 스케치한 그림도 실려 있다.

연해주의 노보키예프스크에 가서도 그곳에서 북쪽으로 2~3마일 거리에 조선인들이 살고 있다는 말을 듣게 된다. 러시아인들은 이들이 온순하고 근면하며 예의 발라서 이들에게 아주 호감을 가지고 있었다. 이 때문에 많은 사람들이 하바롭스크 지역으로 옮겨 농장을 일구도록 하였다는 말도 들었다.

그는 이 책에서 만주의 역사를 개관하면서 발해를 만주사의 황금기로 규정하여 놓았고, 1871년에 애드킨스Adkins 영국 영사가 영고탑에 있는 동경성東京城을 방문하여 도면을 작성하고 이 유적을 발해의 수도로 추정하였던 사실을 적어 놓은 것도 발해 연구사에 중요한 자료들이다.

　이상의 두 자료는 필자가 처음으로 확인한 것이다. 앞으로도 이와 같은 자료들이 속속 발견되어 만주, 연해주와 우리 역사와의 접합점을 찾는 작업이 성과가 있으면 하는 바람이다. 귀국하는 비행기에서 이런 상념에 젖어 있는 동안 어느덧 시호테-알린 산맥을 넘어 연해주 해안선을 따라 남쪽으로 향하고 있었다.

10
최북단의 마리야노프카 성터

　1994년 연해주의 3월 날씨는 아직도 겨울이었다. 낮 기온이 영상 5도 정도로 얼음이 막 풀리기 시작하고 있었지만, 바다의 얼음이 아직 덜 녹았고 갑자기 눈보라가 치기도 하였다. 7개월 만에 다시 방문한 연해주는 그 사이에도 엄청나게 변해 있었다. 1993년까지만 해도 중국 제품 사이에 드문드문 보이던 우리나라 물건들이 이제는 거의 일색이 되다시피 하였다. 도시 거리의 좌판에는 지천으로 깔려 있었고, 시골의 자유시장에서도 종종 발견되었다.

　한국 제품이 중국보다 30% 정도 비싸지만 품질은 4배 이상 능가하기 때문에 러시아인 보따리 장사들이 대거 부산으로 몰려든 덕택이라고 한다. 한국 제품보다 좋은 일본 제품은 너무 비싸기 때문에 엄두를 못 낸다고 한다. 한 번 갔다 오면 두 배 이상 장사가 되어 너도 나도 나서기 때문에 올해부터 무상 통관할 수 있는 기준이 5천 달러에서 2천 달러로 대폭 제한될 정도였다. 우리의 통역을 맡았던 러시아인 학생도 이들을 통역하기 위해서 부산에 갔다 왔다고 자랑을 하였다.

　1994년 3월 20일에 다시 일주일간의 여정으로 네 번째 연해주 유적 답삿길에 올랐다. 이번에는 연해주에서 가장 북쪽에 위치한 발해 성터를 찾아보기로 하였다. 블라디보스토크에서 북쪽으로 440km를 가야

하는 곳에 있는 유적이다. 도중에 우수리스크를 경유하여 북상하니 잡초만 우거진 채 방치되어 있는 너른 벌판이 한눈에 들어왔다. 이 너른 평야한가운데에 흥개호(興凱湖, 러시아의 한카호)라 불리는 커다란 호수가 있으니, 연해주에서 보기 드물게 지평선이 보이는 곳이다. 호수는 육지가 가라앉아서 형성되어 최대 깊이가 10m 정도밖에 되지 않지만, 극동지방에서 가장 큰 것이고, 그 가운데로 중국과 러시아의 국경이 지나고 있다. 두나라 사이에는 아직도 국경을 놓고 시비가 벌어지고 있는데 특히 논란이되는 지역 가운데 하나이다.

도중에 일행에게 이곳을 들러 보자고 제안하였다. 과거에 일어났던중소 국경 분쟁이 생각나기도 하였지만, 그보다도 발해 때에 유명한 호수였기 때문이다. 호수 부근에는 분쟁 시절에 세워 놓았던 탱크가 포신을 중국으로 향한 채 방치되어 있어서 이를 배경으로 기념 촬영까지 하였다. 발해 때에는 이 호수를 미타호湄沱湖라 불렀고, 여기에서 잡히는 붕어가 발해의 특산물로 중국에까지 유명하였다.

미타호는 바다를 '메데리'라고 하는 여진족의 말에서 유래된 것이고, 지금의 이름인 흥개호는 현지의 소수민족인 오로치Oroch족이 붕어를 '흥구'라고 하는 데에서 나온 것이라고 동행하였던 샤프쿠노프 박사가 설명해주었다. 이 호수에는 지금도 붕어가 잡히고, 호수 표면에는 연꽃이 핀다고 한다. 우리가 겨우 찾아서 점심 식사를 하였던 스파스크-달니Spassk-Dal'nii의 로토스Lotos란 식당은 이곳에 피는 연꽃에서 따온 이름이었다.

조그만 승합차에서 꾸부정하게 잠을 청하면서 밤늦게야 진주眞珠란의미를 지닌 젬추지나 휴양소에 도착하였다. 대도시에서 너무 멀리 떨어져 있어 탈이었지만, 자연 탄산수가 온수와 냉수로 구별되어 쏟아지고있었고, 식당 시설도 호텔 못지않게 좋았다. 아침 공기는 너무나 신선하

마리야노프카 성터 발굴 장면(1995)

고 상쾌하였다. 다음날 아침 식사 후에 다시 우수리 강 상류를 따라 비포 장길을 달려서 마침내 문제의 성터에 도달하였다. 북위 45도 가까이에 있는 마리야노프카Mar'ianovka 성터가 바로 이곳이다.

강가에 바싹 붙어 있었기 때문에 상당 부분이 이미 강물에 깎여서 사라진 듯하지만, 나머지의 보존 상태는 아주 훌륭하였다. 연해주 어디를 가나 1천 년 전의 원형이 그대로 보존되어 있는 것을 여기서도 실감하였다.

30cm 정도 깊이로 쌓인 눈밭을 푹푹 빠지면서 바싹 달려가 보았다. 성벽은 5~7m 정도 높이였고 북문과 동문이 그대로 남아 있었다. 성문의 옹성甕城과 성벽의 치雉도 그대로 보존되어 있었다. 이 성은 발해사 연구자인 샤프쿠노프 박사가 1968년에 처음으로 조사하였고, 1969년과 1972년에 부분적인 발굴을 하여 대체로 8세기에서 13세기 전반에 걸

치는 시기의 성으로 추정하였다. 그렇다면 발해에서 금나라까지 사용된 셈이다.

발굴 당시에 이 유적에서는 봉황을 새긴 뼈 장식물을 비롯하여 독특한 유물들이 발견되어 발해 문화를 이해하는 데에 중요한 자료를 제공해 주었다. 가까운 산 위에는 유르코프Iurkov 산성도 있는데, 12~13세기 전반에 속하는 금나라 성터라고 한다.

마리야노프카 성터는 지금까지 발견된 발해 유적으로는 제일 북쪽에 있기 때문에 러시아 학자는 발해의 북쪽 경계가 이곳쯤이었을 것으로 보고 있다. 발해가 전성기에 하바롭스크까지 미쳤을 것이라는 우리의 통설과는 조금 다르다. 그러나 앞으로 더 조사를 하게 되면 이곳으로부터 하바롭스크까지 이르는 우수리 강 하류 일대에서도 발해 유적이 발견될 가능성이 있다.

이보다 상류(남쪽)의 강가에서 발해 성터들이 발견되고 이 성터도 강가에 위치해 있는 것으로 보아서 발해인들이 강을 이용하여 왕래를 하면서 중간 중간에 성을 쌓았던 것으로 여겨지기 때문에, 그 하류(북쪽)에서도 얼마든지 발견될 수 있을 것이다. 당시에 발해인들이 수로를 주요한 교통로로 이용하였던 것이다.

이런 중요성 때문에 1년 뒤인 1995년에 성 안 집자리들을 고려학술문화재단이 러시아 연구자들과 공동으로 발굴하여 다량의 토기 조각과 함께 독특한 새김 장식이 있는 부싯쇠 손잡이와 부싯쇠, 산삼 파내는 데 쓰던 꼬챙이인 산삼 파개 등을 찾아냈다. 이때 동네 꼬마들이 낮에 비운 틈을 타서 우리 숙소를 습격하여 온갖 먹을 것을 다 먹어 치운 일이 기억에 남는다. 심지어 겔포스란 위장약까지 달달해서 그런지 껍질만 남아 있었다.

돌아오는 길에 눈이 펑펑 쏟아졌다. 그러나 날이 차지는 않아서 상

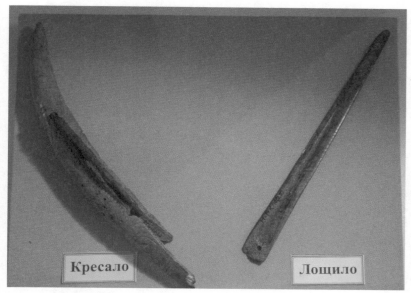

부싯쇠 손잡이와 산삼 파개

쾌한 기분이었다. 우수리스크 시의 동쪽에 있는 라코프카Rakovka로 가는 길에 중앙아시아 타지키스탄에서 1993년에 이주해온 고려인 가족 일행을 우연히 만났다. 가장은 올해 50세의 알렉세이 반 씨였다. 현지어를 모르는데다가 그곳에 내란까지 일어났기 때문에 어쩔 수 없이 이곳으로 이주하게 되었다고 한다.

이처럼 연해주를 돌아다니다 보면 민족 차별 때문에 과거에 살았던 곳으로 되돌아오는 고려인들을 곳곳에서 만날 수 있다. 이렇게 연해주는 고려인들의 귀향처가 되어 있었다. 우수리스크 남서쪽에 있는 한 야산에는 '병남 모母'라 쓰인 묘지석을 발견할 수 있어서 과거에 한인들이 거주하였던 사실을 무언으로 얘기해주고 있었다.

우수리스크에서 블라디보스토크로 내려오다 왼쪽으로 꺾어진 뒤에 아르춈Artem과 바닷가에 있는 쉬코토보Shkotovo 마을을 지나면 스쵸

위성사진으로 본 방형의 스쵸클랴누하 성터와 그 북쪽 산성(구글 어스)

클랴누하Steklianukha라는 발음조차 어려운 조그만 마을이 나타난다. 이 곳에도 발해 성터가 고스란히 남아 있다.

한 변 길이가 200m쯤 되어 정사각형에 가까웠고, 한 면에 하나씩 네 개의 성문이 있었다. 성벽 높이는 역시 5~7m 정도였고, 옹성과 치 그리 고 성 밖을 두른 해자도 잘 남아 있었다. 또 하나의 화석화된 발해 유적이 다. 길 건너 산 위에도 산성이 있다고 하였지만 눈이 쌓여 있어서 엄두를 내지 못하였다. 평지성과 산성이 조화를 이룬 훌륭한 발해 유적이었다. 역시 부근의 산 위에는 금나라 때의 산성도 남아 있다고 한다.

그 위치로 보건대 이곳은 발해 솔빈부率賓府에 속한 우수리스크에서 정리부定理府 소재지로 추정되는 파르티잔스크의 니콜라예프카 성으로 이어지던 육상 교통의 길목에 해당한다. 이 유적에서 그리 멀지 않은 강 가의 동굴 속에는 종유석에 새겨진 '잠자는 미녀상'이 있다. 여진족이 남 긴 예술 작품이다. 강가의 조그만 야산에서 한반도에서 특징적인 세형동

검을 비롯한 청동 유물들이 석관묘에서 발견됨으로써, 우리나라 청동기 문화가 이곳까지 전파되어 온 흔적을 발견하였던 곳도 이 부근이다.

답사를 떠나기 직전에 블라디보스토크 종합대학 전시실을 둘러보았다. 1993년에 미국학자와 공동으로 발굴한 보이스만Boisman-II 유적에서 출토된 유물도 있었다. 연해주 해안가에서 조개무지가 많이 발견되었지만 대부분이 얀코프스키Iankovskii 문화에 속하는 것이고, 그 이전의 신석기 시대에 속하는 것으로는 이번 발굴이 처음이라고 한다. 전쟁 아니면 내분이 일어났는지 두개골이 깨져 있었고 목에 화살촉이 박혀 있었다. 어느 흑요석 화살촉은 척추뼈에 박힌 채 출토되어 신석기 시대에 사용되었던 활의 위력을 실감나게 해주었다.

이 밖에도 수보로보Suvorobo-VI 구석기 유물, 시니이 가이Sinii Gai 청동기 유물, 아브라모프카Abramovka 및 모나스트이르카Monastyrka-III 등등의 유적에서 출토된 말갈 유물 등도 보관되어 있어서 흥미 있게 관찰할 수 있었다.

1993년에 북한학자들과 공동으로 발굴한 코프이토 발해 절터에서 처음으로 화산재가 발견되었다는 말을 전해 들었다. 10세기에 부근의 화산이 폭발하여 절터 위에 덮였기 때문에 화산재 아래의 건물 자리가 발해 시대의 것임을 다시 한번 확인하는 계기가 되었다고 한다. 이렇게 아직도 무궁무진한 비밀을 간직하고 역사를 그대로 안고 있는 곳이 연해주이다. 이번 답사도 일본 니가타나 하바롭스크를 거쳐서 다녀왔지만, 그 직후에 서울에서 출발하는 직항로가 개설됨에 따라 앞으로 더욱 더 자주 발길이 오고 갈 곳으로 다가오게 되었다(「연해주의 발해 유적」『고미술』1994년 봄·여름호).

11
발해 건국 1300주년 학술회의

21세기를 코앞에 두고 있던 1998년은 발해 건국 1300주년이 되는 해이다. 이를 기념하기 위해 9월 중순에 국내에서 발해사 학술회의가 개최되었고, 곧이어 러시아 블라디보스토크에서도 국제회의가 열렸다. 1997년 가을에 러시아로부터 초청장을 받고 내심 당혹스러움을 금하지 못한 적이 있었다. 우리는 미처 마음의 준비조차 하지 못하고 있을 때에 이미 그쪽에서는 회의를 마련하고 있었기 때문이다. 그 학술회의가 9월 21일부터 25일까지 블라디보스토크에 있는 극동대학에서 개최되었다.

기대했던 북한학자들이 참석하지 않아서 못내 아쉬움이 남았지만, 고려학술문화재단의 지원을 받아 참석한 국내 연구자 5명을 비롯하여 러시아 8명, 중국 3명, 일본 2명, 독일 1명이 논문 발표를 하였다. 러시아 발표자들은 주로 연해주 일대에서 새로 조사된 발해 유적들을 소개하였고, 나머지는 문헌 연구에 중점을 두었다.

근래에 연해주에서 발굴된 발해 유적으로 크라스키노Kraskino 성터, 고르바트카Gorbatka 성터, 아우로프카Aurovka 산성, 시넬니코보Sinel'nikovo 산성 등이 있다. 특히 크라스키노, 고르바트카, 시넬니코보에서 조사된 성벽은 안팎으로 돌을 쌓은 뒤에 그 안쪽에 흙을 채워 넣는 공통점을 보이고 있어서 연해주 일대 발해 성의 독특한 축조 방식임이 밝

체르냐티노-5 고분군 발굴 장면(2008)

혀졌다. 또한 연해주 일대에서는 발해 고분이 거의 발견되지 않아서 140여 곳이나 되는 유적을 남긴 발해인이 도대체 어디에 묻혔는지 수수께끼였으나, 최근에 시넬니코보 성터 부근에서 발해 건국 전후에 해당하는 무덤 몇 기를 발굴하여 궁금증을 조금이나마 덜게 되었다.

이후 2003~2007년 사이에 체르냐티노Cherniatino-5 고분군에서 100기가 훨씬 넘는 고분이 한·러 공동으로 발굴되어 비로소 발해 시대의 무덤 정황이 드러났다.

문헌 연구에서는 발해의 사회 구성과 관련된 것이 가장 많았다. 발해 시대의 지방 세력가였던 수령首領이나 토인土人의 성격을 규명하는 글이 있었는가 하면, 발해 멸망 후에 발해인과 여진인女眞人으로 다시 분리되었다는 사실을 취수혼娶嫂婚 전통의 유무를 통하여 논증한 글도 있었다. 이 밖에 만주에 남아 있던 발해 유민과 고려로 들어온 발해 유민을 각기 다룬 글도 발표되었다.

학술회의장 모습

　회의 기간 중에 금나라 때에 사용되었던 크라스노야르 성터를 답사
하였고, 역사고고연구소에 들러 최근에 발굴된 발해와 금나라 때의 유
물들을 관찰할 수 있었다. 유물 가운데에는 크라스키노 성터에서 발굴된
길이 4.3cm의 아주 조그만 용머리 조각품과 발해 우물터 안에서 발굴된
검은색의 목제 칠기가 인상적이었다.

　모두 5개국의 언어가 사용되어 깊이 있는 토론의 기회를 가지지는
못하였으나, 서로의 의견 개진을 통하여 상대국의 연구자들이 어떤 생각
을 하고 있는지를 직접 체험할 수 있는 좋은 기회가 되었다.

　이 회의는 준비 과정에서 경비 마련이 여의치 않아 개최가 불투명
했었지만, 다행히 재일교포 대학에서 재정을 지원해주어 순조롭게 개최
될 수 있었다. 더구나 한국학 진흥을 위해 국내 기업에서 지어준 장도빈
기념관에서 회의가 개최되었고, 실내에는 발해 사신의 길을 따라 뗏목을
타고 동해를 건너다가 지난 1월 말에 거친 겨울 바다에서 유명을 달리한

발해 탐사대의 사진이 전시되어 있어서, 나름대로 발해에 대한 한국 측의 관심을 외국학자들에게 알리는 데에 한몫을 하였다. 마침 블라디보스토크 주재 총영사도 발해 왕실의 후예인 태석원 씨여서 적극적으로 도움을 주었다.

귀국길에 공항에서 우연히 '발해의 별'이란 술이 판매되고 있는 것을 발견하고 자세히 들여다보니 '발해 건국 1300주년 기념'이란 말이 포장 박스에 쓰여 있었다. 측면에는 발해 역사도 간단히 적혀 있었다. 학술회의 중에는 러시아 학자로부터 시내에 발해란 이름의 카페가 새로 생겼다는 얘기도 들었다.

이처럼 발해 역사는 러시아에서도 관심이 높다. 어쩌면 우리보다도 더욱 열심히 1300주년을 기념하고 있는 것 같았다. 12월에는 일본에서도 발해사 학술회의가 열릴 예정이라고 한다. 발해 역사는 우리 생각처럼 우리의 전유물이 아니요, 점차 동아시아 국가들의 공동의 장이 되어가고 있다. 물론 견해 차이를 드러내는 부분도 있지만, 역사상 그 어느 나

발해 건국 1300주년 기념 술

라의 역사보다도 남북한, 중국, 러시아, 일본의 공통된 관심사가 된 것이 발해 역사이다.

　　북한 영공이 개방되어 블라디보스토크로의 비행시간이 종전보다 1시간이나 단축된 것을 이번에 새삼 경험하면서, 21세기에는 발해사를 통하여 동아시아 국가들이 서로 가까이 다가설 수 있는 계기를 마련하였으면 하는 바람을 귀국 비행기에서 가져보았다(「러시아 발해사 학술회의 참관기」『문화일보』 1998.10.11.).

12

하늘 끝자락의 콕샤로프카-1 성터

늦더위가 기세를 부리던 2008년 9월 말에 국립문화재연구소가 러시아 학자들과 함께 발굴하는 연해주의 발해 유적을 찾았다. 서울에서 블라디보스토크까지 비행기로 간 뒤에 다시 동북쪽으로 360km 떨어진 현장까지 자동차로 8시간 정도를 달려야만 도착할 수 있는 이틀 여정의 먼 곳이었다. 발음하기도 어려운 콕샤로프카Koksharovka-1 발해 성터가 거기에 있다.

우수리 강 상류이기도 한 이곳은 단풍이 들기 시작했고, 낮에도 한기를 느낄 정도였다. 이따금 눈보라가 흩날리기도 했다. 두터운 군용 잠바를 입고 추운 텐트에서 잠을 자며 고생하는 한·러 고고학자들이 반갑게 맞아주었다.

발해 성터는 사람의 손을 타지 않은 채 1200년 전의 자태를 드러내고 있었다. 부근의 산 위에 올라보니 타원형에 가까운 둘레 1,645m, 높이 4~6m, 기저부 너비 10~14m의 성벽이 고스란히 눈에 들어왔다. 성 안의 북쪽 가운데 부분에서 동서 92m, 남북 70m 정도의 장방형 돌담이 발견되어, 이를 발굴해보니 담장 안 북쪽 일대에 건물들이 조성된 사실이 밝혀졌다.

현장에 도착하니 이 건물지 발굴이 한참 진행되고 있었다. 건물 내

콕샤로프카-1 성터 전경

부에는 고대의 온돌인 쪽구들 시설이 있었다. 보통 온돌이 아니라 발해 궁궐 유적에서나 볼 수 있는 대규모 온돌이었다. 건물 남쪽에 출입구가 있고, 내부의 동서 양쪽 벽 중간 부근에 아궁이가 각각 하나씩 시설되고, 여기서 출발한 두 구들이 북벽으로 뻗어서 서로 만난 뒤 건물 밖에 튀어나와 있는 굴뚝으로 이어졌다. 이에 따라 개별 건물지는 유曲자형 평면을 띠고 있다. 발해 궁전지에서 발견된 곡曲자형 평면과 유사한 구조이다. 담장 내부는 주변보다 약간 높아서 토층 조사를 해보니 인공적으로 흙을 다져서 쌓아 올린 뒤에 건물을 세운 것이 밝혀졌다. 그만큼 중요한 건물이 있었다는 증거이다.

2011년까지 발굴한 결과, 7개의 건물지가 서쪽의 1호부터 동쪽으로 1~2m의 간격을 두고 동서로 나란히 노출되었다. 각 건물은 정면 5칸, 측면 5칸으로 구조가 동일하지만, 건물 폭과 길이가 조금씩 변한다. 이에 따라 세 가지 크기로 분류되는데, 제일 큰 것은 가운데에 있는 4호와 5호이고, 그 다음은 그 좌우의 3호와 6호이며, 마지막은 좌우 끝에 있는 1호, 2호, 7호이다. 제일 큰 4호는 남북 13.2m, 동서 12m이고, 제일 작은 1호는 11.4m와 8.4m이니, 면적에서 65% 정도 차이가 난다. 가운데가 크고 좌우로 갈수록 작아지는 것으로 보아서 건물 사이에 위상 차이가 있는 것을 알 수 있다. 기와는 거의 발견되지 않으니 아마 억새나 띠로 지붕을 이었을 것이다.

이곳에서는 말갈족 토기나 여진족 토기가 발견되지 않았다. 다시 말해서 발해 이전이나 이후에는 사용되지 않았다는 뜻이다. 다른 발해 성터는 금나라 때에 여진족이 다시 사용하였지만, 이번 발굴 결과 이곳은 발해 때만 사용된 것이 확인되었다. 그만큼 발해사 연구에서 학술 가치가 높다.

건물지는 규모가 크지만 내부는 깨끗하게 비워져 유물은 매우 빈약한 편이다. 장기간 사용한 건물은 아니었던 듯하다. 다만 3호와 4호 사이에서 제기祭器에 사용된 것으로 보이는 그릇받침器臺 등 제사용 물건이 다량으로 출토되었다.

누가 이곳에 살았을까? 현재까지 발견된 발해 성터로는 동북쪽 최말단인 이곳 쪽구들 건물에서 살았던 사람은 누구였을까? 물론 기록은 없다. 현지 주민인 말갈족의 유물은 보이지 않고, 그 대신에 고구려 전통을 지닌 가로띠 손잡이의 토기 등이 발굴되고, 여기에 중국계 고급 유물도 발굴된 사실이 주목된다. 이것은 현지인이었던 말갈족의 거점이 아니라, 발해 중앙에서 파견된 외지인들이 거주하던 성이었음을 의미한다.

이들은 고구려식 그릇을 사용하고 쪽구들 생활을 한 것으로 보아 고구려 전통에 빠져 있었던 것이 분명하다. 동행했던 국립문화재연구소 최

그릇 받침들

맹식 실장의 얘기로는 발해 기와의 제작 방식에서도 고구려 전통이 엿보인다고 한다. 그런가 하면 이곳에서 출토된 적갈색 토기는 서울 아차산 일대에서 출토되는 고구려 토기를 연상하게 한다. 그렇다면 발해 상층부의 고구려계 지배자들이 거주하던 성이었을 것이다.

그런데 이 건물이 주거용으로 보기에는 뭔가 이상하다. 건물이 나란히 있지만 서로 독립되어 있고, 이들을 연결하는 통로가 마련되어 있지 않다. 더구나 건물의 크기를 달리하여 건물 사이에 위상 차이를 드러냈다. 제사용 물품이 발견된 사실까지 고려하면 관청 건물이라기보다 종묘宗廟 시설일 가능성이 크다. 더구나 일곱 개 건물이 있었다면 7묘廟 제도가 되니 황제의 신위를 모신 태묘太廟라고 불러야 할 것이다. 제후인 왕은 5묘 제도를 택했으므로 다섯 개 건물만 지을 수 있었다. 발해가 황제 제

태묘로 추정되는 건물지(2011, 국립문화재연구소 제공)

도를 많이 취했던 점을 상기하면 이해할 만하다.

　그러면 발해 수도가 아니라 왜 이곳에 태묘를 지었을까? 여기에 하나 추측할 수 있는 역사 기록이 있다. 발해가 멸망한 직후에 지방의 주요 도시인 안변부安邊府, 막힐부鄚頡府, 정리부定理府 등이 반란을 일으켰다가 평정된 일이 있다. 이 성터는 안변부의 소재지로 여겨지는데, 이 건물들은 거란에 반기를 들었던 투쟁의 상징물이었을 것이다. 다시 말해서 발해 조정이 항복한 뒤에 자신이 그 뒤를 잇는다는 의미로 태묘를 조성하고 투쟁의 중심지로 삼았던 것 같다. 실제로 이곳에서 출토된 유물은 발해 후기나 멸망 이후에 해당한다고 한다. 중국 청자도 10세기 것으로 추정된다.

　이번 발굴을 통해서 우리 조상들의 손길이 이 먼 곳까지 뻗쳤다는 사실을 새삼 확인할 수 있었다. 앞으로 이곳을 중심으로 하면서 발해 영토가 동쪽으로, 북쪽으로 어디까지 더 뻗어 있었는지 조사할 필요가 있다. 그렇지만 연해주의 물가가 하루가 다르게 치솟고 있어서, 시간이 흐를수록 우리 조상의 흔적을 찾아 나서는 일이 쉽지가 않을 것 같아 안타깝다(「블라디보스토크서 360km … 온돌·기와 등 고구려 전통 그대로」『문화일보』 2008. 10. 16. 수정 보충).

13
다시 찾은 연해주에서

2016년 8월에 연해주를 다시 찾았다. 이번이 스물두 번째이다. 예전에는 동해로 날았는데 북한의 위협으로 중국 만주로 에돌아갔다. 군사도시였던 블라디보스토크가 갓 개방된 1992년에 처음 방문했을 당시에는 일본 제품 일색이던 것이 그로부터 불과 2, 3년 사이에 시골에도 한국 과자 봉지들이 굴러다니기 시작했던 기억이 난다. 이렇게 연해주는 우리에게 급격히 다가왔다.

10년 전쯤에 우수리스크 부근에 있는 체르냐티노-2 유적에서 한·러 공동 발굴이 있었다. 이때 북옥저와 발해 그리고 근대 고려인의 집자리들이 한 구역에서 나란히 발굴되어 내 관심을 끌었다. 우리 역사 가운데 이 세 시기가 연해주와 연관되어 있기 때문이다. 이 집자리들에서 우리 민족의 고유한 생활문화인 온돌이 공통적으로 확인된 것도 매우 뜻깊은 일이다. 우리 조상들이 땅 속에 지문을 남겨 놓은 것이다. 이처럼 연해주는 과거 우리 역사의 무대였다. 이를 알게 된다면 낯선 백인의 땅이 아니라 친근한 땅으로 다가올 것이다.

연해주는 698년에 건국되어 926년에 멸망한 발해국의 땅이었다. 고구려 유민이 주축이 되고 말갈족이 참여한 연합정권의 성격을 띤 나라이다. 이 때문에 누구 역사인가를 두고 한·중·러·일 사이에 논쟁이 되고

체르냐티노-2 유적에서 발굴된 온돌(정석배 교수 제공)

있다. 우리와 일본은 고구려 계통의 역사로 보지만, 중국이나 러시아는 말갈족의 역사라고 주장한다.

그러면서 중국과 러시아에서는 자기 역사로 삼아 열심히 발굴하고 있는데, 우리는 접근조차 하기 어려운 형편이다. 그러기에 우리 역사가 분명한 데도 낯선 역사 취급을 받고 있다. 서울대학교에서 28년간 봉직하면서 아직 발해사 연구자를 키워내지 못했다고 말하니, 버스 안에 있던 청중들의 표정이 어두워졌다. 그만큼 연구하기 어렵기도 하거니와 우리 마음속에서 멀어져 있기도 하다. 광야에서 홀로 외치는 느낌이다. 발해사를 중국사라고 주장한다는 내 말에 아무도 귀 기울이지 않더니, 동북공정으로 고구려를 중국사로 만든다는 말에는 벌떼처럼 일어난 것만 봐도 그 관심의 차이를 실감할 수 있다.

발해는 현재의 중국 연변과 흑룡강성에 중심지를 두고, 사방 5천 리에 이르는 너른 땅을 소유하였다. 고구려보다 두 배 정도 큰 나라였다. 발해의 영역은 북쪽으로 하바롭스크가 있는 아무르 강 유역까지 뻗어 있었다. 이에 비해 고구려 땅은 남쪽에 치우쳐 있어서 두만강 부근까지 미쳤을 뿐이다. 발해는 연해주에 살던 말갈족을 정복하여 다스렸다. 지금 연해주에는 크라스키노 성터, 니콜라예프카 성터, 콕샤로프카-1 성터 등 발해 지방성의 유적이 아주 잘 남아 있다. 인구가 적으니 1천 년 전의 모습이 훼손되지 않는 채 고스란히 남아 있다. 오래 전에 사라진 국가이지만, 우리 조상이 만주와 연해주란 커다란 대륙을 경영했던 사실을 후손들에게 일깨워주고 있다.

그런가 하면 크라스키노 바닷가에 있는 성터는 발해인들이 배를 타고 동해 바다를 건너가던 항구도시였다. 100명이 넘는 인원이 목숨을 걸고서 초겨울에 북서계절풍을 타고 바다를 건넜다가 봄에 동남계절풍을 타고 귀국했다. 이 당시에 일본은 바다를 건너지 못해서 발해 배를 타고 당나라에 건너갈 수 있었다. 이 때문에 크라스키노 성터는 한국과 일본, 중국 연구자들이 경쟁적으로 발굴하는 각축장이 되어 있다. 이처럼 발해는 대륙을 경영한 국가이면서, 거친 겨울 바다를 헤치고 해양을 개척한 나라였다.

고려 이후에 우리 활동은 한반도로 축소되었고, 남북 분단이 된 지금에 와서는 한반도 남부에 국한되기에 이르렀다. 하산의 두만강에서 건너다보이는 북한 땅은 범접할 수 없는 곳이 되었고, 우리는 대륙에 연결된 사실을 잊은 채 섬 아닌 섬에 갇혀 있음을 발견하게 된다. 극동에 사는 우리가 연해주의 서양인들과 마주하고 있다는 사실도 이곳에 와서야 새삼 느끼게 된다. 국경수비대가 허락하지 않아서 이번에는 두만강과 북한 땅을 건너다보지 못하고 발길을 돌려야 했다. 기차를 타고 시베리아를 거쳐 서유럽까지 갈 수 있음에도, 북한에 가로막혀 이를 자각하지 못하고 있다. 영토의 분단은 이렇게 사고의 분단마저 불러왔다. 우리의 생각

북한과 연결된 하산 철교(2005년 8월)

이 한반도 남부에 머물러 있는 것이다. 이것은 생각의 크기도 줄어들게 하였다.

　　우리는 이제 다시 대륙을 생각하며 살아야 한다. 진정한 통일은 영토뿐 아니라 사고에서도 대륙으로 열려 있을 때 실현될 수 있다. 발해인은 신라인과 함께 남북국 시대에 살았고, 지금 우리는 남북한 분단 시대에 살고 있다. 남북한 시대에 남북국 시대를 생각하며 미래를 설계해볼 때이다.

　　하바롭스크에서 탄 귀국 비행기가 아무르 강에서 요동 반도에 이르는 발해의 국경선을 따라 날고 있었다. 거대한 영역을 하늘에서 다시금 확인한 순간이었다(「연해주에서 되돌아보는 발해사」 『중앙일보』 2016. 10. 12.).

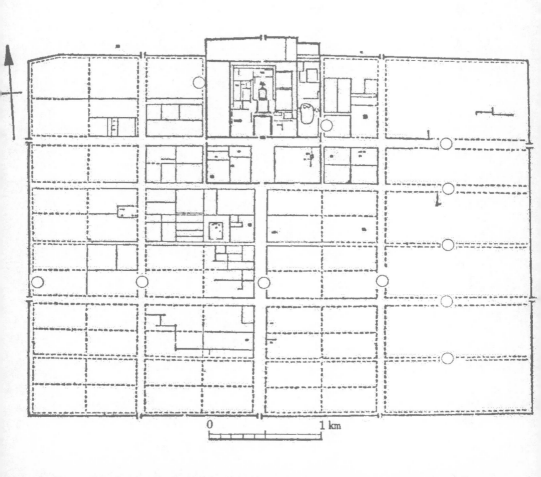

01
발해 목간

1991년 11월에 일본 오사카경제법과대학에서 열린 학술회의에 참석하고 나서 따로 하루를 시간 내어 나라奈良 지방을 답사하였다. 경주와 같이 고대 유적이 집중되어 있는 곳이기 때문에 2차 대전 때에는 미군의 폭격 대상에서 제외되었다는 일화를 남긴 곳이다. 이곳에는 신라 시대의 민정문서民政文書를 비롯한 각국의 고대 유물들이 고스란히 간직되어 있는 쇼소인正倉院과 도다이지東大寺를 비롯하여 백제 칠지도七支刀가 간직되어 있는 이소노카미 신궁石上神宮, 백제 관음상이 보존되어 있고 얼마 전에 불대좌에서 고구려 인물상이 발견되기도 한 호류지法隆寺, 고구려식 벽화 고분인 다카마쓰 고분高松塚 등등 우리 고대사와 관련된 것만도 헤아릴 수 없이 많은 곳이다.

중국의 연변박물관 정영진 관장과 함께 오사카에서 기차를 타고 적어준 약도를 따라 우리 고대사 연구자들에게도 낯익은 가시하라 고고학연구소橿原考古學研究所에 도착하였다. 잘 정돈되어 있는 진열실을 둘러보고 나서 연구소에 근무하는 아즈마 우시오東潮 선생과 신현동申鉉東 선생의 친절한 안내를 받아 다카다 시高田市에 있는 전방후원분인 츠쿠야마 고분築山古墳을 둘러보았다. 5세기 중반경에 해당하는 것으로 길이가 210m나 되는 것이었다. 둘레에는 대형 주구(周溝, 濠)가 돌려져 있었다.

고분 입구에는 허가 없이는 아무도 들어가지 못한다고 하는 궁내청宮內廳에서 세운 팻말이 붙어 있어서 일본 왕실에서 이러한 무덤들을 관리하고 있음을 알 수 있었다. 궁내청에서는 이 고분을 무열천황武烈天皇의 것으로 생각하고 있다고 한다.

이 연구소에서는 고분 옆에 있는 배총陪塚을 발굴하고 있었다. 우리가 방문하였을 때에는 발굴 초기 단계였기 때문에 별다른 것을 볼 수는 없었다. 이곳에서 방향을 돌려 다카이치 군高市郡 아스카 촌飛鳥村에서 아스카 궁성飛鳥宮城에 딸렸던 건물지를 발굴하고 있는 현장을 방문하였다. 발굴 현장에서 퍼낸 흙들을 콘베이어 벨트를 이용하여 운반하고 있는 것이 인상적이었다. 부근의 아스카 자료관을 거쳐서 쇼소인 유물전이 열리고 있는 나라국립박물관, 헤이죠쿄平城京 부근에 있는 나라국립문화재연구소를 부리나케 방문하였다. 도중에 일본에서 제일 오래된 하시하카 전방후원분도 둘러보고, 거의 파괴되어 버린 마키무쿠 전방후원분 발굴 현장도 가보았다.

이렇게 유적이 산재해 있는 곳에 발해와 관련된 곳이 없을 리 없다. 발해가 존속하고 있던 8세기와 9세기에 일본은 나라 시대(奈良時代, 710~794)와 헤이안 시대(平安時代, 794~1185)를 지났으므로, 이 시대의 유적들에서 발해의 자취가 발견되곤 한다. 대표적인 것이 목간木簡이다. 현재까지 두 개가 헤이죠쿄 터에서 발견되었으니, 하나는 '발해사渤海使' 목간이고 다른 하나는 '견고려사遣高麗使' 목간이다.

첫 번째 목간은 너비 8.5cm, 잔존 길이 8cm, 두께 0.7cm의 장방형으로서, 나가야노오長屋王의 저택 부근에서 1988년에 출토되었다. 이것은 정식 문서가 아니고 나무판 앞뒤에 글씨도 연습하고 귀, 얼굴도 그려본 것이다. 그의 생존 연대(684~729)로 보아 발해 사신이 처음으로 일본에 왔던 727년에 쓴 것이다. 따라서 이곳에 언급된 발해 사신은 구체적으로

발해사 목간. 왼쪽 위에 희미하게 발해란 글자가 보인다.

고제덕高齊德 일행을 의미한다. 그런데 목간에는 '교역交易'이라는 글자
가 함께 쓰여 있는 것으로 보아서 이들 일행은 공식적인 외교 활동 이외
에 교역 활동도 수행하였을 것이다.

　　사실 발해 사신들이 너무 자주 일본에 오기 때문에 이들을 제한하
는 조처를 여러 번 취하곤 하였다. 그러한 조처에도 불구하고 발해 사신
들이 자주 파견되는 이유는 외교 문제라기보다 교역 때문이었다. 그래서
나가야노오가 심심풀이로 글씨 연습을 하다가 발해란 나라에서 처음으
로 사신이 왔다고 하니 '발해'라는 글자도 써보고 그들이 교역도 하였다
는 말을 듣고는 '교역'이란 글자도 써본 것이다. 이 목간이 출토된 나가야

노오의 저택 자리에는 백화점 건물이 드높게 세워져 있는 것을 확인하고 는 상전벽해의 의미를 되새기게 되었다.

두 번째 목간은 역시 헤이죠쿄에서 1966년도에 출토되었다. 이것 은 공식 문서로서 길이 24.8cm, 너비 2cm, 두께 0.4cm의 크기에 모두 22 자가 쓰여 있다. 그 내용은 758년 9월 18일에 발해 사신 양승경楊承慶 일 행과 함께 귀국한 일본의 오노 다모리小野田守 일행을 특진시킨 사실을 적 고 있다. 여기서 주목할 것은 발해를 '고려'라고 칭한 점이다. 일본의 역 사서인 『속일본기續日本紀』에도 759년부터 778년 사이에는 발해를 고려 라 칭하고 있다. 이 시기는 발해로 치면 문왕대에 해당하므로, 발해에서 고구려 계승국가라는 의미에서 나라 이름을 고려라 칭한 적이 있고, 이 것을 일본에서 받아들여 그대로 적었던 것으로 보인다.

중국인들은 발해가 고구려 계승국이 아니라고 주장하기 위해서 이 러한 일본 측의 기록을 후대의 조작으로 치부해 버리고 있다. 그러나 이 목간이 발견됨으로써 그러한 조작설은 설득력을 잃어버리고 말았다. 쇼 소인에 소장된 고문서 중에도 발해를 고려라 칭한 것이 있어서 더욱 그 러하다. 이 고문서에서는 '고려객인高麗客人'이 도다이지에 예불하였다 고 하였는데, 구체적으로는 762년에 일본에 사신으로 갔다가 이듬해 귀 국한 왕신복王新福 일행을 가리킨다. 따라서 여기의 고려객은 발해 사신 일 수밖에 없다. 그리고 다이안지大安寺 고문서에도 발해를 고려로 칭한 것이 있다고 한다. 이 밖에 쇼소인에는 고려금高麗錦이라 불리는 것이 있 는데, 통일신라 아니면 발해에서 넘어간 물건임이 틀림없다.

이 밖에 발해와 관련된 고문서로서 함화咸和 11년(841) 윤9월 25일 에 일본에 보낸 발해 중대성첩中臺省牒의 사본도 있다. 첩이란 관청과 관 청 사이에 왕래하던 문서였다. 이 문서는 원래 문서류의 수집, 관리를 책 임지고 있었던 미부케壬生家 집안에 필사되어 보관되던 것으로서 지금은

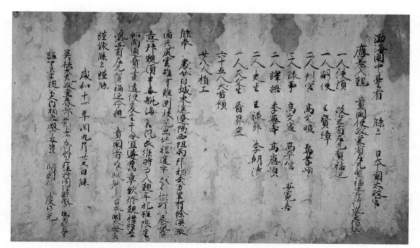

일본에 남아 있는 발해 중대성첩 사본

궁내청에 소장되어 있다. 이것은 발해와 일본 사이에 오고가던 외교문서의 체제를 보여주는 유일한 자료이다. 일행은 모두 백오 명으로서 대사는 하복연賀福延이고, 부사는 왕보장王寶璋이며, 그 아래에 상급 관리判官, 서기錄事, 통역譯語, 하급 관리史生, 기상 관측자天文生 등이 있고, 다시 그 아래에 육십다섯 명의 수령首領, 스물여덟 명의 뱃사공이 나열되어 있다. 이 문서에는 정당성의 장관인 하수겸賀守謙과 왕의 동생이면서 나중에 12대 왕이 된 대건황大虔晃이 결재한 것도 보인다.

발해 사신의 규모는 백오 명이 보통이었다. 이 많은 사람들이 발해 염주鹽州를 떠나 일본으로 오는 길은 900km에 이르는 여정으로서 도중에 풍랑을 만나 사망한 사람들이 많았다. 세 명의 대사가 목숨을 잃었고, 200명 이상이 재난을 당했다. 발해 사신들은 가을부터 얼음이 얼기 전까지 대륙에서 불어오는 바람과 북쪽에서부터 흐르는 한류를 이용하여 바다를 건너갔다. 이리하여 일본의 노토能登, 가가加賀, 에치젠越前 등의 지역에 상륙하였다. 일본 지도를 보면 우리나라 동해 바다 쪽으로 지느러

미처럼 튀어나온 곳이 있는데 바로 그곳이다. 오늘날의 이름으로는 이시카와石川 현, 도야마富山 현, 후쿠이福井 현 등이다. 여기서 육로로 지금의 후쿠이, 쓰루가를 거쳐 나라나 교토로 들어갔다. 그리고 이듬해 여름이 되면 대양에서 불어오는 바람을 이용하여 귀국하였다.

발해 사신들이 제일 많이 도착하였던 곳은 지금의 노토 반도로서 이 일대에도 발해와 관련된 유적들이 있다. 사신들을 태운 배가 드나들던 후쿠라 항福浦港, 일행이 묵었던 객원客院 자리들, 제사와 관련된 지케寺家 유적 등이 조사되었다. 특히 지케 유적은 후쿠라 항구에서 가까운 곳으로 발해인들이 귀국하기 전에 동해를 무사히 건너도록 안전을 기원하고, 혹시나 발해인들이 가져왔을지도 모를 이국신異國神의 재앙이 일본 기나이畿內 지방으로 들어오지 않도록 기원하였던 제사 유적으로 추정되고 있다. 이곳에서 출토된 삼채 도침三彩 陶枕 조각을 미카미 츠기오三上次男가 발해 것으로 추정한 적이 있으나 근래에 태토 분석 결과 나라 시대의 것으로 판명되었다고 한다. 그 대신에 나라 지방의 사카타데라坂田寺에서 발견된 두 개의 삼채 조각이 발해의 것으로 다시금 주목을 받고 있다는 말을 들었다.

02
일본으로 반출된 발해 불상

1980년대 중반에 일본에서 '환상의 발해'라는 TV 프로그램이 만들어지더니 1992년에는 『발해국의 수수께끼』(講談社, 1992), 『수수께끼의 왕국 발해』(角川書店, 1992)라는 책들이 출간되었다. 이들은 한결같이 발해 역사를 무언가 환상적이고 수수께끼 같은 존재로 다루고자 하는 공통점이 있다. 그러나 이런 움직임은 밝혀지지 않은 역사를 새롭게 해명하기보다는 자칫 역사를 신비화, 종교화하는 경향이 있다. 우리나라에서 그동안 겪은 국수주의자들의 '역사 찾기 운동'이라는 것도 이와 별반 다르지 않은 것이다.

일본에는 발해 시대의 불상들이 여기저기 흩어져 있다. 일본의 발해 유물 가운데에는 그 당시에 상호 교류 과정에서 남겨진 것이 있는가 하면, 20세기에 들어 일본인들이 만주를 지배하면서 들여온 유물도 적지 않다. 일본인들이 만주의 발해 유적을 다수 발굴하였고, 그때에 상당수가 일본으로 반입되었다. 발해 불상들은 거의가 후자에 속한다.

흙으로 구워 만든 작은 불상塼佛들이 도쿄대학 종합자료관, 교토대학 문학부 박물관에 다른 발해 유물들과 함께 소장되어 있다. 그뿐만 아니라 토야마 현富山縣에 있는 사이젠지西禪寺라는 절에도 3점이 입수 경위도 모른 채 보관되어 있고, 또한 두세 명의 개인이 소유하고 있기도 하다.

도쿄대학에 소장되어 있는 발해 금동 불상

서울대학교에 보관되어 있는 불상들은 성한 것이 거의 없고 대부분 파편이지만, 도쿄대학에 보관되어 있는 것에는 상태가 좋은 것이 많다. 이 때문에 서울대학교 박물관에서 2003년에 이 유물을 가져다가 '해동성국 발해' 특별전을 개최한 적이 있다.

구라시키 시倉敷市의 오하라 미술관大原美術館에 전시되어 있는 '함화 4년명 비상咸和 4年銘 碑像'은 과거에 고미술상에서 구입한 것이라고 한다. 이 비상은 사암砂岩으로 만들어져 있고, 높이는 64cm이다. 정면 가운데에 아미타불阿彌陀佛을 중심으로 양옆에 성문(聲聞, 가르침을 듣는 수행승려)이 서 있고, 그 옆에 다시 관음보살觀音菩薩과 대세지보살大勢至菩薩이 서 있으며, 그 아래에 명문銘文이 음각되어 있다. 명문 양옆에는 인왕상仁王像이 있고, 정면 맨 위에는 여의주를 움켜쥔 두 마리의 용이 장식되어 있다.

양식으로 보면 당나라 초기 비상들을 닮았지만, 실제로 만들어진 것은 834년으로서 당나라 후반기에 해당한다. 발해의 다른 불상들처럼 옛 양식을 고수하고 있는 것이다. 무엇보다 중요한 것은 여기에 새겨져 있는 명문이다. 93자의 명문은 모두 판독할 수 있을 정도로 보존 상태가 양호하다. 조금 길지만 이를 번역하면 다음과 같다.

"함화 4년(834) 윤5월 8일에 과거 허왕부許王府의 참군參軍, 기도위騎都尉였던 조문휴趙文休의 어머니 이李 씨가 삼가 아미타불과 관음, 대세지 등의 보살존상菩薩尊像을 조성하였으니, 불문佛門의 권속들이 모두 6바라밀波羅蜜을 실천하고, 불가佛家의 창생들이 함께 8정도正道를 뛰어넘기를 바라노라. 이에 기리는 글을 짓는다.
크도다 불법의 진리여, 지극하도다 올바른 깨달음이여. 4생生의 장애를 뚫고 지났으며, 5탁濁의 세계를 배 타고 건넜도다. 이는 더럽지도

함화 4년명 발해 비상

않고 깨끗하지도 않으며, 사라지지도 않고 생겨나지도 않는 것이니,
자비로운 구름이 영원히 드리우고, 지혜로운 태양이 항상 밝으리라."

그동안 이 불상과 명문에 대해서 주의를 기울인 발해사 연구자가 없
어서 필자가 최근에 자료를 입수하여 이를 분석한 논문을 쓴 적이 있다.
1993년 3월 말에 국내에서 열린 학술회의에서 한 일본학자가 이 미술관
을 가보았지만 미처 이 불상에 주목하지는 못하였다는 말을 해주었다.

명문에 따르면 과거 허왕부의 관리였던 조문휴의 어머니가 불제자
들을 위해 조성하였다고 한다. 발해인으로서 조 씨 성을 가진 인물은 기
록에 두 명이 보인다. 한 명은 833년에 당나라로 유학하러 간 학생 조효
명趙孝明이고, 다른 한 사람은 발해 유민으로서 금나라 때에 요양遼陽 지
역의 불교 진흥에 앞장 섰던 조숭덕趙崇德이다. 그런데 조효명이 유학 간
연대는 이 불상이 만들어지기 전 해에 해당하므로 이 무렵에 조 씨도 유
력한 가문이었던 듯하다.

여기서 더욱 중요한 것은 허왕부가 발해에 존재하였을 것이라는 점
이다. 이것은 발해에서 허왕許王으로 봉해진 인물이 있었고, 이에 따라 허
왕부라는 관청이 설치되어 있었다는 것을 의미한다. 그렇다면 허왕이란
왕호를 내려준 발해 왕은 이보다 한 단계 높은 황제의 지위였을 것이라
는 결론에 도달하게 된다. 따라서 이 자료는 발해 왕의 위상과 깊은 관련
이 있다.

필자가 검토한 바로는 발해는 기본적으로 당나라 황제를 중심으로
한 국제 질서에 편입되어 있었던 왕국이었지만, 내부적으로 황제 체제를
갖추고 있었다. 이미 지적한 바 있듯이 정혜공주 묘지에는 공주의 아버
지를 황상皇上이라 일컬은 대목이 나온다. 그리고 발해의 행정 기관에 선
조성宣詔省이란 곳이 있고, 중대성中臺省에는 조고사인詔誥舍人이란 관직

이 보이는데, 이들은 발해 왕의 명령을 조詔라고 칭하였던 사실을 보여준다. 원래 황제의 명령은 제制, 칙勅, 책冊, 조詔 등으로 불렸고, 왕의 명령은 교教라 하였다. 그렇다면 발해 왕의 명령을 이렇게 부른 배경을 짐작할 수 있을 것이다.

한편 이 비상의 오른쪽 측면에는 '문수사리보살文殊師利菩薩'이, 왼쪽 측면에는 '지장보살地藏菩薩'이 새겨져 있다. 여기에 문수보살이 새겨진 것은 예삿일이 아니다. 이로써 발해에 문수신앙이 유행하고 있었던 것을 알 수 있는데, 발해의 승려인 석정소(釋貞素, ?~828)가 중국 오대산에 들어간 일본 유학승 레이센(靈仙, ?~828)과 일본 조정 사이를 왕래하면서 이들의 중개자 역할을 하였던 것도 이러한 신앙과 연계되어 있을 것이다.

발해가 멸망한 뒤에 여진족 사이에도 문수신앙이 성행하여 문수가 지혜의 부처, 평화의 부처로서 숭배되면서 이름에도 문수를 칭한 예도 적지 않다. 청나라 초기에 등장하게 된 만주滿洲라는 명칭은 바로 이 문수라는 말과 동일하다고 한다. 그 뒤 만주란 말은 여진족을 대신하는 종족 이름으로 사용되어 청나라를 세운 민족을 만주족이라고 부르게 되었다. 나아가 이 명칭은 때로는 지역 이름으로도 사용되는데, 만주 지방이라고 부르는 것이 그것이다.

그러나 지금은 중국인들이 만주라는 말을 잘 사용하지 않는다. 만주 지역을 일컬을 때는 '동북 지방'이라 하고, 만주족을 지칭할 때는 줄여서 '만족'이라고 한다. 그리고 일본인들이 세웠던 만주국은 굳이 '위만(僞滿, 괴뢰 만주)'이라고 부른다. 이러한 데에는 역사적 이유가 있다. 과거에 일본인들이 만주국을 세우면서 만주는 중국 역사와 별개의 지역이라는 것을 내세워 강점을 합리화하려고 하였는데, 만주라는 말은 이를 연상시킨다는 것이다.

그래서 필자는 최근에 중국학자를 만나서 만주라는 용어는 만주국보다 먼저 사용된 것인데 꼭 기피할 필요가 없지 않느냐고 질문하였더니, 과거에 일본인들이 만주라는 말을 정치적으로 이용하였고 지금도 그러한 책략이 계속되고 있기 때문에 사용하기를 꺼린다고 하였다. 이 때문에 중국의 한 부분으로서 '중국의 동북쪽 지방'이란 의미를 담고 있는 '동북 지방' 용어를 선호하고 있다.

중국과 교류가 트이면서 중국인들이 사용하는 '동북 지방'이란 용어를 무의식적으로 받아들여 쓰곤 하는데, 이러한 용어가 우리 입장에서 적절한 것인지 한번쯤 생각해보아야 한다. 우리 역사에서 보면 만주 지방은 결코 동북 지방일 수 없다. 이 때문에 이형구 선생은 '발해 연안渤海沿岸'이란 용어로 대체해서 쓰고 있기도 한다. 그러나 필자는 금세기에 민족 문제가 복잡하게 꼬이기 이전부터 만주라는 말을 사용하였으므로, 그대로 '만주 지방'이란 용어를 사용하는 것이 좋지 않을까 생각하고 있다.

연변 지방을 지칭하는 간도間島라는 말도 이와 유사하다. 이 말의 유래에 대해서는 여러 가지 설이 있지만, 그중에서 가장 유력한 것은 한인들이 두만강에 개간해 놓았던 사잇섬을 부르던 명칭이 두만강 건너 전체를 가르키는 말로 확대되었다는 설이다. 따라서 이 말은 우리 한국인들에게는 친숙한 용어이지만, 중국인들에게는 생소한 말이다. 중국인들은 이 명칭 자체를 한인의 영토적 연고권을 상징하는 말로 여겨서 사용하기를 꺼린다. 이처럼 용어 하나하나에도 복잡한 문제들이 얽혀 있다.

03

일본 속 발해의 숨결, 통일신라의 자취

1996년 2월에 일본에서 고대 유적들을 혼자서 답사하고 있을 때였다. "혹시, 한국 사람이······?" 나라奈良 전철역에서 만난 학생과 거의 동시에 튀어나온 말이다. 조금 전에 도다이지東大寺에서 지나쳤던 그 사람이었다. 일본인 속에 섞여 있어도 느낌으로 한국인을 금방 구별해낼 수가 있었다. 일본 문화 속의 한국 고대 문화가 어쩌면 그럴지도 모르겠다는 생각이 들었다. 그는 일본어를 한마디도 못하면서도 혼자 여행하던 용감한 여학생이었다.

나라 지방에 갔던 사람이라면 대부분 이 학생처럼 저 유명한 도다이지 대불大佛을 보았을 것이다. 이 절은 우리 역사와 인연이 무척 깊은 곳이다. 일본 역사를 보면, 8세기에 이곳에 도읍을 정하여 나라 시대(710~794)를 열었고, 8세기 말에는 지금의 교토로 옮겨 가서 헤이안 시대(794~1185)가 이어진다. 우리나라에 통일신라와 발해가 있던 시절이다. 그러하니 여기에 우리 역사의 자취가 없을 리 있겠는가.

대불은 잠시 접어 두고 그 뒤로 돌아서 조금만 더 들어가면 쇼소인正倉院이라는 창고가 있다. 사다리를 타고 올라가는 다락창고 형태이다. 8세기에 지은 건물이지만, 형태는 고구려 벽화 고분에 보이는 창고와 별반 다르지 않다. 덕흥리 고구려 벽화 고분에는 다락창고 두 채가 그려져

발해 사신이 참배했던 도다이지 대불전

있고, 하나에는 사람이 사다리를 타고 올라가는 모습이 보인다. 집집마다 가지고 있었다는 '부경桴京'이라는 고구려 창고의 실물을 일본 땅에서도 볼 수 있는 셈이다.

이 창고에 1천여 년 동안 수장되어 온 9천 점의 유물들이 나라국립박물관에서 매년 조금씩 전시되고 있는데, 벌써 50년이 넘었다. 여기에는 통일신라나 발해에서 들어간 것도 적지 않다. 신라인들이 연주하였던 금琴이 있고, 각종 그릇과 수저·불경 등이 있다. 1970년대 중반에 경주의 안압지를 발굴할 때에 비슷한 물건들이 많이 출토되어, 일본인 학자들은 안압지를 '지하의 쇼소인'이라고도 부른다. 그만큼 신라와 발해 사이에 교류가 많았음을 보여준다.

쇼소인 물건에서 신라 민정문서를 빼놓을 수 없으니, 지금의 청주지방과 관련된 문서가 일본으로 흘러 들어가 불경을 싸던 책보經帙에 붙어 있다가 금세기 초에 발견된 것이다. 이 문서의 내용과 가치는 교과서에도 자세히 나와 있어 누구나 잘 알고 있다. 몇 년에 작성된 것인지는 아직 논란이 있지만, 뽕나무나 잣나무 숫자까지 국가에서 세세히 파악하고 있어서 세금을 걷기 위해 얼마나 심혈을 기울였는지 그대로 드러나 있다. 통일신라의 경제와 지방 사회를 이해하는 데에 얼마나 중요한지는 이에 관한 박사학위 논문이 여러 편이나 된다는 데에서도 짐작할 수 있다.

신라와 일본은 8세기에 들어서 공적인 외교관계가 그 이전보다 훨씬 소원해지고, 때로는 적대적으로까지 된다. 그런 가운데에도 양국 사이에 많은 문물 교류가 이루어져, 이처럼 연구자의 손길을 기다리고 있다.

두 나라가 소원해진 때인 727년에 발해 사신이 일본에 처음 도착하였다. 이로부터 발해와 일본 사이에 밀월 관계가 맺어져 빈번히 사신들이 오가기 시작하였다. 일본이 당나라에 들어갈 때에도 신라를 거치지 않고, 멀리 동해 바다를 건너 발해 땅을 경유하여 들어갔다. 정소(貞素, ?~828)라고 하는 발해 스님이 일본 왕과 유학 승려 레이센靈仙 사이에 심부름 부탁을 받고 당나라와 일본을 오가다가 결국은 요동 반도 부근에서 풍랑을 만나 목숨을 잃은 사건도 있었다.

이제 대불로 돌아가보자. 8세기 중반에 안치된 이 불상은 높이가 15m나 된다. 너무나 커서 불상을 안치하고 난 뒤에 건물을 세웠다고 한다. 대불전大佛殿도 세계 최대의 목조 건물이라고 한다. 그런데 이 건물에는 현판이 걸려 있지 않다. 우리나라의 절에는 현판이 걸려 있어서 그것만 보더라도 어느 부처님을 모시고 있는가를 알 수 있는데, 일본에는 그러한 현판들이 눈에 뜨이지 않았다. 우리와 다른 면모를 볼 수 있다.

국가의 힘을 쏟아 세워진 이 절에 신라와 발해 사신이 예불하였다. 특히 쇼소인 창고에서 발견된 한 고문서에는 762년에 발해 사신 왕신복王新福이 여기서 예불하였던 사실이 기록되어 있다. 절을 낙성한 지 얼마 되지 않았을 무렵이다. 1995년 가을에 도다이지 대불을 올려다보다가

이 역사적 사실이 언뜻 떠올랐다. 1천여 년 전에 발해 사신이 예불하였던 그 불상, 발해의 후예는 아니지만 발해 연구에 심혈을 기울여 온 내 자신이 그 자리에 서 있음을 깨달았다.

그러나 이곳에만 있는 것이 아니다. 발해 사신은 지금의 러시아 연해주에 있던 염주鹽州에서 배를 타고 동해 바다를 건너왔다. 많은 사람들이 동해의 격랑 속에 빠져 희생되면서 어렵게 도착하였던 곳이 일본의 노토能登 반도 일대이다. 1996년 2월에 고지마 요시다카小嶋芳孝 선생의 안내로 발해 사신의 자취를 따라 이곳을 두루 답사할 기회를 가졌다. 발해 사신이 도착하였던 항구, 그들이 임시로 머물던 객관客館 자리와 신사神社를 가보았다. 눈이 펑펑 내리는 저녁에 후쿠라 항구에 도착하여 노출 부족으로 사진을 제대로 찍을 수 없었다. 그러나 이곳저곳에서 발해 사신이 도착할 당시의 유적들이 발굴되고 있다는 얘기를 들었다.

나아가 841년 일본에 보낸 발해 공문서의 사본이 일본 왕가에 전해지고 있고, 861년 일본에 전해주었던 불경이 교토 부근의 이시야마테라石山寺에 보관되어 있다. 땅 위에만 있는 것이 아니다. 지금도 나라 시대의 수도에서 발굴되고 있는 목간木簡에는 발해와 관련된 것들이 종종 섞여 나온다.

일제시대에 일본인들이 발해 궁전을 발굴하다가 일본 화폐인 와도카이친和同開珎 한 개를 발견하고 대단히 흥분한 적도 있었다. 일본과 만주의 관계가 이미 발해 때부터 있었던 실물 증거를 찾았다고 말이다.

발해는 특산물을 일본에 보내 교역하였고, 귀국시에는 일본 물건들을 사가지고 갔다. 발해 특산물로서 가장 유명한 것이 담비 가죽이었다. 추운 지방이었으니 모피가 특산물인 것은 어쩌면 당연한 일이다. 920년 5월에 있었던 일이다. 사신으로 갔던 배구裵璆가 담비 가죽 옷 한 벌을 입고서 일본 조정에서 자랑을 하니, 일본 왕자가 흑담비 가죽 옷 여덟 벌을

'맥인貊人'에게 쌀 한 되를 지급했다고 쓰인 목간
("파도를 넘어서" 특별전 도록에서)

겹쳐 입고 나와서 배구를 놀래주었던 일이 있다. 이 때가 음력 5월이었으니 푹푹 찌는 날씨에 대단한 자랑들을 했었다. 727년에 발해가 처음으로 사신을 보낼 때에도 물품 목록에 담비 가죽 삼백 장이 들어 있었다.

발해 사람들은 타구打毬, 격구擊毬를 좋아하였다. 이 경기는 원래 당나라로부터 전해진 것인데, 발해와 일본에서도 인기가 있어서 사신으로 갔던 왕문구王文矩가 822년 정월에 직접 일본 왕 앞에서 타구 경기를 시연해 보였고, 일본 왕은 자기 신하와 내기를 걸었다. 그리고 이 경기를 보면서 지은 시가 일본 문집에 전해진다. 그런가 하면 어느 가을 밤에 문득 옆집에서 들려오는 다듬이 소리를 들으면서 고국에 있는 부인을 그리워하면서 지은 무척 서정적인 발해 사신의 시도 일본 문집에 남아 있다.

1996년 가을에 노토 반도 부근에 있는 이시카와石川 박물관에서 "파도를 넘어서"라는 주제로 특별전이 열렸다. 고대와 중세의 문화 교류전이었는데, 도록을 들춰 보니 근래에 새로이 발견된 발해 관련 목간이 들어 있었다. 발해 사람을 '맥인貊人', 즉 '고구려인'이라 한 것이나, 발해 특산물인 '초피(貂皮, 담비 가죽)'란 글자가 쓰여진 것도 처음 볼 수 있었다.

발해에서 일본에 서른다섯 차례, 일본에서 발해에 열세 차례 사신
을 파견하였다. 그만큼 문화적 교류도 많았고, 그 자취도 제법 여기저기
남아 있다. 우리 땅에서는 종적을 감춘 듯한 발해 역사이지만, 만주와 연
해주는 물론이요, 일본 땅에서도 살아 숨 쉬고 있으니 신기할 따름이다
(「동해를 건너 독자외교 펼친 만주벌 대제국」『문화와 나』1997년 5·6호, 삼성문화
재단).

04
함경도의 유적

　필자는 발해 유적과 유물이 있는 만주와 연해주, 그리고 일본을 방문하여 대체적인 정황이나마 파악할 수 있었다. 이제 마지막으로 남은 한 곳이 북한이다. 발해가 신라와 경계로 삼았다고 하는 니하泥河는 원산에서 조금 위쪽에 있는 용흥강(龍興江, 금야강)이다. 그리고 서쪽에서는 대동강을 경계로 양국이 국경을 맞대고 있었으므로, 그 북쪽으로는 모두 발해 영역에 속하였다. 따라서 발해를 제대로 이해하기 위해서는 북한에 남겨진 유적도 방문하지 않으면 안 된다. 2009년 2월에 평양을 방문하여 중앙력사박물관에 전시된 발해 유물을 실견할 수 있는 기회가 있었으나, 함경도의 발해 유적 방문은 아직 요원하다.

　북한에서 발해사 연구에 불을 댕긴 것은 1992년 현재 김일성의 역사 고문이기도 한 박시형이 1962년에 「발해사 연구를 위하여」라는 논문을 발표하면서부터이다. 여기서 문헌을 두루 섭렵하여 모든 면에서 볼 때에 발해는 고구려의 계승자라는 결론을 내렸는데, 이러한 결론은 그 후 북한학계가 연구해야 할 방향성을 제시한 것이다. 이 논문이 발표된 직후에 북한 고고학자들이 중국학자들과 더불어 만주에서 고조선, 고구려, 발해 유적들을 공동으로 발굴하게 되었다. 이를 토대로 고구려 무덤을 전공하였던 주영헌이 고구려와 발해를 서로 비교하여 고고학상으로 보더라도 발해는 고구려의 계승자라는 결론을 내림으로써, 박시형의 명제를 더욱 확고하게 뒷받침하였다.

이후의 연구들은 이들이 내린 결론을 보완하고 보강하는 수준에 머물고 있다고 해도 과언이 아니다. 더구나 이러한 주장은 고조선-고구려-발해-고려로 이어지는 북방 중심의 역사 인식 체계를 만드는 데에 크게 기여하였고, 북한 정권의 정통성을 주장하는 이론적 뒷받침으로까지 발전하였다.

1993년 현재까지 북한에서 발표된 발해사 연구 논문은 40여 편이다. 특히 최근에 이르러 논문 수가 부쩍 늘고 있다. 이것은 1980년대 후반에 들어 사회과학원 력사연구소에 설치되어 있는 발해사연구실을 확장하여 연구 인력을 대폭 늘렸기 때문이다. 이 연구실 실장을 맡고 있는 장국종이나 연구원으로 있는 채태형 등은 원래 다른 분야의 연구자들이었다가 이곳으로 옮겨와 연구를 시작한 사람들이다. 그리고 김일성종합대학의 고구려실장으로 있는 현명호도 박사학위는 발해사로 받았다고 한다.

고고학자로서 근년에 활발하게 활동하고 있는 사람은 김종혁, 김지철 등이다. 이들은 1992년도에 연해주에서 러시아 학자들과 발해 유적을 공동으로 발굴하였고, 1993년 5월에도 코프이토 절터를 발굴하였다. 또한 1991년에는 러시아 학자들이 이들과 함께 함경도에 있는 오매리 절골 유적을 발굴하였다. 이렇게 두 나라 사이에 공동 조사가 진행되다가 1993년 코프이토 절터를 발굴할 때에 우리나라 방송 카메라가 강제로 현장을 촬영하러 찾아간 바람에 북한 연구자들이 도중에 철수하는 사태가 발생하여 그 뒤로 연계가 끊어졌다는 말을 러시아 학자로부터 들었다. 아무튼 우리가 북한의 유적 발굴에 참여하지 못하는 것은 참으로 안타까운 일이다.

사실 북한에서는 1963~1965년에 중국과 공동으로 유적을 조사한 이래 외국에서의 발굴이 더 이상 이루어지지 못했다. 당시에 유적의 성격 규정을 놓고서 양국 사이에 이견이 있었기 때문이다. 서로 자기들의 역사로서 다루려고 하는 민족적인 감정이 불거졌었다. 이 때문에 공동으로 작성한 발굴 보고서가 북한에서는 1966년에 간행되었으나 중국에서는 1997년에 간행되었다. 두 보고서를 보면, 자기 주장에 유리하도록 내용을 약간씩 다르게 수정한 점이 발견된다. 이리하여 1970년대에는 별다른 고고학 연구 성과가 나타나지 않다가 1980년대에 함경도 지역에서 발해 유적들을 확인하면서 돌연 활기를 띠기 시작하였다.

이렇게 하여 함경도에서 발견된 발해 유적들이 상당수가 된다. 이 중에서 중요한 것으로 북청군 북청 토성, 회령군 인계리 토성, 김책시 성상리 토성과 같은 평지성이 있고, 함북 어랑군 지방리 토성을 비롯한 일련의 산성도 있으며, 이 밖에 강어귀에 쌓아 놓은 보루, 중간에서 적을 차단하기 위한 차단성들이 있다. 그리고 건물터로는 신포시 오매리 절골 유적과 개심사 절터, 어랑군 회문리의 24개석이 있고, 무덤들은 함경남도와 북도에 걸쳐 수천 기가 확인되었다.

이들 유적에 대한 대체적인 정황은 『조선유적유물도감』 제8권 발해편(평양, 1991), 북한의 김종혁이 쓰고 남한에서 간행한 『동해안 일대의 발해 유적에 대한 연구』(2002)를 참고할 수 있다. 2008년부터는 연변대학에서 북한학자들과 공동으로 발해 유적을 조사하여 『부거리 일대의 발해유적』(2011), 『회령 일대의 발해유적』(2015)을 국내에서 출간하였다.

북한에서 발견된 발해 유적 중에서 무엇보다 중요한 것이 청해 토성이다. 이 토성은 북청 토성, 신창 토성, 하호 토성, 토성리 토성이라고도 불리는데, 함경남도 북청군 하호리에 위치한다. 북청 물장수, 북청 사자

위성사진으로 본 청해 토성(구글 어스)

놀음 그리고 명태와 명란젓으로 유명한 북청에서 남동쪽으로 18km 떨어진 남대천 왼쪽의 넓은 벌판에 자리 잡고 있다. 이 성에 대해서 1967년 초에 지표조사를 실시하였고, 1972년과 1985년에 각각 발굴하였다. 그 결과 평면이 정방형에 가깝고 둘레는 1,342m이었다.

　　그런데 김종혁은 동서로 길쭉한 장방형으로 둘레가 2,132m란 주장을 제기하였다. 남북으로 뻗은 가운데 길을 기준으로 동쪽 부분을 더 확대해 보면서 이 일대의 성벽은 이미 파괴되었다고 얘기한다. 조선시대 지도에도 정방형으로 표현되어 있는데, 만주의 발해 성터를 의식해서 이를 크게 만들려는 의도에서 나온 것이다. 이 성을 조사한 정영진 연변대 교수도 성벽이 길에서 꺾이는 흔적이 있는 것으로 보아서 남북으로 난 길이 동벽이며, 따라서 정방형이 맞는다고 2016년 8월에 내게 전했다. 성벽에는 치, 망대와 같은 시설물들이 설치되어 있다.

　　성의 규모나 형태가 만주에서 발견되는 발해 도성들과 비슷한 양상을 띠고 있어 북한에서는 이 성을 발해 5경의 하나인 남경남해부 자리로 추정하고 있다. 이렇게 중요한 유적이기에 북한에서는 '지정고적 173호'로 보호하고 있다.

발해의 남경은 신라와 왕래하는 교통로에 위치하였다. 북청에서 해안을 따라 남쪽으로 내려오면 용흥강이 나오고, 이 강을 건너면 신라 천정군泉井郡에 이른다. 그런데 『삼국사기』에 따르면 신라가 이곳에 장성長城을 쌓았고 탄항관문炭項關門을 세웠다고 한다. 이것은 발해에 대한 조처임이 틀림없다. 『삼국사기』에 두 차례 보이는 신라의 사신 파견도 이 길을 통해서였을 것이다. 신라는 통일기에 들어서 남쪽으로 일본 사신이 왕래하는 길목인 모벌군(毛伐郡, 지금의 毛火)에 관문을 쌓았고, 북쪽으로 발해 사신이 왕래하는 길목인 천정군에 탄항관문을 쌓은 것이다.

발해 남경은 신라로 향하는 교통의 요지였던 것만이 아니다. 776년에 일본에 사신으로 갔던 사도몽史都蒙 일행이 출발한 곳이 남해부의 토호포吐號浦인데, 남경에서 남대천을 따라 내려간 동해 바닷가의 신포항 부근이 이곳이었을 것이다. 또 남경에서 나는 곤포(昆布, 다시마)와 부근의 옥주沃州에서 나는 면綿은 발해의 특산물로 유명했다.

옥저의 옛 땅에 세웠다는 이 성은 원래 고구려 유민을 통제하기 위하여 세운 것이다. 고구려가 멸망한 뒤에도 중심지에서 멀리 떨어진 함경도 지역에는 고구려 사람들이 의연히 남아 있었을 것이고, 발해가 건국되어 세력을 뻗쳐 내려온 뒤로는 이곳에 살던 고구려 유민들이 고스란히 발해에 소속되었을 것은 충분히 짐작이 간다. 함경도에서 발견되는 발해 고분들이 고구려 당시의 것과 별반 다르지 않아서 양자를 분리해내기가 어려운 것도 이 때문이다.

이러한 문화 전통을 가진 곳이서인지는 몰라도 발해가 멸망한 몇 달 뒤인 926년 5월에 남해부 사람들이 거란에 항거하였고, 다음 달에 거란

함경도에서 발견된 발해 무덤의 하나(궁심 12호)

대원수 요골堯骨에게 평정된 뒤로는 다른 발해인들처럼 요동 지방으로 강제 이주당하는 수모를 겪었다. 이로부터 고려가 수복하기까지 이곳은 여진인들 차지가 되었다. 우리나라의 북청 이 씨는 바로 이러한 여진인의 후예이다.

　　북청 토성에서는 발해 유물만이 아니라 그 이전의 청동기 시대 유적과 유물도 상당수 발견되었다. 일제강점기 자료를 보더라도 성 밖에는 고인돌이 있고 성 안에서는 동검을 비롯하여 석기, 토기들이 다수 발견되었다. 이러한 사실은 이미 조선 후기 지식인들에게도 잘 알려져 있었다. 북청에서 습득한 두 개의 청석제靑石製 돌도끼 중에서 하나를 갈아서 벼루를 만든 뒤 유득공柳得恭과 성해응成海應이 각기 이를 기념하여 시를 지었다. 또 김정희金正喜가 북청에 유배되었을 때에 이 토성을 답사하여 석촉을 발견하고 지은 시도 있다. 이들은 모두 이 성을 숙신 고성肅愼 古城으로 여겼다. 이처럼 내력이 깊은 토성이 함경남도 북청에 자리 잡고 있다.

05
금동판이 지닌 의미

북한에서는 신라의 삼국통일을 인정하지 않고 있다. 고려가 후삼국을 통일한 것이 우리나라 최초의 통일이라고 한다. 그 역사적 연원을 보면 이렇다. 원래 1950년대까지는 우리 견해와 동일하게 삼국통일을 최초의 통일로 인정하였다. 그러나 1960년대에 들어와서 입장이 변한다. 삼국 전체가 아니라 국토 남부만을 아울렀다는 의미에서 '삼국통일'이라는 말 대신에 '삼국통합'이란 말을 사용하기 시작하였고, 이에 따라 '통일신라' 대신에 '통합신라'라고 불렀다.

이것이 1970년대 후반에 들어와 다시 변모하게 된다. 이제는 신라가 부분적으로나마 통합하였다는 평가마저 부정하였다. 이때부터 통일신라, 통합신라라는 말이 사라지고 '후기신라'라는 용어가 등장하게 된다. 이와 반비례하여 1960년대부터 고려의 후삼국통일에 관심을 가져오다가 근래에 이르러 급기야는 이를 우리 역사상 최초의 통일로 평가를하게 되었다.

결과적으로 이들은 신라의 통일이 당나라 군대에 의존한 외세 의존적 형태를 띠었지만, 고려의 통일은 우리나라 인민들의 주체적 역량에 의한 것이라고 평가함으로써, 신라의 통일을 부정하고 고려의 통일을 긍정적으로 보고 있다. 이러한 평가는 남북한 통일 논의와 직결되어 있는 것으로서, 현재의 정치적 입장이 짙게 투영되어 있다고 하지 않을 수 없다. 다시 말해 남한이 미군의 그늘 아래 통일을 추진하고 있지만, 북한은 주체적으로 통일을 추진하고 있다는 점을 강조하기 위한 정치적 선언이 과거에의 해석에까지 영향을 미치고 있다.

그 결과 통일신라를 사대주의 집단으로 매도하면서 연구도 거의 진행하지 않고, 이와 반대로 고구려나 발해에 대해서는 주체적인 국가로 평가하면서 연구 결과물이 압도적으로 많다. 단지 그들이 통일신라 유적을 접하지 못하기 때문에 연구가 저조한 것은 아니다. 고구려가 진정으로 삼국통일 의지를 다져왔는데, 이것을 거꾸러뜨린 것이 신라라는 점을 강조한다. 이것은 남한에 대한 부정적 시각과 연관된 것이며, 북한 정권의 정통성 주장과 일맥상통하는 것이다.

북한에서 발해사 연구가 근래에 들어 더욱 활발해지고 있는 것은 이러한 배경과도 무관하지 않다. 이에 따라 발해가 고구려 문화를 어떻게 주체적으로 계승하였는가, 주변국으로부터의 영향에서 벗어나서 어떻게 독자적으로 국가를 운영해 나갔는가 하는 점에 주로 매달리고 있다. 이렇게 되니 외래문화의 영향은 거의 무시한다. 다른 문제는 도외시하고 오직 정해진 과제에만 매달리다 보니 일방적인 주장에 기울게 되고, 이 때문에 북한에서의 연구에 대한 우리의 정당한 평가마저 하기 어렵게 만들고 있다.

사실 발해의 고구려 계승성을 규명하거나 발해사를 그 자체로 주체적으로 파악하는 것은 아주 중요한 과제이다. 그런 의미에서 이 방면에 대한 북한 측의 연구도 수용할 것이 많이 있다. 더구나 북한에서 발견되는 고고학 자료는 그 자체가 유일한 것이기 때문에 발해사 연구에 금지옥엽과 같은 존재들이다.

최근에 발해의 고구려 계승성을 보여주는 자료 하나가 북한 유적에

오매리 절골 유적에서 발견된 고구려 금동판(2005년 전시 사진)

서 발견되었다. 북청 토성에서 그리 멀지 않은 신포시의 오매리 절골 유적에서 발견된 금동판 명문金銅板 銘文이 그것이다. 오매리 절골 유적은 함경남도 신포시에서 북동쪽으로 약 13km 떨어진 해발 432m의 압해산 기슭에 위치한다. 이 유적은 세 개의 문화층으로 이루어져 있다고 한다. 맨 아래층은 고구려 문화층이고, 그 위의 두 개 층은 발해 문화층이다. 다시 말해서 이 절터는 고구려에서 발해까지 사용된 것이다.

이 유적은 1980년대 후반부터 조사되기 시작하여 많은 건물터와 함께 유물들이 발굴되었다. 1991년도에 러시아 학자들이 공동 발굴하기 위하여 이곳에 도착하였을 때에는 이미 발해 문화층을 모두 걷어내고 그 아래의 고구려 문화층을 발굴하고 있었다고 한다.

문제의 금동판은 1988년 6월에 발굴되었다. 일부가 파손되어 현재 남아 있는 크기는 길이 41.5cm, 너비 18.5cm, 두께 0.3~0.5cm이다. 뒷면에 못이 붙어 있는 것으로 보아 탑이나 건물에 고정시켰던 듯하다.

이 금동판은 2005년에 남한에서 열린 '고구려전' 전시회에서 모습을 보였다.

　글씨는 가늘게 예서체로 선각線刻하여 오른쪽에서부터 세로로 써내려 갔는데, 문장의 앞부분은 떨어져 나가고 뒷부분만이 남아 있다. 판독이 가능한 글자는 113자이고, 26자는 알아볼 수가 없는 상태이다. 그 주요 내용을 보면 다음과 같다.

> "…삼가 이 탑을 만들었으니, 5층으로 새기고 상륜相輪이 조화를 이루도록 하였다. 원하건대 왕의 신령이 도솔천으로 올라가 미륵을 뵙고 천손天孫과 함께 만나 모든 생명이 경사스러움을 입게 하소서. …
> □화和 3년 세차歲次 병인丙寅 2월 26일 □술戌 초하루에 기록한다."

　이를 보면 대왕을 위해 5층탑을 세우고 돌아가신 왕께서 도솔천에 올라가 미륵과 천손을 만날 수 있기를 비는 내용으로 되어 있다. 이 금동판이 만들어진 연대는 태화(太?和) 3년 병인년으로, 북한에서는 고구려 양원왕 때인 546년에 만들어진 것으로 추정한다. 이 연대는 아직 단정할 만한 것이 아니지만, 고구려 때에 만들어진 것은 확실한 것 같다.

　그런데 여기에 나오는 천손이란 말은 발해 사료에 나오는 동일한 용어를 상기시킨다. 772년에 일본에 보낸 발해의 국서(國書, 국가 사이에 보내는 외교 문서)에서 발해 왕이 스스로 천손이라 일컫고, 양국 사이를 외숙과 생질 관계로 규정함으로써 일본 측의 반발을 샀던 적이 있다. 당시에 당나라에서는 천자라 불렸고 일본에서는 천황이라 불렸던 데에 비해서, 발해에서는 최고통치자를 천손이라 칭했던 모양이다.

　일본의 이 기록은 발해를 독립국이 아니라 당나라에 예속되었던 지방정권에 불과하다고 보는 중국학자들의 입장에서는 여간 당혹스러운

오매리 절골 유적 전체 모습

자료가 아니다. 이에 따라 중국 연구자들은 후세의 일본 역사가들이 왜곡한 것이라고 주장하거나, 하필 천자나 천황이 아니고 천손이냐고 지적하기도 했다. 그러나 오매리 절터에서 금동판이 발견됨으로써 고구려 때에 사용되던 용어를 그대로 계승한 것임을 확인할 수 있게 되었다.

더구나 고구려 때에 만들어진 것이 발해 문화층에서 발견됨으로써, 이 유물이 발해 때에도 탑의 벽면에 걸려 있다가 땅 속에 묻힌 것을 알 수 있다. 그렇다면 이 오매리에 있던 고구려 승려들은 발해가 들어선 뒤에도 변함없이 그대로 불교 활동을 하였을 것이다. 이런 점에서 볼 때에 과거에 고구려 영역이었던 함경도 지역은 주민, 문화, 영토가 고구려에서 발해로 자연스레 계승되어 갔음을 짐작할 수 있다.

이렇기 때문에 이 지역에서 고구려와 발해 시기에 만들어진 고분들이 양식상 구분하기가 어렵다. 그동안 이 지역에서 발견되는 돌방무덤石室墓들을 모두 고구려 것으로 보아오다가 근래에 들어서야 발해 것도 포함되어 있음을 확인하게 된 것은 이런 이유에서이다. 심지어 고구려 유적의 보고랄 수 있는 만주 집안에서도 발해 무덤이 섞여 있음이 1980년대에 들어 확인되기 시작했다. 고구려 수도였던 이곳은 발해 때에 환주桓州의 소재지였으므로 발해인들이 남긴 무덤이 없을 리 없는 것이다. 환주에서 나는 오얏은 발해 특산물로 유명하였다.

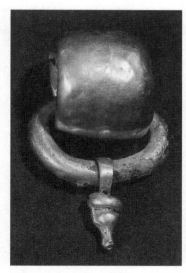

창덕 3호분에서 발견된 금귀고리

함경도 지역의 무덤에서 나온 유물도 이와 유사한 양상을 띠고 있을 것은 당연하다. 함경북도 화대군 정문리에 있는 창덕 3호 무덤에서 발견된 태환식 귀고리는 고구려 것과 아주 유사하다. 이것은 순금판을 말아서 만든 큰 고리에 금을 입힌 작은 청동 고리가 연결되어 있고, 작은 고리에는 다시 순금판으로 만든 표주박 모양의 드리개 장식이 달려 있다. 전체 길이는 4.1cm이다. 그러나 이 귀고리는 고구려 것이 맞는다는 주장도 있어서 앞으로 검토할 필요가 있다. 이처럼 함경도에서 고구려 것과 발해 것을 구분하기가 쉽지 않다.

2004년에는 함경북도 화대군 금성리에서 벽화 고분이 발굴되었다. 이미 파괴되어 발굴 당시에는 일부에만 벽화가 남아 있었는데, 사람의 다리 일부만 보인다. 이런 벽화가 발해의 중심지가 아닌 곳에서 처음 발견되어 주목된다.

이상의 자료들은 발해사 연구, 특히 발해 문화의 고구려 계승성을 밝히는 데에 중요하다. 그렇지만 아직도 함경도나 평안도 지역에서 발

금성리 고분 벽화

견되는 유적을 고구려 것과 발해 것으로 정확히 분류하는 기준이 제대로 제시되고 있지 않은 아쉬움이 있다. 앞으로 북한 유적을 답사하게 되면 이러한 점을 우리 나름대로 재검토해볼 대목이다.

06

황제국을 찾아서

고대사는 워낙 사료가 적어서 조그만 꼬투리가 의외로 큰 연구의 시발점이 될 수 있다. 발해국의 위상을 밝힌 내 논문이 그러했다. 발해국은 대외적으로 왕국을 표방했지만 내부적으로는 황제국을 지향한 외왕내제外王內帝의 이중 체제를 띠고 있었던 사실을 규명해냈다. 발해가 독립국이 아니었다는 중국의 주장을 일거에 무너뜨릴 수 있는 것이다.

이 연구에 처음 실마리가 잡힌 것은 1990년 연변을 처음 방문했을 때였다. 발해사 연구자인 방학봉 선생과 처음으로 두 시간가량 대화를 나누었다. 그는 정효공주 묘지에 문왕을 '황상皇上'이라 부른 것만 봐도 중국의 주장은 틀린 것이라고 지적했다. 나도 묘지를 알고는 있었지만 이 단어에 주목하지는 못하고 있었다. '어, 황상이라 했으면 황제란 말인데' 하면서 머릿속에 담아 두었다.

두 번째 실마리는 일본으로부터 잡혔다. 황수영 선생이 펴낸 금석문 자료집에 '함화 4년명 발해 석불' 명문이 포함되어 있었다. 그러나 수록된 명문이 부실해서 무슨 내용인지 알 수 없었다. 일본 구라시키倉敷 오하라 미술관에 소장되어 있다고 적혀 있어서, 국립중앙박물관에 근무하는 후배에게 부탁하여 사진 자료를 요청해보았다. 보내온 흑백 사진으로도 명문을 온전히 파악할 수 있었다. 이 불상을 소개한 1992년의 논문이 이

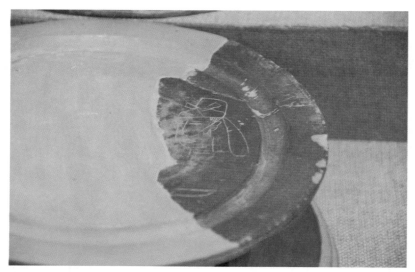
발해인이 묘사된 벼루(북경 고고연구소)

래서 나왔다.

　명문에는 조문휴가 허왕부許王府란 관청에 근무했던 것으로 나온다. 중국 남북조 연구자인 박한제 교수 연구실에 사진을 들고 갔더니 그도 허왕부를 먼저 지적해냈다. 발해에 허왕부가 있었으면 허왕으로 봉해진 인물이 있었고, 그렇다면 왕 아래에 또 다른 왕이 존재한 게 된다. 발해 왕은 황제와 같은 존재로 볼 수밖에 없는 것이다. 당나라 허왕부에 근무했을 가능성은 적어 보였다.

　1996년 초 일본 규슈대학에 머물 때에 이 불상을 얘기했더니, 하마다 고사쿠浜田耕策 교수는 아마 가짜일 것이라고 하며 믿으려 하지 않았다. 그래서 동행하여 실물을 확인했고, 진짜인 것 같다는 답변을 들었다. 일본에 있는 발해 유물을 일본학자보다 먼저 파악하는 행운을 얻은 것이다. 다만 출토지 등의 자세한 정보가 없어 아쉬웠다.

　그렇지만 논문으로 탄생하기에는 좀 더 자료가 필요했다. 그런데 우연히『신당서』발해전 기록이 떠올랐다. 역사학자라면 누구나 알고 있는 내용이지만 무심코 지나친 곳에 생각이 미친 것이다. 발해 3성의 하나로 선조성宣詔省이 있는데, '조서를 선포하는 관청'이란 뜻이니 왕의 명령을 혹시 조서라고 하지 않았을까? 마침 중대성에 속한 조고사인詔誥舍人도 오버랩 되었다. 조고사인은 조고詔誥를 기초하는 관직인데, 조고는 황제의 명령이다.

여기에 눈길이 미치니 신라 하대에 설치된 선교성宣教省이란 관청과 비교되었다. 선조성은 조서를 다루고, 선교성은 교서를 다루는 곳이다. 조서는 황제의 명령서이고, 교서는 왕의 명령서이다. 여기서 통일신라와 발해가 지향한 국가 위상이 극명하게 대비되었다.

이렇게 생각이 꼬리를 물면서 작은 문틈으로 들어온 빛이 점점 방 안을 환하게 밝히기 시작했다. 발해는 독자적인 연호를 2대 무왕부터 계속 사용했다. 연호 사용은 원래 황제국의 특권이었고, 왕국은 황제국의 연호를 받아서 써야 했다. 신라는 통일 이전에 독자적인 연호를 쓰다가 당나라의 꾸지람을 듣고 포기했다. 우리 역사에서 가장 오랫동안 독자적인 연호를 쓴 나라가 발해가 아닌가? 그래서 중국 역사서에서는 '사사로이'란 말을 붙여서 자신들이 인정할 수 없는 연호를 사용했다고 적지 않았나?

다시 771년 일본에 보낸 국서에서 왕 스스로를 천손天孫이라 했다가 일본의 반발을 산 사건도 떠올랐다. 중국은 천자이고 일본은 천황인데, 발해는 고구려를 모방하여 천손이라 했다. 용어는 다를지언정 모두 하늘의 자손이요 하늘의 대리인이란 뜻이 담겨 있다. 왕으로선 표방할 수 없는 이념이다. 발해 사신이 일본에 갈 때 지방의 수령들을 대동하고 간 것도 황제가 제후를 거느리는 모양새를 취한 것이다.

이러저러한 자료들이 모아지니 비로소 논문을 구상할 수 있었다. 이

황후 묘지명이 발굴된 용두산 고분군 용해 구역 위성사진(구글 어스)

리하여 1993년 3월에 고려대학교 민족문화연구소에서 열린 국제학술
회의에서 「황제 칭호와 관련된 발해 사료들」이란 글을 발표하게 되었다.

그로부터 16년이 지난 작년 가을에 중국으로부터 학술지를 받자마
자 흥분을 감추지 못했다. 옛날에 제기했던 이 주장을 확실히 인증하는
자료가 실려 있기 때문이었다. 새로운 발해 묘지가 발굴되었다는 소식을
듣기는 했지만, 내용을 알 수 없어서 애만 태우고 있었다. 그 약보고서가
『고고考古』2009년 6기에 발표된 것이다.

이를 통해서 3대 문왕의 배우자는 효의황후孝懿皇后, 9대 간왕의 배
우자는 순목황후順穆皇后였음이 밝혀졌다. 순목황후 묘지명에는 '간왕의
황후 태씨泰氏'로 적혀 있다고 한다. 남편은 왕인데 부인은 황후라는 기묘
한 말이 된다. 그렇다면 부인의 위상이 더 높았는가? 그것은 아니다. 발해
왕은 왕이라 부르되 황제와 같은 존재였다. 다만 강대국인 당나라를 의
식하여 왕이라 칭하고 조공하면서도 내부적으로 황제국 체제를 취한 것

이다. 이것이 바로 외왕내제의 국가 모습이다. 오래 전에 그런 주장을 했던 것이 먼 훗날 선명하게 증명되었으니, 연구자의 보람은 이런 데서 찾을 수 있을 것이다.

발해만 이중 체제를 취했던 것은 아니다. 고려도 왕국이면서 황제국을 지향했다. 조선 초기에 『고려사』를 편찬하면서 당혹스러워했던 것이 고려시대에 사용된 황제적인 용어였을 정도로 스스로 황제국을 운영했다. 이러한 고려의 제도는 아마 발해에서 배워온 것이리라.

우리나라는 역대로 중국에 사대했던 통일신라와 조선, 그리고 이중적 태도를 취했던 발해와 고려로 양분된다. 내외에 황제국을 천명했던 시절은 대한제국이나 반란 시에 한정되어서 우리 외교의 주류는 아니었다. 우리가 중국에 어떤 태도를 취해야 할지 고민스러운 이때에 한번 되돌아볼 만한 일이다(동북아역사재단 NEWS 2010년 10월호).

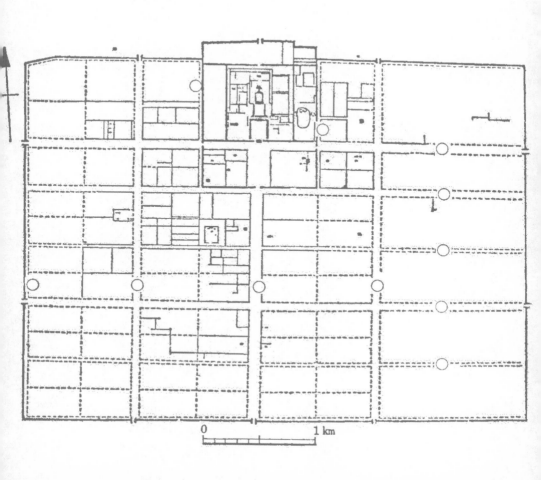

0   1 km

01

발해사 이해를 위하여

정반대의 시각

지난 1990년 여름, 마침내 꿈에 그리던 발해 유적 답사 기회를 얻을 수 있었다. 발해의 중심지는 만주 동부 지역이었다. 현재의 행정구역으로는 길림성 동남부의 돈화, 화룡, 훈춘, 임강 등과 흑룡강성 남부의 동경성이 여기에 해당한다. 이 중에서 길림성 지역은 지금의 연변조선족자치주 관할 지역과 거의 겹쳐 있다. 비록 발해 유적이 다른 나라에 남아 있지만 어느 곳을 가나 우리말을 유창하게 하는 조선족을 만날 수 있었고, 그들이 바로 발해인의 후예인 듯하여 발해 옛터가 남의 나라에 있다는 느낌을 가지기 어려웠다.

그러나 유적 현장에 가면 그것은 정반대로 다가왔다. 상경성 안에 있는 박물관 안내판에나 용두산에 있는 정효공주 무덤 안내판에는 중국 학자들의 판에 박힌 공식이 적혀 있기 때문이다. 그들의 발해에 대한 설명은 언제나 이런 구절로 시작된다. "발해는 당조 때 속말말갈인이 기원 698년~926년 기간에 우리나라(중국) 동북과 지금의 쏘련 연해주 지방에 세웠던 지방정권이다." 이것은 정효공주 무덤 앞에 세워져 있는 한글 안내문의 일부이다.

이 문장에는 두 가지 핵심이 들어 있다. 발해는 속말말갈족을 주체

발해사 이해를 위하여 | 319

정효공주 무덤 안내판

로 세워진 나라였고, 그마저 독립국이 아닌 당나라의 일개 지방정권에 불과하였다는 것이다. 이것은 발해를 독립국가로 당연시하면서 고구려 유민들이 세운 나라로 간주하는 우리의 견해와 정반대이다. 역사적 진실은 하나일 터인데 어떻게 이러한 현상이 나타날 수 있는가. 여기에 민족주의라는 또 다른 요소가 들어 있기 때문이다.

발해사 자체에 대한 모호성은 민족주의에 입각한 자의적 해석을 더욱 부추기고 있다. 자체적으로 남겨진 사료가 전혀 없는 나라, 그런 까닭으로 실체가 거의 확인되지 않고 있는 나라, 이것이 발해사의 현재 모습이다. 그러면서도 단일 종족으로 구성된 나라가 아니고 고구려계와 말갈계 사람들이 혼합되어 구성된 나라였기 때문에, 고구려인에 주목하는 사람과 말갈인에 주목하는 사람 사이에 그 견해가 갈릴 수밖에 없다.

더구나 발해의 영토는 지금의 중국 만주, 러시아 연해주, 그리고 우리나라 북부에 걸쳐 있었다. 따라서 영토상으로 따지게 되면 발해사가 중국사에 속할 수도 있고, 러시아사에 속할 수도 있고, 우리나라 역사에 속할 수도 있다. 그러면서도 발해 지역은 어느 나라에서건 변방에 해당한다. 다시 말해서 그 지역에서 그 나라를 정통으로 계승한 나라가 존재하지 않는다. 이러한 사실은 발해가 전적으로 어느 나라 역사에 속하는 것인가에 대한 답변을 더욱 어렵게 해준다.

이상과 같은 사정들은 역사적 사실 규명보다 역사적 해석을 앞세우게 한다. 주인 없는 물건에 서로 내 것이라고 대들 듯이 모두가 자국에 유리한 시각에서 접근하려 한다. 하나같이 자기 역사 속으로 발해사를 끌어들이려 하고 있는 것이다. 중국학자는 그들대로, 러시아 학자는 그들대로, 북한학자는 그들대로, 남한에서는 우리대로 목소리를 높인다. 그리고 여기에 일본학자들도 또 다른 목소리를 낸다.

1993년 현재까지 발표된 발해사 연구 논문은 전체적으로 1,000편에 가깝다. 그중에서 남북한에서 발표된 것이 20%, 일본에서 발표된 것이 23%, 중국에서 발표된 것이 53%, 러시아에서 발표된 것이 4% 정도가 된다. 이것은 다른 분야와 비교해보더라도 적지 않은 숫자이다. 그러나 수적으로 많다고 해도, 내용상으로는 빈약한 형편이다. 최근에 고고학적 자료들이 증가하면서 다행히 그러한 경향이 점차 불식되고 있기는 하지만, 아직도 상당수의 글들이 발해사 실체를 밝히는 것보다는 자국의 입장에서 주의·주장을 나열하고 있다.

이러한 5인 5색의 견해들은 크게 보면 발해를 말갈계 국가로 보는 입장과 고구려계 국가로 보는 입장으로 가를 수 있다. 대체로 중국과 러시아는 말갈계 국가로 보고 있는 반면, 남한과 북한에서는 고구려계 국가로 보고 있다. 그러나 그 세부 내용에서는 물론 다르다. 일본에서는 고구려계 국가로 보는 듯하다.

이제 각국에서 발해사 연구가 어떻게 진행되고 있는가를 간단히 점검하면서, 이와 함께 그들 각각의 발해사 시각을 살펴보겠다.

중국과 러시아의 발해관

중국과 러시아는 모두 발해사를 말갈의 역사로 규정한다. 그러나 이러한 주장을 펴게 된 배경은 다르다. 서로 발해사를 자국의 역사에 끌어넣으려는 목적에서 이러한 주장이 나왔기 때문이다. 그러므로 그 구체적 내용은 다를 수밖에 없다.

926년 발해가 멸망하고 928년 발해인들이 요동으로 강제 이주된 뒤로부터 만주 동부 지역은 잊힌 땅이 되어 버렸다. 황폐화된 이곳에 다시 관심을 갖기 시작한 것은 청나라 말기부터이다. 그리고 20세기 전반에 들어 김육불이 커다란 업적을 내기도 하였고, 중국 정부가 들어선 뒤 중요한 유적들이 조사되기도 하였지만, 본격적으로 연구가 이루어진 것은 1970년대 말 개혁·개방 정책이 실시된 이후이다. 중국에서 발표된 500여 편의 글 중에서 1980년 이후에 발표된 것이 90%에 가깝다는 것이 이를 반영한다.

중국에는 우리가 가질 수 없는 조건이 하나 있다. 그것은 유적과 유물을 직접 대할 수 있다는 점이다. 그동안 여러 유적들이 조사되었고, 그 중에는 발해사 연구에 획기적인 자료를 제공하여준 것들도 있다. 돈화 육정산 고분군, 화룡 용두산 고분군, 북대 고분군, 팔가자 고분, 동청 고분군을 비롯한 수많은 무덤들이 확인되었고 그 일부가 조사되었다. 이 중에는 유명한 정혜공주와 정효공주의 무덤도 포함되어 있다. 그리고 상경성, 서고성, 팔련성 등의 평지성과 성산자 산성(동모산)을 비롯한 산성들도 상당수 확인되었다. 최근의 집중적인 조사 결과, 연변조선족자치주

관할 지역에서만도 고분군 44개소, 평지성 39개소, 산성 24개소, 절터 21개소, 기타 유적 93개소가 발견되어 도합 221개소나 된다. 그러니 발해 전 지역으로 확대하게 되면 유적의 숫자는 대폭 많아진다.

이 중에서 정식으로 발굴된 것은 아주 적은 숫자에 불과하다. 그마저 학술지에 정식으로 자세히 보고된 것은 일부에 속한다. 그러나 외국 학자들, 특히 한국학자들에게는 발해 유적을 조사하는 것이 금지되어 있다. 중국이 폐쇄적인 사회라는 것은 이미 알고 있는 바이지만, 특히 민족 문제와 관련된 분야에 대해서는 더욱 그러하다.

중국에서는 그들 역사의 범주를 현재의 중국 영토 안에 있었던 과거의 역사 모두로 잡고 있다. 이것은 그들의 소수민족 동화 정책과 밀접하게 연관되어 있다. 소수민족 지역에 대한 역사적 연고권을 주장하여 그들의 분리 독립 의식을 약화시키려는 의도에서 나타난 것이기 때문이다. 역사가 현재적 유용성에 종속되어 있는 대표적인 경우이다. 물론 이러한 시각에 대한 반론도 있지만, 그것은 소수이다.

그러나 이것이 남의 일이 아니라는 데에 문제의 심각성이 있다. 우리의 고대사도 이러한 논리의 희생물이 되고 있는 것이다. 그들은 부여, 북옥저, 고구려, 발해가 현재의 중국 영토 안에 존재했었던 나라라는 이유만으로 중국사의 일부로 다루고 있다. 그리고 위치가 불명확한 고조선은 청천강 이남으로 밀어붙여, 한국사에 속하는 것으로 보고 있다.

이런 상태이니 한국 측의 반응에 대해 민감하지 않을 수 없다. 현지에서 직접 확인한 사실은, 발해사를 우리 역사라고 하는 것을 마치 만주의 영유권을 빼앗으려는 심산으로 생각하고 있다는 점이다. 이러한 중국인들의 주장은 모든 것을 우리의 역사에 끌어들이려는 북한 측의 주장과 상반된다. 그러므로 비록 정치적으로는 양국이 우호적이라 하더라도, 학문적으로는 서로를 비난하는 입장에 있다. 그리고 그 여파가 남한 측의 학자들에게까지 미치고 있다. 그리하여 한국 측의 학자들에게 대단히 방어적인 입장을 취한다. 유물은 물론 유적마저도 제대로 보여주지 않고 있다.

1991년 8월에 연변대학에서 학술회의가 열렸을 때에 근대사 분과의 경우 주최 측으로부터 백두산 문제는 거론하지 말아달라는 부탁을 받았다는 얘기를 들었다. 백두산의 영유권 문제가 제기되어 중국인들을 자극할 것이 우려되었기 때문이다. 또한 조선족 학자가 남한학자에게 자료를 제공하였다고 하여 중국인 관리가 문제 삼는 것을 직접 목격하기도 하였다. 그렇기 때문에 1991년에 발해의 첫도읍지 유적들인 동모산, 육정산 고분군 등을 혼자 답사할 적에는 어쩔 수 없이 일본인 행세를 하기도 하였다.

중국학자들이 발해 유적과 유물을 독점하는 유리한 위치에 있지만, 이것을 십분 활용하여 발해사의 실체에 접근하는 데까지는 아직 미흡하다. 그것은 앞서 지적한 공식의 틀을 벗어나려는 노력을 기울이지 않음으로써 그들의 시각이 한정되어 있기 때문이다. 그리고 그들의 연구가 아직은 체계화되어 있지 못하다. 고구려사를 전공하는 학자들은 고구려사를 중국사로 다루고 있는데, 그 논리대로 한다면 발해가 고구려를 계승하였건 말갈을 계승하였건 간에 중국사에 속하게 되는데, 그럼에도 불구하고 발해사 연구자들은 고구려 계승성을 굳이 부정하려고 안간힘을 쓰고 있는 모순이 발견된다. 사실이 아닌 것을 사실로서 강변하다보니 손발이 맞지 않는다. 최근에 와서야 이를 깨닫고 고구려를 계승했다고 하더라도 중국사에 속한다는 주장이 피력되기 시작하였다. 중국인들의 발해사 시각을 주도해 나아가고 있는 학자들로는 왕청리王承禮, 쑨위량孫玉良 등등이 있다.

그러나 이러한 시각은 근래에 이르러 조선족 학자들로부터도 조용히 비판받고 있다. 정효공주 묘지문에는 그의 아버지 문왕을 '황상皇上'으로 표현한 대목이 있다. 이것은 황제와 동일한 의미로서, 발해가 황제국을 표방하고 있었음이 확인되는 대목이다. 따라서 발해가 일개 지방정권에 불과하였다는 중국인 학자들의 견해는 타당성을 잃게 된다. 그런 까닭으로 이 구절에 대해서 중국인 학자들은 언급을 회피한다. 이 밖에 고분 연구 등을 통하여 고구려적인 전통이 어떻게 발해에 계승되고 있는가도 규명되고 있다.

그렇지만 그들의 사회적 제약으로 인하여 공개적인 비판은 하기 어려운 형편이다. 어느 조선족 학자의 연구 논문을 국내에서 간행하기로 되어 있어 필자가 현지에서 만난 적이 있었다. 원고에서 고구려적인 요소에 상당한 언급을 하고 있는 것을 보고, 필자가 이렇게 써도 문제가 없겠느냐고 물어보았다. 그는 문제없다고 대답하였지만, 나중에 받아 본 원고에는 그런 부분들이 새까맣게 지워져 있었다. 이렇게 미묘한 문제이기 때문에 중국에 사는 조선족으로서 발해사를 연구한다는 자체만으로도 우리로서는 높이 평가하지 않을 수 없다.

중국인들의 주장에 대해 1960년대에 러시아 학자 오클라드니코프 Okladnikov A. P.도 비판한 적이 있다. 그는 모든 문화의 발상지를 중원으로 보는 중국인들의 견해를 '중국 중심주의', '아시아 중심주의'라고 비판하고 이를 극복할 것을 역설하였다. 그 후의 발해사 연구자도 이를 이어받아 발해사를 중국사의 일부분으로 보는 것에 반대하고, 발해사의 독립성을 강조하였다. 이에 대해 중국학자들은 시베리아를 점령하여 자기 역사로 끌어들이려는 '팽창주의'가 아니냐고 반박하였다.

러시아에서의 발해사 연구는 이미 19세기 중반부터 시작되었다. 이로부터 20세기 전반경까지 여러 학자들이 발해사에 관심을 표명하였다. 본격적인 연구는 1950년대 말부터 오클라드니코프를 중심으로 전개되었다. 그리고 전문적으로 발해사 연구에 전념하고 있는 사람은 한국에도 두 번이나 다녀간 그의 제자 샤프쿠노프이다. 이들이 연해주 지방에 남아 있는 많은 유적과 유물들을 조사하여, 발해의 변방사 연구에 커다란 도움을 주고 있다. 연해주 지방에 대해서는 문헌 기록이 거의 없기 때문에 이들은 전적으로 고고학 자료에만 의존할 수밖에 없다. 이러한 한계성은 오히려 새로운 방법론의 개발에 힘쓰게 하였으니, 유적에서 출토된 곡물이나 동물 뼈를 분석하여 당시의 경제 상황을 파악하려 한 것은 주목할 만하다.

예를 들어 성터에서 소, 말, 돼지, 개의 뼈들이 발견되는데, 이 중에서 소뼈를 분석해보니 흥미로운 결과가 나왔다. 발해 전기 유적에서는 어린 소가 많은 데에 비해, 후기 유적에서는 늙은 소의 비중이 상대적으로 높아진다. 이것은 후기에 갈수록 소에 대한 관리 상태가 나아져 소가 오래 살게 되었음을 의미한다. 그뿐만 아니라 전기에는 소를 단순히 식용으로 이용하였지만, 후기에 이르러 축력으로 이용하다가 나중에 잡아먹었던 사실도 반영하는 것이다. 결과적으로 후기에 들어 농경에 소를 보편적으로 이용하게 되었음을 보여준다. 그리고 개뼈가 여러 성터에서 통상적으로 발견되는 것은 당시에도 개를 식용으로 사용하였음을 보여준다. 그렇기 때문에 늙은 개의 뼈는 발견되지 않는다고 한다. 최근에는 청동으로 주조된 물고기 모양의 부절이 보고되었는데, 여기에는 '좌효위장군 섭리계'라는 글씨도 새겨져 있어, 발해사 연구에 중요한 자료가 하나 더 추가되었다.

전반적으로 보면, 러시아 학자들은 발해사를 독립된 역사로 보려고 한다. 발해사를 중국으로부터 떼어내어 자국의 역사에 편입시키려는 의도가 깔려 있다. 이러한 것은 이들의 연구 시각이 발해 전체보다는 연해주 지방으로 국한되어 있고, 기본적으로 발해사 자체의 규명보다는 러시아 내에 있는 연해주 지방의 과거 역사 규명에 초점을 맞추려 하는 것과도 연관되어 있다. 그렇기 때문에 발해 문화를 설명하면서 중국 문화 요소보다는 오히려 중앙아시아나 남부 시베리아 문화 요소를 과도하게 강조한다. 그리하여 발해사를 러시아 극동의 소수민족인 말갈족의 역사, 나아가서는 러시아 역사의 한 부분으로 파악한다. 그러면서도 고구려 문화와 발해 문화와의 관련성은 중국 측보다 훨씬 더 강조하고 있다.

이렇게 중국과 러시아 학자들은 자국사의 입장에서 발해사를 바라보고 있다. 그런 까닭으로 중국에서는 중원으로부터의 영향을 지나치게 강조하고, 러시아에서는 중앙아시아나 남부 시베리아로부터의 영향을 부각시키려 한다.

남북한의 발해관

발해사를 자국사의 입장에서 다루려는 데에는 남·북한도 예외가 아니다. 우리는 발해가 고구려의 계승국가임을 주장한다. 최치원의 글에 "과거의 고구려가 지금의 발해가 되었다"고 언급한 구절이 있어, 그러한 주장의 근거로 삼을 수는 있다. 그러나 그가 고구려와 발해를 높이 평가하고, 나아가 우리 역사에 적극적으로 넣기 위해서 이러한 언급을 한 것은 아니었다.

발해사를 우리 역사에 적극적으로 넣기 시작한 것은 조선 후기 실학자들에 의해서이다. 계속적인 전란을 겪으면서 우리나라가 왜 약한 나라가 되었는가에 의문을 제기하였고, 처음에는 그 원인을 고구려 땅을 잃어버린 데에서 찾았다. 이때에는 발해사가 우리 역사로 인식되지 못하였기 때문이다. 그러다가 비로소 발해사에 눈뜨게 되어, 발해의 건국자는 고구려 사람이요, 발해의 땅은 고구려 땅이라는 결론에 도달하게 된다.

고구려 계승성을 보여주는 금제 관 장식

이러한 의식의 전환으로 발해 지리에 대한 학문적 연구가 활발하게 이루
어졌다. 이러한 학문적 연구는 중국인들이 청나라 말기에 와서 시작하였
던 것보다 훨씬 이른 것이다. 그러나 아쉽게도 19세기 중반 이후 연구가
중단되어 버려, 발해사 연구의 주도권은 20세기에 들어 일본인들에게
내주게 되었다.

　　발해사 연구가 본격적으로 재개된 것은 해방이 되고 나서이다. 먼저
북한을 보자. 북한에서는 박시형이 1962년에 쓴 논문이 선구적이다. 여
기에서는 특히 고구려와의 관련성이 강조되었으니, 그 내용이 연구의 전
범이 되다시피 하고 있다. 문헌 연구에서 시작된 발해사 연구는 고고학
적 연구로 뒷받침되었다. 주영헌이 자신의 고구려 고분 연구를 토대로

하여 발해 문화의 고구려 계승성을 규명하였던 것이다.

그의 연구는 1963~1965년에 중국학자들과 공동으로 발해 유적을 발굴한 것을 토대로 하였다. 그러나 북한에서의 주장이 지나치게 고구려 계승성에 집중되고, 반대로 중국에서의 주장은 중원 문화에의 예속성에 집중되자, 양국 학자들 사이에 틈이 벌어져 버렸다. 이것은 중국에서 1960년대 후반 문화 혁명이 일어났고, 북한에서 1970년대 이후 주체사관 일변도로 돌변하면서 더욱 심화되었다. 이러한 사정은 발해사 분야만 아니라 고조선사, 고구려사 분야에서도 마찬가지였다.

그 결과 중국에 가서 직접 발해 유적을 조사할 수 없게 되자, 1980년대 이후에는 북한 내에서의 유적 조사에 착수하였다. 이리하여 상당수의 고분, 성터, 절터들이 보고되었다. 최근에 발간된 『조선유적유물도감』 발해 편에 실린 사진들을 보면, 중국 측의 것은 1960년대에 찍은 흑백 사진들로 채워져 있고 근년에 조사된 것이 거의 실려 있지 않은 반면에, 함경도 지역의 것들은 근년에 찍은 천연색 사진들로 채워져 있다. 이것은 바로 위와 같은 사정을 반영한다.

발해의 모든 것이 고구려적인 것이고 당나라로부터 영향 받은 것은 무시해도 좋을 정도라고 주장하는 북한 측의 태도는 아직까지 수정의 기미를 보이지 않고 있다. 최근의 논문들을 보면 오히려 자기들의 주장을 더욱 강화하는 방향으로 나아가고 있다. 새로운 젊은 세대가 쓰는 것으로 보이는 근년의 논문들에서는 자신의 주장을 뒷받침하기 위해 사료를 왜곡하거나 엉뚱하게 해석하는 경우도 종종 보인다. 주장을 위해서 연구의 기초인 사료비판마저 포기하는 경향이 보인다.

이보다 더 문제가 되는 것은 그들의 논리적 모순이다. 발해의 지배층은 고구려인이 주축을 이루고 피지배층은 말갈인이 주축을 이루고 있다고 하는데, 그들이 피지배층을 역사의 주체로 삼는 이론과는 어떻게 조화를 이룰 수 있는가? 대조영을 고구려인이라고 주장하는 데에 그치지 않고 굳이 고구려 왕실 출신이라고 강변하는 것은 이러한 논리와 어떻게 합치될 수 있을 것인가? 그리고 발해 멸망 사정에 대해서 도식적인 계급투쟁설을 적용하고 있는데, 그렇다면 말갈인이 고구려인에 대항하는 결과가 되어 고구려인이 발해 역사의 주체라고 하는 그들의 설명과 어떻게 부합될 수 있는가?

그러면 우리는 어떠한가. 장도빈이 1910년대에 이미 발해 유적을 답사하였고 일제강점기 이래 개설서를 통하여 발해사에 대한 관심을 표명해왔으며, 50년대 말에는 나름대로 발해사 연구를 심화시켜 발표하였다. 그러다가 60년대에 들어 이용범이 연구를 재개하여 일련의 연구들을 발표하였다. 그렇지만 본격적인 연구는 80년대에 들어와서 시작되었다. 이 중에는 문헌사학 분야에서뿐 아니라, 고고학, 미술사, 복식사, 문학사, 건축사 등과 같은 인접 학문에서의 연구도 나타나게 되어 문헌사학자들에게 커다란 도움을 주었다.

한 예를 들어보자. 발해 불상을 종합 정리해본 결과, 당나라 양식이 거의 없고 오히려 그 이전의 북위, 수나라 양식이 대부분인 것이 확인되었다. 이것은 발해 불교가 당나라 영향을 거의 받지 않았으며 그 이전의 전통을 고수하고 있었음을 보여준다. 그 이전의 전통이란 바로 고구려일 수밖에 없으므로, 적어도 불교계는 고구려인들이 주축을 이루고 있었음을 충분히 짐작할 수 있다.

그러나 그동안 진행되었던 연구들이 제대로 정리되지 않은 채, 일제강점기 이래의 설이 교과서나 개설서에 그대로 들어가 있는 것이 현재 우리의 사정이다. 그런 가운데 우리에게 유리하다고 생각되는 고구려 계승성만이 지나치게 강조되고 있다. 역시 자국 중심의 역사 인식 범주에서 벗어나지 못하고 있다.

예를 들면, 단순히 『삼국유사』에 대조영이 고구려의 장수였다는 기록이 있다고 하여, 그를 근거로 대조영이 고구려인이었고 나아가 발해가 고구려인의 국가라는 논리를 펴고 있으나, 그의 출신에 대해서는 그와 반대되는 내용도 많다. 그럼에도 불구하고 이에 대한 해명은 전혀 없다.

발해가 고구려를 계승한 면이 많은 것은 사실이다. 1991년에 발굴된 상경성 부근의 왕릉급 무덤에서도 고구려식 말각 천정과 벽화가 드러났다. 그러나 그렇지 않은 면도 상당하다. 그럼에도 북한에서 발해는 오로지 고구려를 계승하였다고 강변하고 있고, 그보다 강도가 떨어지기는 하지만 우리도 역시 그러하다. 이것은 중국인들이 당나라 또는 말갈 문화 일변도로 주장하는 것과 무엇이 다른가?

일본의 발해관

그러면 일본의 시각은 어떠한가. 비록 발해 영역과는 무관하지만, 당시에 발해와 일본 사이에 교류가 빈번하여 발해에 관한 자료들이 적잖이 남아 있고, 일제강점기에는 만주를 침략하여 직접 통치하면서 발해 유적을 다수 조사하였기 때문에, 이들의 발해사에 대한 관심은 다른 나라 못지않다.

이들이 발해사에 대해 관심을 기울이기 시작한 것은 19세기 말부터이지만, 러일전쟁에서 승리한 뒤로 활발한 연구가 진행되었다. 1920년대에 일시적인 공백기를 맞이하였다가, 1930년대에 일제의 만주 침략과 더불어 재개되었다. 일제강점기에 얼마나 활발하게 연구가 이루어졌는가 하는 것은 발표된 글을 통해서도 확인된다. 여타 나라에서는 시기가 내려오면서 논문 숫자가 증가하고 있고 이것이 자연스러운 추세이지만, 일본의 경우에는 1900~49년에 발표된 것이 38%에 가깝다. 그리고 그 내용은 발굴 조사, 지리 고증, 일본과의 관계에 집중되어 있다.

전쟁이 끝난 뒤 산발적으로 논문들이 발표되다가 70년대 들어와 새로운 연구자들이 등장하면서 오늘에 이르고 있는데, 이 시기에는 주로 일본과의 대외관계에 초점이 맞추어져 있다. 그러면서도 발해와 일본과의 외교관계를 천황제적 질서 속에서 바라보려 하고 있다. 다시 말해서 일본은 천황이 존재하는 황제의 국가였고, 발해는 왕이 지배하는 한 단계 아래의 국가였다는 점을 밑바탕에 깔고 있다. 이것은 물론 당시에 기록된 일본 측 사료를 그대로 신빙하는 데에 원인이 있다. 그러나 앞서 언급한 바와 같이 발해에서도 황제국을 표방하였음이 확인되고 있으므로, 이러한 자기중심적 세계관 구축은 일본에서만 나타난 것이 아니다.

일본에는 발해 사신에 관한 기록이 많이 남아 있다. 그리고 일제강점기에 가져간 유물도 상당수 여기저기 흩어져 보관되어 있다. 그러나 이 유물들에 대한 종합적인 정리는 아직 이루어지지 않고 있다. 오하라大原미술관에 소장되어 있는 비상碑像에는 모두 백세 자의 명문이 있어 발해 불교 연구에 중요한 자료가 된다. 또한 당시의 수도였던 헤이죠쿄平城京 유적에서 발해에 관한 목간木簡이 발견된 것도 주목된다. 한 목간에는 '발해'라고 쓰여 있지만 다른 목간에는 '고려'라고 쓰여 있어, 발해가 일시적으로 고구려 계승국으로서의 '고려'란 칭호를 사용하였다는 것이 실물로 뒷받침되었다.

그러나 그동안의 성과를 보면, 일본에서는 기본적으로 자신과의 관계에 주된 관심이 있어 왔기 때문에 발해사의 귀속 문제에 별다른 관심을 기울이지 않았다. 따라서 고구려적인 요소가 강조되기도 하고, 말갈적인 요소가 강조되기도 하였다. 그리고 니시카와 히로시西川宏의 지적에 의하면, 일제강점기에 고구려적인 요소를 강조하였던 것은 문명화된 고구려 사람들이 야만 상태였던 말갈족들을 개화시켰듯이 문명화된 일본 사람들이 야만의 만주족을 개화시켜야 한다는 논리를 끌어내기 위한 것이었다고도 한다.

해방 후 우리 입장에서 그들의 연구 내용을 재음미하여야만 했는데도 그러지 못하여 그들의 시각이 그대로 우리의 발해사상으로 남겨진 경우도 있다. 최근에 정정되기는 하였지만 발해가 신라와 200여 년간 대립적이었다고 본 시각은 그러한 대표적인 예이다. 그리고 5경의 위치에 대해서 일제강점기에 추정된 것 그대로를 아직도 사용한다. 발해에 독자적인 문자가 있었다고 하는 것도 이제는 별로 실효성이 없는 설인 데에도 불구하고 그대로 답습되어 있다.

앞으로의 과제

중국, 러시아, 북한, 남한, 일본의 발해사에 대한 시각은 이렇게 다르다. 공통적이라고 한다면, 그것은 모두 자국의 입장에서 발해사를 바라본다는 점이다. 이것은 불가피한 것인지 모른다. 그러나 문제는 자국의 입장을 먼저 설정하여 놓고 발해사를 바라보기 때문에 그 밖의 부분들에 대해서 미처 깨닫지 못하고 있는 데에 있다. 자국과의 관련성에 집착한 나머지 발해라는 나라 안으로 들어가 발해인의 입장에서 그 실체에 접근하지 못하고 발해국의 밖에 서서 자기 쪽으로 잡아당기는 데에 열중하고 있다. 이것은 발해인의 직접적 후예가 아닌 이웃 민족들에게 연구가 맡겨져 있기 때문이기도 하다.

중국과 러시아에서 주장하는 것처럼 발해 문화에는 당나라적 요소, 말갈적 요소가 들어가 있다. 그리고 우리가 강조하는 것처럼 고구려적 요소도 포함되어 있음은 물론이다. 이렇게 되다 보니 발해인들이 스스로 창조한 문화 요소들은 자리 잡지 못하고 있다. 따라서 앞으로는 이 역사가 과연 어느 나라에 속하는가 하는 점을 일단 보류해두고 그 실체 규명에 초점을 맞추어야 할 것이다. 그런 다음에 그 결과를 가지고 발해사의 소속 문제가 검토되어야 한다.

그런데 이러한 작업을 가로막고 있는 것이 있다. 아직까지 상호간에 자료와 연구 결과의 교환이 활발하지 못한 것이다. 상대방의 논문을 참고하더라도 그들의 실증적 연구를 겸허히 받아들이기 보다는 이를 비판하는 데에 중점을 둔다.

1991년 가을에 일본에서 개최된 학술회의에 참석한 적이 있다. 마침 북한학자들도 참석하여 그들이 도착한 날에 『북한의 고대사연구』라는 책을 건네주었다. 이 책은 5인이 공동으로 집필한 것으로서, 북한의 고대사 연구 동향에 대해 세밀하게 검토한 것인데, 필자는 통일신라와 발해 부분을 담당하였다. 그 내용에는 학문적 비판도 들어 있어, 내심 어떠한 반응이 있을까 궁금하였다. 그러나 다음날 아침에 만난 결과는 뜻밖이었다. 밤새 그 책을 검토해보고 그 내용에 대해서 유감이 없다는 것이었다. 그 후로는 서로 친숙해져 학술회의가 끝날 때까지 내내 학문적 토론을 벌인 적이 있다. 이러한 교류와 비판이 활발하게 벌어져야만 객관적인 발해사 실체에 접근할 수 있지 않을까 하는 생각이 그 당시에 절실히 들었다.

마지막으로 필자의 발해사에 대한 시각을 밝혀야 하겠다. 1990년에 중국에서 열린 학술회의에서 미국의 제이미슨John C. Jamieson 교수가 발해사는 중국사도 아니요 한국사도 아니고 만주사에 속한다고 하여 중국학자들과 크게 논란을 벌인 적이 있다. 그는 중국과 한국의 견해 차이를 익히 알고 있었기 때문에 제3의 중재안을 내놓은 것이었지만, 발해사를 한국사에서 분리하려는 것은 분명 잘못된 것이다.

발해는 기본적으로 고구려인과 말갈인이 세운 나라이다. 또한 영토상으로 한반도와 만주, 연해주에 걸쳐 있었던 나라이다. 그런 의미에서 발해사는 한국사에도 속할 수 있고, 만주의 역사에도 속할 수 있다. 한국사에 속한다고 할 때에는 고구려인의 역할이 강조된 경우이고, 만주의 역사에 속한다고 할 때에는 말갈족의 다수성에 근거를 둔 경우이다. 필자로서는 민중사학이 고대사에 적용될 수 있는지 회의적이지만, 만일 가능하다면 후자의 입장에 서지 않을 수 없다. 그러나 중국사의 일부는 분명히 아니다. 만주는 역사적으로 중원과는 별개의 지역이었기 때문이다. 이것이 필자가 잠정적으로 지니고 있는 생각이다. 그러나 이러한 견해는 앞으로의 연구 결과에 따라 수정될 수도 있다.

그동안 일본인의 식민주의사관을 극복하려는 노력이 계속되었다. 이것은 일본인과의 학문적 전쟁이라고 할 수 있다. 그러나 너무 일본인의 시각 교정에만 집착한 나머지 더 큰 나라와의 학문적 전쟁을 준비하지 못하고 있다. 이제 중국과 수교가 되었으니 고대사의 소속 문제를 둘러싸고 일본인과 임나일본부설을 둘러싸고 싸워왔던 것보다 더 강도 높은 싸움이 벌어질 것이다. 물론 러시아인과의 의견 대립도 목전의 현실이 될 것이다. 한반도 남부에는 임나일본부가 있었다고 하여 일본이 연고권을 주장하고, 한반도 북부에 있었던 부여, 북옥저, 고구려, 발해는 중국 그리고 러시아가 자기들의 역사라고 주장하니, 우리 역사는 한반도 중부로 쪼그러들고 말 것인가? 그럼에도 불구하고 이를 준비하지 못하고 있다(「발해사, 남북한·중·일·러의 자국중심 해석」『역사비평』 18, 1992년 가을호).

02

민족주의 사관과 발해사

너무 민족주의적인 국사교과서

일본의 역사교과서에 대한 논쟁으로 사회가 한참 들떠 있던 2001년 1학기에 갓 들어온 역사철학부 신입생을 대상으로 과제를 하나 냈다. 몇 달 전까지도 접했던 국사 교과서 및 그 교육에 대해 느껴온 자신의 생각을 맘대로 펼쳐보라는 것이었다. 팔십 명에 가까운 학생들의 견해는 다양했지만, 우리 교과서가 너무 민족주의적이라는 지적이 서른여덟 명으로 가장 많았던 것은 정말 예상 밖이었다. 심지어는 혈연주의적, 극우적, 국수주의적이라는 말까지 서슴지 않는 학생도 있었다. 그 다음은 예상대로 서른다섯 명이 근·현대사 서술의 빈약을 들었고, 서른한 명이 국정교과서 체제의 문제점을 손꼽았으며, 무미건조하고 답답한 교과서 서술에 대해서는 과반수의 학생이 다양한 사항을 들어 꼬집어 냈다. 이런 답변은 2학기에 다른 학생들을 대상으로 다시 한 번 받아본 결과에서도 거의 동일하게 나타났다.

우선, 몇 학생이 동일하게 지적한 사항은 국사교육의 문제점을 잘 대변해준다. "내가 학교에서 국사를 배울 때마다 느낀 점은 대부분의 아이들이 초등학교 때나 어렸을 때에는 역사나 국사에 관심을 가지고 있었지만 정작 정식으로 과목을 이수하는 학교에 와서는 흥미를 잃는 것이 이상해 보였다"(전창만)는 것이다. 소화불량에 걸릴 정도의 서술 내용과 함께 민족주의적 서술도 학생들을 식상하게 만들고 있는 것이다. 이제 이러한 학생들의 솔직한 의견이 어떠한지 그들의 목소리를 여과 없이 좀 더 인용해보겠다.

한 학생은 이렇게 지적하였다. "역사교과서에서 가장 많이 등장하는 단어는 아마 '민족'일 듯싶다. 상권의 머리말부터 하권의 마지막 현대사 부분까지 민족이란 단어는 수없이 등장한다."(이용민) 이만큼 학생들은 민족을 강요한다는 인상을 받고 있음이 분명하다.

다음으로 민족주의적 서술 태도에 대한 비판이다.

"일제에 의해 세뇌되었던 식민사관에 대항하기 위해 유달리 극우적 이고 민족주의적인 사학이 발전할 수밖에 없었다는 불가피성은 인정 한다. 그러나 겪어온 역사적 체험이 보편적이기 보다는 특수한 것이 기 때문에 우리나라 국사 교과서에 짙은 민족주의적 색채는 정당화 되는 것일까? 마치 그것이 국가와 민족에 대한 무한한 애정이라고 생 각하는 것은 잘못된 것 같다. 식민사관을 극복하기 위한 대립항으로 서 똑같이 치우친 민족주의적 사관을 설정하는 것은 건강한 역사관 이라고 보기 어렵다. 마치 팔을 다친 사람이 그 고통을 잊기 위해서 다리에 상처를 내는 것과 똑같은 것이 아닐까? 그것보다는 직접적으 로 팔에 난 상처를 살펴보고 치료하는 것이 올바른 치유방법이 되지 않을까 하는 생각이 든다."(최수연)

"우리 역사 교과서에는 약간의 자민족중심주의가 심어져 있는 것 같 다. 그래서 항상 우리 민족의 우월성을 강조한다. 우리 민족의 자랑 스러운 문화를 서술할 때뿐만 아니라 어두웠던 부분을 서술하는 데

도 우월성을 강조하여 조금은 우습기도 하다. 어두웠던 역사의 부분
도 그것으로 인한 교훈이 있는데, 그것을 우월성을 부각시켜 축소시
키는 것은 옳은 일이 아닌 것 같다. 그리고 피해 받거나 억압받은 사
실은 거의 서술하지 않는다. 단지 그것을 극복하기 위해 노력한 사실
만 자세히 서술할 뿐이다. 심지어 우리가 일본교과서의 문제점 중 하
나라 말하고 있는 종군위안부 문제도 우리 교과서에는 제대로 서술
되어 있지 않은 것 같다."(이희경)

이상 두 학생의 문장을 보면, 과연 학생들이 잘못 이해하고 있다고
단정할 수 있을 것인가. 이 판단은 구체적 사례를 지적한 다음 문장들을
더 읽은 후에 해도 늦지 않을 것이다.

우수한 한국 문화에 대해서, "허나 지금 문제가 되고 있는 것은 바
로 이 식민사관에 대응하기 위해 나타난 민족주의에 입각한 사관이다.
일본인들이 왜곡시켜 놓은 역사를 수정하는 과정에서, 그 반대의 맥락
에서의 역사 왜곡이 일어난 것이다. 대부분의 역사책에서 우리 민족의
단일성, 정통성 등을 강조하며 마치 우리 민족의 문화는 세계 어느 곳의
그것과 비교해도 월등한 듯이 쓰여 있다. 한글은 이 세상에서 가장 우수
한 문자이며, 고려의 금속활자, 장영실의 발명품 등은 서양보다 몇 백
년이나 앞섰다고 역사책에서는 그에 대한 칭송을 아끼지 않는다. 한글
이나 측우기가 뛰어난 문화유산이라는 것은 사실이지만, 세계 제일이
라고 역설하는 데에는 너무나 큰 오류가 있는 것 같다. 각각의 나라의 문
화는 모두 특별하며 존재 자체만으로도 큰 의미가 있는 것이지, 어느 한
민족이 뛰어나거나 뒤떨어져 있다고 평가할 수 없는 일이다"(박승혁)고
지적한 학생이 있는가 하면, "국사 교과서에는 우리나라의 문화가 다른
나라의 문화보다 아주 뛰어난 것이라고 서술되어 있다. 각 왕조의 문화

를 설명하는 부분마다 '독자성, 걸작품, 외부의 것을 받아들여서 독특하게 발전시킴, 일본에 전파함, 우아, 세련' 등의 말이 나온다. 독립 운동을 서술하고 있는 하권 143쪽 12줄에서도 우리 문화가 일본의 문화보다 우월하다는 생각이 나타난다. 하지만 객관적인, 세계사적인 관점으로 볼 때 민족 문화의 우월성을 고집할 수는 없다. 어떤 사회의 문화나 그 나름대로의 의미와 가치를 지니고 있기 때문이다."(주의돈)고 지적한 학생도 있다.

대외관계에 대해서도 "우리의 교과서는 주변국인 중국과 일본과의 관계를 설명함에 있어서도 중국과의 관계에서는 우리가 사대주의를 벗어나려는 노력을 한 부분을 지나치게 부각하고 또 일본과의 관계에서는 우리가 항상 일본에게 혜택만을 주고 그들에게 문화를 일방적으로 전파한 듯 그러한 사실만을 강조하여 진정한 국가들끼리의 교류를 설명하지 못 한다"(정민호)고 비판하였고, 서술 용어에 대해서도 "또한 우리의 업적을 너무 내세우고 좋지 않은 점은 감추거나 미화하려는 태도가 보인다. 국사 하권을 보면 22, 23쪽에 일본의 통신사 파견에 관한 이야기가 나오고 77쪽에는 우리나라의 신사유람단 파견에 관한 이야기가 나온다. 비슷한 상황에서 두 나라의 위치가 바뀐 것뿐인데 서술 어조는 너무 다르다. … 배우는 입장에 있을 때, 일본은 조선의 '선진 문화'를 '배우기' 위해 '애를 쓰는' 데 반해, 조선은 단지 '근대 문물'을 '살피고' '시찰'한다. 이렇게 용어를 다르게 사용하는 것에는 일본에 대한 문화적 우월감이 반영돼 있다. 우리나라에 유리한 역사인식을 이끌어 내려는 의도가 엿보이며 객관성이 결여됐다는 느낌을 가지게 한다. 다른 나라가 우리나라에 침입한 사건에서는 '침략', '공격' 등의 표현을 쓰는 데 반해 우리나라가 다른 나라를 공격한 사건에서는 '수군을 증강시켜 진출', '공격' 등으로 완곡하게 표현하는 것도 이와 마찬가지로, 용어를 다르게 씀으로써 읽는 이가 객관적 입장에서 사건을 해석하지 못하게 한다"(정다원)고 비판하였다.

이들의 비판은 한 마디로 "일제의 식민사관을 극복하고 민족적 자부심을 고취한다는 취지 하에 제작된 국사교과서는 지나치게 민족에 집착하다보니 또 다른 형태로 왜곡되어 버린 듯하다. 주체성을 강조하고 우수성을 강조하는 것은 나쁜 것은 아니나 이런 자세가 필요했던 시기는 지났다고 판단된다. 혼자 잘났다고 북 치고 장구 쳐 봤자 결국은 실질적인 힘이 중시되는 세계에서 알아줄 리 없으며 자기 발전에 방해가 될 뿐이다"(박인현)는 결론으로 귀결시킬 수 있겠다.

이상의 지적을 음미하면 국사교과서와 국사 교육이 학생들의 생각을 따라가지 못한다고 봐야 할 것이다. 이제는 21세기이다. 새로운 세대에 맞는 새로운 한국사의 틀을 짜야 할 때가 온 것이다. 지나친 민족주의적 사관도 재고해보아야 할 시기가 도래한 것이다.

발해사를 어찌 볼 것인가

앞서 지적한 민족주의적 시각은 발해사 서술에서도 예외가 아니다. 이에 대해서도 한 학생이 지적한 내용이 있으므로 이를 실마리로 삼아 보겠다. "이러한 근대적 민족의식의 투사가 두드러지는 또 하나의 장소는 발해에 관한 서술이다. 96년 판 국사 교과서는 '남북국 시대'라는 개념을 채용함으로써 발해사를 적극적으로 한국사의 범주에 끌어 들이고자 하였다"고 하면서, 발해의 성립에서 "발해는 고구려인을 주축으로 성립된 나라였던 만큼, 고구려 계승의식이 분명하였다. 이 점은 발해가 일본에 보낸 외교 문서에서도 확실하게 나타나 있다"고 하였고, 발해 문화의 성격에서 "발해의 문화는 전통적인 고구려 문화의 토대 위에서 성립되었으므로, 온돌 장치나 미술 양식 등에서 고구려 문화의 색채를 뚜렷

대조영 초상화

이 드러내고 있었다. 그러나 저변에 소박한 말갈 문화가 광범하게 깔려 있어서 그 문화 전반을 보다 높은 수준으로 끌어올리기에는 한계가 있었다."(임장혁)고 한 사례를 꼽았다.

한마디로 "발해는 고구려적이었다"는 것이 교과서를 비롯한 우리 역사서의 발해사 서술 태도이다. 발해는 고구려 유민이 세워 그들이 정권의 주축을 이루었고, 발해 문화도 고구려 문화를 계승하였다는 것이다. 지금까지 무심코 들어왔던 이 말들을 잘 새겨보면 어딘가 이상하다. 신라나 고려 문화를 언급할 때에는 그 문화 자체의 특성을 서술하는 데에 비해, 발해만은 고구려적이라니 200여 년간 나라를 유지해오면서 어찌 고구려적인 삶만 이루고 살았겠는가 말이다. 강의 시간에 이를 두고서 만일 발해 사람들이 이 말을 들었더라면 울고 갔을 것이라 농담을 하곤 한다. 발해 사람은 그들 자신의 문화와 삶을 영위하였고, 그 가운데에 고구려적인 것이든 말갈적인 것이든 아니면 또 다른 요소들이 들어 있다고 해야 옳은 말이다. 그렇지만 그동안 연구자들마저 모두 발해 문화에 그들 고유의 문화가 깃들어 있는 사실을 미처 인식하지 못해왔다.

이제는 이미 상식이 되었듯이 발해는 다수의 종족으로 이루어진 국가였고, 발해 영토는 현재 다수 국가에 걸쳐 있다. 발해를 제대로 해석하기에는 그만큼 복잡한 변수가 개재되어 있다. 중국에서는 중국사로, 러시아에서는 러시아사로, 한국에서는 한국사로 주장하고 있으면서, 중국과 러시아에서는 말갈 주민의 시각에서 해석하는 데에 반하여 한국에서는 고구려 유민의 시각에서 접근하고 있다. 그러니 한국에서는 모든 것이 고구려적이라는 설명이 나올 수밖에 없다. 중국과 러시아의 태도가 옳지 않듯이 우리의 태도 또한 너무나 민족주의적인 시각을 견지하고 있다.

그러한 아전인수적 태도에서 벗어나 발해사를 바라볼 때에 과연 그 실체는 어떠할까. 발해는 고구려 유민과 말갈족이 주축을 이룬 만큼 고구려 연장선에서 바라볼 수 있지만, 다수를 차지하는 말갈족의 역사에서도 바라볼 여지가 충분히 있다. 다시 말하면 발해는 고구려의 부흥국이면서 말갈족의 국가이기도 하다. 말갈족은 나중에 여진족이 되었다가 지금은 만주족으로 불리고 있으므로, 이들 조상의 역사이기도 하다.

발해 땅은 현재 만주 지방과 연해주 지방, 그리고 북한 땅에 걸쳐 있었으므로, 이리 보면 중국사나 러시아사요, 저리 보면 한국사라 할만도 하다. 물론 역사의 귀속이 현재의 국경선으로 결론지을 일이 아니지만, 그렇다고 해서 현지에서 연구하고 조사하는 학자들의 입장을 도외시할 수 없는 현실적 어려움이 있다.

또한 발해가 멸망한 뒤에 일부 유민들은 거란에 저항하다가 고려로 들어와 우리 역사의 일부가 되었고 그 후손들이 지금 경상도와 전라도에 태씨, 대씨로 불리며 살고 있기는 하지만, 대다수의 주민들은 요나라, 금나라를 거치면서 점차 중국인으로 용해되어 버렸다. 그러니 객관적 눈을 가진 사람이라면 우리 역사이면서 또한 중국 역사라 하지 않을 수 없다.

이렇게 발해는 어느 한쪽에만 귀속된다고 설명하기가 어려운 역사이다. 그런데도 연구자들은 자신들에게 유리한 요소만 찾으려 애쓰고 있고, 역사서도 그런 입장에서 집필하고 있다. 우리 교과서도 이를 벗어나지 못하고 있다.

엄밀히 말하면 발해 역사는 우리 역사이면서도 그를 계승한 국가가 없이 만주 땅에서 스러져 버렸다는 점에서 우리 역사로부터 떨어져 나간 역사이기도 하다. 역사의 흐름은 고정불변한 것이 아니다. 중심부로부터 점차 떨어져 나가는 역사가 있는가 하면 밖에서 새로 들어와 주인으로 행세하는 역사가 있다. 요나라, 금나라, 청나라 역사는 사실 중국인의 역사가 아닌데도 중원으로 들어가 중국사의 주인공이 되었다. 그런

반면에 발해는 고구려를 계승하면서 시작된 역사였지만, 그 결말은 만주사의 흐름 속에 녹아들었던 것이다. 다만 우리가 한반도에 갇혀 살아 역사의 유동성을 크게 경험하지 못하였고, 더구나 분단 상태로 인해 무의식중에 우리 사고틀이 한반도 남부에만 고착되어 버렸기 때문에 이러한 사실들을 미처 깨닫지 못하고 역사는 고정불변한 것으로 받아들이는 경향이 있다. 그러나 중앙아시아나 유럽의 역사들을 보면 경계가 서로 뒤섞여 어느 것이 내 것이고 어느 것이 네 것인지 따지기 어렵지 않은가?

따라서 발해사를 바라볼 때에, 서로 자기에게 유리한 측면만 발설하면서 세 나라의 학자들이 다툼만 벌일 것이 아니라, 오히려 공유의 가능성을 가진 역사로 보아야 한다. 그것이 가능하게 되면 상호 대립적인 발해사학이 아니라 상호 교류의 발해사학이 될 수 있을 것이다. 세계는 이제 혼자만으로 살 수 없는 시대가 되었다. 북한의 주체사관이 외부로부터 외면 받는 이유는 잘 알 것이다. 유럽과 아메리카에서는 이미 블록 체제가 형성되어 상호 공존을 모색하고 있다. 그러한 공존 모색이 동아시아에서도 시도되고 있으니, 역사 연구에서도 대립보다는 공존과 협력을 모색하는 방향으로 열려 있어야 할 것이다. 발해사 또한 거기서 예외가 아니다.

그래도 남는 여운

동아시아 국가들이 공존과 협력 체제를 구축해가는 것은 21세기의 생존 전략에서 아주 중대한 일이다. 그렇지만 유럽이나 아메리카와 다른 역사적 경험은 이를 어렵게 하고 있는 것도 사실이다. 그동안 아시아의 맹주를 자처했던 일본이 우익 교과서 논쟁으로 대변되듯이 국수주의적 경향을 더욱 농후하게 띠어가고 있다. 앞으로도 그러한 색채는 좀처럼 수그러들지 않을 전망이다.

그런가 하면 중국의 소수민족 정책은 과거 중화주의의 현대판에 불과하다. 모든 소수민족들을 중화인의 용광로 안에 녹이려 하고, 외부의 손길이 닿는 것을 철저히 차단하고 있다. 2001년 말 아르헨티나 소요 사태가 일어났을 때에 중국 정부는 중국인들의 생명과 재산을 보호해달라고 아르헨티나 정부에 촉구하였다는 기사를 보았다. 물론 당연한 처사이겠지만, 이것은 중국의 모순된 정책을 보여주는 것이기도 하다. 중국은 19세기에 미국으로 건너간 화교들마저 자신들의 교민으로 생각한다. 그러나 19세기에 만주로 건너간 조선족은 한국의 교민이 아니고 중국 국민이라고 강변하고 있는 것이 현실이다. 새해 벽두에 재외동포법 개정과 관련하여 우리 국회의원들이 중국을 방문하려 하였지만 아무 이유 없이 비자마저 내주지 않는 무례를 범하였다. 몇 년 전에는 우리 대통령이 중국을 방문하였을 때에 조선족은 교민이 아니라 하여 접견하지 못한 수모를 당한 적도 있다.

이렇게 자기중심적인 사고를 가진 강대국 사이에 끼어 있는 우리로서는 스스로 방어 기재를 가지지 않을 수 없다. 이것이 유럽의 상황과 다른 것이다. 그럼에도 민족주의를 신랄히 비난하는 글이 우리 사회에 큰 반향을 일으키기도 하였고, 필자가 미국에 체류할 때에도 한국 역사학은 너무 민족주의적이라는 얘기를 자주 들었다. 이에 공감한 면도 있었지만, 다른 한편으로는 우리의 처지가 그럴 수밖에 없다는 사정을 이해시켜야 하였다.

미국 학생에게 내셔널리즘 하면 떠오르는 것이 무엇이냐 물었더니 파시즘이라는 대답이 돌아왔다. 2차 대전에서 겪었듯이 민족주의는 강자의 공격 무기로 사용되었다. 그것이 서구적인 민족주의 관념이다. 그러나 우리의 민족주의는 두 강대국 사이에 끼인 작은 국가로서 최소한의 생존을 위한 방어적 성격을 띤 것으로 그 성격이 판이하다.

우리 교과서가 너무 민족주의적이라고 비판하고, 발해사 서술도 그러하다고 하면서, 다른 쪽에서는 민족주의를 옹호하는 듯한 발언을 하였으니 창과 방패를 모두 팔아 버린 셈이 되었다. 편협한 민족주의 사관은 극복되어야 하는 것이 분명하듯이, 서구의 관념을 추종하여 민족주의를 마치 범죄처럼 다루려는 태도도 역시 배격되어야 한다. 우리는 지금 그러한 양극단 사이를 무사히 통과해야 하는 위험한 항해 길에 서 있다(「민족주의사관과 발해사」 『역사비평』 58, 2002년 봄호).

만주, 연해주 등 답사기
발해를 찾아서

개정판 1쇄 발행   2017년 5월 29일
개정판 2쇄 발행   2017년 11월 24일

지은이   송기호
펴낸이   임양묵
펴낸곳   솔출판사

기획편집   임정림, 신주식, 조소연
디자인   오주희
마케팅   배태욱
제작관리   한정원, 채희경

주소   서울시 마포구 와우산로29가길 80 (서교동)
전화   02-332-1526
팩시밀리   02-332-1529
홈페이지   www.solbook.co.kr
이메일   solbook@solbook.co.kr
출판등록   1990년 9월 15일 제10-420호

© 송기호, 1993

ISBN   979-11-6020-025-6   (03910)

· 이 도서의 국립중앙도서관 출판예정도서목록(CIP)은 서지정보유통지원시스템
  홈페이지(http://seoji.nl.go.kr)와 국가자료공동목록시스템(http://www.nl.go.kr/kolisnet)에서
  이용하실 수 있습니다. (CIP제어번호:CIP2017010200)
· 잘못된 책은 구입한 곳에서 바꿔드립니다.
· 책값은 뒤표지에 표시되어 있습니다.